军事人员现代化理论研究

主　　编　张　鑫

副主编　魏延秋　邹海宁　顾尚月

参编人员（排名不分先后）

徐新原　李汶炫　李　滔

冯丽娜　赵　波　孙喜伦

徐　颖　朱沭蓉　金　桥

魏琦明　邓仁宇　田志轩

周文姬　许奎鉴　赵楠楠

復旦大學出版社

编辑说明

习近平总书记在中国共产党第十九次全国代表大会上的报告中明确指出，“全面推进军事理论现代化、军队组织形态现代化、军事人员现代化、武器装备现代化”。这“四个现代化”，为强军兴军指明了方向。其中，推进军事人员现代化是适应强国强军的时代要求，是我军履行新时代使命任务的迫切需要。为深入贯彻习近平强军思想，全面推进军事人员现代化与强军伟业，国防大学政治学院于 2018 年 12 月 1 日至 12 月 2 日在上海召开了“军事人员现代化与强军伟业”理论研讨会。研讨会主要围绕实现军事人员现代化，从多视角、多层面探讨了军事人员现代化对强军伟业和未来战争制胜的战略作用、影响和制约军事人员现代化的矛盾、实现军事人员现代化的方法路径和对策建议等问题，旨在为全面推进军事人员现代化提供理论支撑。此次研讨活动得到了各级领导和相关部门的大力支持，相关领域的领导干部、专家学者积极响应，展开了深入研究，共提交了 200 余篇研究论文。经专家评审，遴选出 44 篇论文汇编成集。随着军队编制体制调整改革的不断深入，相关政策法规在研讨会后密集出台。2023 年 8 月，编者根据新的政策法规，对收录的论文再次进行了统一的修改完善。因编者水平有限，不足之处在所难免，敬请各位领导和专家学者批评指正。

目　录

军事人员现代化内涵与目标

对军事人员现代化内涵、特征及标志的认识和理解
…………………………………………………… 吴志忠（003）
军事人员现代化的科学内涵和实践要求 …… 李汶炫　陈岸然（009）
健全“三位一体”新型军事人才培养体系
推进军事人员现代化 ……………………………… 宋联江（015）
全面把握军事人员现代化的价值意蕴和时代要求
…………………………………………………… 张　明（019）
关于推进新时代军事人员现代化的思考 …… 杜中武　武程晖（025）
适应时代要求切实推进军事人员现代化 …… 杨　俊　李　骥（031）
深刻理解军事人员现代化的科学内涵 ………………… 吴庆龙（037）
深刻认识军事人员现代化的战略意义 ……… 李志刚　张　煜（043）
加快推进军事人员现代化的几点思考 ………………… 冯丽娜（049）
现代化军事人才创新能力培育的时代价值 …………… 徐　颖（057）
积极探索军事人员现代化的有效路径 ………………… 徐立佳（063）
军事人员现代化的科学内涵和实践路径 ……………… 张文军（068）
把握军事人员现代化的政治要求
增强国防和军队建设向心力 ……………………… 吴　研（075）

军事人员现代化与实现强军伟业

军事人员现代化的历史进程 …………………………… 张 杰（083）
努力培养造就能够担当强军重任的优秀军事人才
——学习习主席关于军事人才队伍建设重要论述
…………………………………………………………… 罗 昊（088）
聚焦我军组织形态现代化 推进军事人员现代化
协调发展 ………………………………………… 赤 桦 沈庆山（095）
军事文化建设与军事人员现代化 ………………………… 魏延秋（101）

推进军事人员现代化制度体系创新

新时代做好群众工作 推动我军特色正向激励
体系建设 ………………………………………………… 李 屈（111）
新时代军事人才选拔使用新视野 ………………………… 周宗顺（117）
大力培育创新文化助推军事人员现代化 ………………… 仲亚松（123）

加快推进新型军事人才建设

新型战斗人才成长路径探析 ……………………………… 吴东莞（131）
现代教育技术条件下提升教师素质的思考 ……………… 李艳华（137）
论联合作战指挥人才的联合培养 ………………………… 张培忠（141）
军校教员要做尊法学法守法用法的排头兵
………………………………………………… 张 鑫 邹海宁（146）

陆军合成营指挥人才培养初探 ………………… 张进明　程　虹（151）
适应现代化军事人才队伍培养需要　建设创新型
　教员队伍 ……………………………………………… 张蕾蕾（157）
论联合作战指挥人才现代化“三维”素质建设 ………… 黄拥军（163）
新时代军事人员现代化迫切要求强化军士人才
　队伍建设 ……………………………………………… 胡全民（169）
加快构建新时代军队院校“晓于实战”师资队伍的
　思考 …………………………………………………… 赵　波（175）
提高教员队伍信息技术能力的几点思考 ……………… 马红丽（181）
发挥军队院校“主渠道”作用　培养造就高素质
　军队政工人才 ………………………………………… 李　鹏（186）
依法参与维和行动是非现役文职人员现代化的
　实践需要 ……………………………………………… 蔺春来（193）
从联合国维和行动训练改革看新时代
　“军事力量走出去”人才培养模式创新 ……………… 丁　盛（199）
军队任职教育院校教员队伍建设思考 ………………… 顾尚月（206）
推进新时代基层军官素质能力现代化 ………………… 许奎鉴（210）
推进文职人员现代化路径探析 ………………………… 屈胜喜（216）
陆军飞行人员队伍现代化建设问题研究 ……………… 辛　亮（222）
新型航空机务人员队伍建设刍议 ……………………… 范　斌（231）
新时代应用心理专业硕士心智培养模式探究
　…………………………………………… 唐国东　许翔杰（237）

外军军事人员现代化学习借鉴

美军军人国际政治素养培塑探析 ……………………… 李庄前（247）
美军联合军官培养体系研究 …………………… 付畅一　齐　远（254）

美军军人职业发展的歧视性障碍 …………………………… 张　天（260）
当代俄罗斯增强军人现代化素养的特色路径 ………… 华建玲（266）
以结果为导向的美军联合作战指挥人才核心能力
　培养机制 ……………………………………………… 杨　牧（271）

军事人员现代化
内涵与目标

对军事人员现代化内涵、特征及标志的认识和理解

军事科学院军队政治工作创新发展研究中心　吴志忠

习主席在党的十九大报告中提出要推进军事人员现代化，这是党中央、中央军委着眼强国强军作出的战略决策。推进军事人员现代化，是实现党在新时代强军目标、建设世界一流军队的战略举措，是应对现代信息化战争智能化程度空前增大挑战的战略举措，是破解我军"一个滞后""两个不相匹配"难题的战略举措。

一、军事人员现代化的基本内涵

军事人员的现代化就是军事人员的价值观念、能力素质、社会关系、行为方式等要素，满足机械化信息化智能化"三化"复合发展，并最终满足智能化战争形态要求的过程和状态。具体可从"四个统一"上理解军事人员现代化。

一是广义和狭义的统一。所谓现代化，从广义上讲就是时代化，是指向任何一个更"新"的时期、时代或状态转变的过程。从这个意义上理解，军事人员现代化从古代就有了，从古至今都有过现代化的问题。从狭义上讲，现代化指的是人类社会从工业革命以来所经历的以工业化为基础的由传统农业社会向现代工业社会转变的过程。而我们所说的军事人员现代化是从广义和狭义两者相统一的视角讲的，就是指具

有信息时代特质的、能够支撑打赢信息时代战争需要的军事人员。

二是静态和动态的统一。"现代化"这一个概念，从静态上讲，是指现代的标准性，特指现代政治、经济、军事、科技、文化发展的最高水平，是一种发展的现代程度，是衡量先进性的一个标尺；从动态上讲，是指过程性，往往指在科学技术进步的推动下，在以工业化为先导和前提的基础上，以先进生产力发展为标尺的、发生在社会各个层面上的发展进步过程。那么，军事人员现代化从静态上理解，就是指军事人员达到当今世界一流军事人才能力素质标准，是一种发展程度；从动态上理解，军事人员现代化就是达到世界一流的过程性，是一个连续不断的动态发展过程。推进军事人员现代化既要从静态上确立标准，又要从动态上关注推进过程的连续性。

三是个体现代化和群体现代化的统一。从个体上讲，军事人员现代化，是指军人个体适应军队现代化特别是信息化以至智能化建设、打赢信息化智能化战争要求，成为具有一流军事专业素养的高素质军人的过程。从群体上讲，是指全体军人适应打赢现代化战争要求、成为具有一流军事专业素养的高素质军人的过程。推进军事人员现代化时既要关注个体军人的现代化，也要关注群体军人现代化。

四是能力素质现代化与思想观念、内在结构、行为方式等现代化的统一。根据社会学研究的观点，军事人员现代化应包括四个要素，也就是军事人员的思想观念、能力素质、内在结构、行为方式的现代化，其中，能力素质现代化是核心，这个能力素质就是打赢现代化战争的能力素质，离开这一能力素质，说军事人员现代化毫无意义。推进军事人员现代化，关键是要推进军事人员军事专业能力素质的提高，形成与打赢现代化战争相匹配的能力素质。除了能力素质现代化外，还要实现思想观念、内在结构、行为方式的现代化，就是军人的思想认知、思维方式、精神面貌、形象作风都要跟上甚至引领时代军事发展，尤其要树立与信息化战争相适应的思想观念、思维方式、行为习惯。

二、军事人员现代化的主要特征

从特征上看，军事人员现代化概括起来有以下几个方面。

一是政治属性。军队作为完成政治任务的武装集团，世界各国军队的军事人员都必须反映各国军队宗旨和性质。我军之所以能从小到大、从弱到强、从胜利走向胜利，并非共产党的军队具有天然的先进性，而是从建军之初就始终秉持了先进的政治属性，无论是革命、建设还是改革时期，无论国际风云如何变幻，无论国际形势如何动荡，都始终坚持了“党指挥枪，而不是枪指挥党”这一根本原则，保持了人民军队的性质宗旨和本色。进入信息网络时代，各种思潮对官兵思想的冲击更加多元深刻，西方对我军官兵渗透更加隐蔽多样，这些新的变化要求我们在军事人员现代化进程中必须体现我军鲜明的人民军队政治特色，始终把革命化放在首位，始终标定完成党的政治任务的武装集团定位，确保枪杆子掌握在党和人民信任的人手中。

二是专业属性。专业属性是从军事人员履行打仗特殊职能所需的特殊专业说的。军事人员专业化是现代军队建设的基本规律。推进军事人员现代化，需要加快我军军事人员的专业化建设。可以预见在未来战争中，无人化装备操作、定向能武器使用、临近空间作战平台运用对军事人员的专业化水平要求越来越高，可以断言没有高度专业化的军事人员队伍，是不可能打赢未来战争的。因此，要紧跟时代发展和军事技术演变，将专业化置于军事人员现代化的核心地位，加快推进军官职业化改革步伐，培养把打仗当专业、把谋打仗当事业，具有组织指挥、遂行作战和作战保障专业能力的军人。

三是时代属性。军事人员是人类社会历史发展的产物，无不打着时代条件的印记。军事人员现代化从本质上讲就是时代化。当今社会的时代特征就是信息化向智能化发展。军事人员信息化、智能化素养的地位作用越发凸显。谁在信息化上占据制高点，谁就掌握了制信息权、把握了战争的主动权。由于信息化是智能化的基础，从一定意义讲，占据信息化制高点也就在智能化上下了先手棋，也就掌握了赢得未来战争胜利的主动权。可以说，军事人员过不了信息关、网络关，就过不了时代关、智能关、胜战关。因此，在当今信息网络时代条件下推进军事人员现代化，要立足信息时代网络化的这个最大特点。

四是创新属性。未来的信息化智能化战争是人类智慧的较量，是思维能力、学习能力、创新能力的竞争。习主席指出："发展是第一要务，人才是第一资源，创新是第一动力。"创新能力是高素质专业化军事人才的本质特征之一，是军事人员现代化最需要的宝贵素质，只有始终思想解放，视野开阔，具有与时俱进、开拓进取的品质，善于接受新生事物，具有创新精神、创新勇气和旺盛创造力，才能称作是一支现代化军事人员队伍。

五是整体属性。军事人员现代化不是某一个军事人员的现代化，也不是某一类军事人员的现代化，而是军事人员整体的现代化。一般来说，军事人员现代化是分层次的。从职能上看，有指挥层次的军事人员现代化，有研发层次的军事人员现代化，有管理层次的军事人员现代化，有操作层次的军事人员现代化，有直接战斗层次的军事人员现代化，还有作战维护和保障层次的军事人员现代化。从作战层次上来看，有战略层次的军事人员现代化、战役层次的军事人员现代化和战术层次的军事人员现代化。军事人员现代化不仅要求各层次各类军事人员现代化，同时各层次各类军事人员作为一个整体，其内部结构也应是科学的、合理的、优化的。

三、军事人员现代化的标志

研究军事人员现代化必须把军事人员现代化的样子立起来，这个样子就是军事人员现代化的标志。结合上述的军事人员现代化的"四要素"说，笔者认为军事人员现代化的标志主要有以下几个方面。

*一是鲜明的军事态度。*这是首要标志。态度决定一切，对军人而言，政治态度决定一切。不管时代如何变化，对军人来说，强调政治素质、奉献精神是本原性的要求，决不允许有些人打着现代化的旗号，把现代化与革命化对立起来，决不能丢掉我军优良传统。世界著名的西点军校，第一课就强调军人必须效忠于国家、效忠于美国制度，必须效忠于美国的意识形态。军人不讲政治、不讲奉献，有再大的本事也没有用。对于我军而言，听党指挥、维护核心就是最根本的军事态度，现代化的人民军队必然是一支由政治信仰支撑的军队。

*二是先进的思维理念。*这是根本标志。我军当前最需解决的就是军事领域思想观念、思维方式的滞后问题。我们除继承过去的团结、勇敢、十大军事原则等优良的思想观念外，还需要强调与现代化战争相适应的协作、联合、自主、信息、科技、效益、公平、民主等思想观念和思维方式。比如，联合意识、联合思维，这也是传统军人与现代军人的分水岭。因此，能不能具有联合意识，破除过去我军浓厚的单位所有、条块分割等思想观念，牢固树立主动配合、资源共享、团结合作等思维观念，已成为衡量我军军事人员现代化的重要标志之一。

*三是专业的能力素质。*这是核心标志。专业的能力素质应是适应先进战斗力要求的能力素质，是能打赢信息化战争、智能化战争的能力素质。比如，专业的现代军事理论知识和技能，特别是深刻把握适应智能化战争的前沿作战理论；掌握信息化智能化时代的军事技术，重点是人与武器装备系统的融合技术；专业的现代战争谋略艺术，军事人员要能在瞬息万变的信息化智能化战场环境中快速灵活地应对各种事变，先敌创造战机、把握战机、赢得战机。再比如，专业的现代作战本领、组织指挥和实施联合作战能力、信息化智能化武器装备掌控和应用能力、基于信息系统获取信息进行分析判断能力等。

*四是良好的内外关系。*这是法治标志。现代化军队类似一台人机结合的复杂而严密的机器系统，军事人员处于这个大体系之中，只有在这个体系中具有基于规则的、良好的内外关系，才能称得上是军事人员

现代化,才能使现代军队这个复杂的人机系统高效运转。现代军队是一种现代组织,本质上应是基于理性原则、由规则主导下的各要素有机组合、高效运行的系统。从社会关系的角度看,基于理性规则也就是法治基础,在此基础上形成明晰而科学的良好军事人员内外关系,应是军事人员现代化的重要标志。比如,明确平等与服从、自由与纪律、民主与集中、道德与法律、权利与义务等关系。

*五是科学的行为方式。*这是文化标志。军事人员行为方式现代化,就是军事人员行为特点、行为风格、行为习惯适应现代军事需要与发展要求,也就是我们常讲的作风问题。一种看似不起眼的行为方式如果长期得不到纠正,很可能导致严重后果。当前,我们最需要讲求实、讲理性、讲规矩、讲数据的行为方式。讲求实就是采取行动要充分调查研究、准确掌握情况,不唯书不唯上不唯我,只唯实唯规律。讲理性就是善于运用唯物辩证法,客观地而不是主观地、发展地而不是静止地、全面地而不是片面地、系统地而不是零散地、普遍联系地而不是孤立地观察问题、分析问题、解决问题,不偏激、不走极端。讲规矩就是严格按原则、按政策、按制度、按程序办事,不逾矩不越轨不违章。讲数据就是具备强烈的数据意识,尊重数据、敬畏数据,善于运用量化方法、精准测算、大数据分析等辅助决策、辅助作战。

*六是优化的人才方阵。*这是结构标志。从管理学同素异构原理看,事物的成分因在空间关系即排列次序和结构形式上的不同而引起不同的结果,甚至发生质的变化。习主席多次强调,要努力打造一支规模宏大、结构合理、素质优良、后劲持续的人才方阵。这种人才方阵就体现了军事人员现代化的结构性特点。现代战争是联合作战、体系作战,各项行动不再是孤立的单打独斗的行动,往往需要互相配合、互相支持的群体承担,因而要求通过结构比例的优化实现能力素质的互补增值。因此,军事人员现代化重要标志之一,就是群体结构的优化,包括知识优化、专业优化、技能优化、性格优化、年龄优化、数量优化等。

军事人员现代化的科学内涵和实践要求

国防大学政治学院军事人才科学研究中心副教授　李汶炫
国防大学政治学院基层政治工作系教授　陈岸然

国防和军队现代化是军事理论现代化、军队组织形态现代化、军事人员现代化、武器装备现代化全面协调发展的一体化进程。推进军事人员现代化，是习主席在党的十九大报告中提出的重要战略目标，是实现国防和军队现代化的核心支撑，是军事政策制度改革的关键环节。加强军事人员现代化科学内涵和实践要求的研究，是做好军事人员现代化这一时代课题的前提和基础。

一、军事人员现代化内涵研究概述

目前，许多学者对军事人员现代化的内涵作了探索性的研究。有的认为，军事人员现代化是基于世情国情军情，着眼能打胜仗，使军事人员的个体素质和总体构成达到当今世界先进水平的建设过程和目标状态。它具有以下特征：先进性，现代化军事人员的素质应立于时代潮头，达到国际先进，足以抗衡世界强敌；革新性，现代化意味着用新的素质状态取代旧的，军事人员现代化必然是革故鼎新的过程；动态性，军事人员现代化的标准随时代发展而变化；特殊性，军事人员现代化必须立足我军实际，始终保持我军特色，不同层次、类型人员的现代化标准不尽一致。[①] 有的认为，理解把握军事人员现代化，必须要遵循“人”与“现代化”两个基本逻辑维度展开。军事人员不同于一般的“社会人”，兼具社会属性与职业特殊性，其现代化内涵应该包括：政治素质的现代化、军事能力的现代化、思维与精神的现代化、行为方式的现代化、社会关系的现代化。[②] 有的认为，依据人的现代化理论，结合我军实际，军事人员现代化主要指一支军队的军官、军士、义务兵、文职人员等全体成员在思想、心理、素质、行为方式、生活方式等方面实现由传统向现代的转变。其实质是适应现代社会和现代战争要求，把全体军事人员的综合素质能力提高到现代水平，基本内涵包括：思想观念现代化、思维方式现代化、综合素质现代化、行为方式现代化、生活方式现代化等。[③] 还有的认为，军事人员现代化素质主要包括现代化政治素质、现代化道德素质、现代化军事素质、现代化科技素质、现代化管理素质、现代化创新素质。信息素质是信息时代军事人员素质中最核心的构成，评估一支军队现代化水平主要看其信息化程度，评价一个军人的素质也要看其信息素质。[④]

这些研究，有一个共同的特点，就是认为军事人员的现代化主要指军事人员综合能力素质的现代化。军事人员，是“现役军人和文职人员”或“军官、军士、义务兵、文职人员”等全体人员，是个体和群体的统一。现代化，既是一个建设过程，也是一种目标状态。这些研究的不同点集中体现在，对现代化内涵研究的视角及本质有不尽一致的认识。鲁旭的研究突出了现代化军事人员素质的先进性、动态性和特殊性的特征；赵勇、李祖发的研究突出了人的全面发展和军人职业特殊性，把军事人员现代化的内涵概括为政治素质、军事能力、思维与精神、行为方式、社会关系五个方面；周宏伟等则认为，军事人员现代化主要就是

① 鲁旭：《科学推进军事人员现代化的几点思考》，《政工学刊》2018 年第 2 期。
② 赵勇：《浅析“军事人员现代化”的基本内涵》，《政工学刊》2017 年第 12 期。
③ 李祖发：《全面推进军事人员现代化探析》，《政工学刊》2018 年第 7 期。
④ 周宏伟、郭向军：《努力提高军事人员现代化素质》，《国防》2018 年第 4 期。

能力素质的现代化，并把这个综合能力素质概括为政治素质、道德素质、军事素质、科技素质、管理素质和创新素质六个方面。

二、对军事人员现代化内涵的新认识

准确理解军事人员现代化的科学内涵，必须把现代化放在我军革命化、现代化、正规化“三化”的总体结构中去把握，把军事人员现代化放在党的十九大报告指出的“军事理论现代化、军队组织形态现代化、军事人员现代化、武器装备现代化”这“四个现代化”中去把握，把军事人员现代化放在战斗力要素中去把握。

国防和军队现代化是一个以军事理论为先导、以军队组织形态为保证、以军事人员为核心、以武器装备为基础构成的完整体系和宏大工程，其中军事人员是“四个现代化”体系中最具活力和支配力、变革力的主体要素，其他要素的实现程度都有赖于主体要素的发挥，同时其他要素的发展需求，又牵引着主体要素的发展和完善。战斗力，是军队在遂行作战任务中所表现出的实际能力，是军队全部物质力量和精神力量的总和，是反映和衡量一支军队强弱的实践标准和根本尺度。战斗力主要由人、武器以及人与武器的结合方式构成，这三个要素无不与人有关。概言之，界定军事人员现代化应聚焦到现代化上，应把“四个现代化”作为一个整体放在战斗力建设中考量，把它结合渗透到战斗力三要素中系统分析，不应泛化到人的社会化进程中去研究。研究认为，军事人员现代化，是推进军官、军士、义务兵和文职人员（含武警部队人员）能力素质、结构布局及开发管理全面转型升级，实现作战效能整体跃升，以适应打赢具有智能化特征的信息化局部战争要求、达到世界一流军队水平的建设进程。军事人员现代化的建设主体，是军官、军士、义务兵和文职人员四类人员；军事人员现代化的发展实质，是军事人员能力素质、结构布局及开发管理的全面转型升级；军事人员现代化的综合集成效应，是实现作战效能整体跃升；军事人员现代化的目标指向，是适应打赢具有智能化特征的信息化局部战争、达到世界一流军队水平。

三、推进军事人员现代化的实践要求

1. 坚持以革命化引领现代化。无论军事理论、体制编制、武器装备如何变化,我军始终都是党的军队、人民的军队,军事人员听党指挥的军魂不能丢,全心全意为人民服务的宗旨不能变。政治建军是我军的立军之本,任何时候任何情况下都不能有丝毫松懈。推进军事人员现代化,要从政治高度统揽全局指导工作,不仅不能放松政治要求,而且要坚持把政治标准放在第一位,具备过硬的政治能力素质。1939年,毛泽东在为抗大成立三周年题词时,就把“坚定正确的政治方向”作为为抗大教育方针的首要内容,这是我党在革命战争年代对人民军队建设的思考,更是对军事人才培养的深刻考量。80多年过去了,国防和军队现代化建设取得辉煌成果,政治建军作为我军的独特优势,是实现强军目标、建设世界一流军队的根本法宝,这一点永远不会过时。新时代,推进军事人员现代化不仅不能降低政治要求,而且更要坚定举旗铸魂,确保军事人员绝对忠诚、绝对纯洁、绝对可靠。

2. 牢固树立科技是核心战斗力的思想。习主席关于“科技兴军”“科技是核心战斗力”的重大论断,深刻揭示了世界军事发展的基本规律,充分反映了现代战争的制胜机理,彰显了科技在战斗力生成提高中的地位作用。战斗力是军队打赢战争的决定力量,是能打仗、打胜仗的底气,必须努力使我军战斗力建设搭上新时代的科技快车。科学技术是推动战斗力发展、影响战斗力水平的重要因素。随着世界新军事革命的加速推进,前沿技术的突破式发展以及其在军事领域广泛的运用,武器装备更新换代周期越来越短,先进战斗力与落后战斗力之间的“代差”愈加明显,新时代科学技术在战斗力建设中的作用日益凸显。海湾战争以来发生的历次高技术局部战争及信息化局部战争,均让世人领略到了技术先进者想怎么打就怎么打的鲜明特点。未来战争的科技含量越来越高，科技对于战争胜负的影响越来越大，不发展新科技，就很难打赢信息化战争。军事力量博弈较量的背后很大程度是科技实力的较量，搭载科技快车已经成为许多国家和军队谋求竞争优势的重要战略。

3. 着力提升军事人员的信息科技素养。虽然科学技术不是战斗力构成的基本要素，但它总是以各种形态渗透在人、武器以及人与武器的结合之中，通过提升武器装备的科技含量和人的科技素养，改变人与武器装备的结合方式，最终将推动战斗力的跃升。军事人员现代化，必须让军事人员具备较高的信息科技素养，把人的现代化渗透到战斗力的各项要素之中。恩格斯说过，枪自己是不会动的，需要有勇敢的心和强有力的手来使用它们。随着科学技术不断发展、武器装备技术含量不断提高，部队列装的先进武器装备越来越多，使用好这些新装备，不仅需要“勇敢的心”和“强有力的手”，还需要“智慧的脑”。如果军事人员没有较高的信息科技素养，操作不了先进的武器装备，武器装备的作战效能就不能得到最大限度的激活。提高广大军事人员的科技素养，要在全军上下形成学科技、用科技的良好氛围，各级干部特别是领导干部要率先垂范，努力使自己成为学习信息化知识的带头人，实践科技强军的引路人，驾驭信息化战争的明白人。

4. 努力提高军事人员的专业军事技能。先进的武器装备在未来战争中固然重要，但是如果不为使用者所掌控，其优良的战斗性能也难以得到充分发挥，现实的战斗力也无从谈起。新时代快速提升部队战斗力的一个鲜明特征，就是聚焦实现建设信息化军队、打赢信息化战争的战略目标，聚焦实施信息化条件下联合作战的要求，聚焦形成基于信息系统的体系作战能力，把最新武器装备投入实战化训练，从而提升实战化训练水平。习主席早在 2013 年 6 月就明确指出，干部政策制度调整改革，大方向是建立军官职业化制度。军事职业是一个知识高度密集、技术高度密集、专业高度密集的特殊职业。军官职业化，首先要按专业进行职位分类，使每一个职位都有清晰的边界，在此基础上设置发展路径，把军官纳入相应专业领域，实施科学有序的专业化管理。军事人员现代化的过程，实质上也是一个军事技能专业化的过程、中国特色军官职业化的过程。

5. *不断增强军事人员的创新素质*。近年来，我国在关键核心技术领域取得了一些重大突破，但是关键核心技术受制于人依然是制约我军战斗力建设的“阿喀琉斯之踵”，如果我们不迎头赶上，就会同世界军事强国产生越来越大的技术代差。历史和现实告诉我们，真正的关键核心技术是花钱买不来的，必须立足于自主创新。面对当前军事科技迅速发展的形势，要大兴识才爱才敬才用才之风，在创新实践中发现人才、在创新活动中培育人才、在创新事业中凝聚人才。要建立健全军队院校教育、部队训练实践、军事职业教育三位一体人才培养体系，深入开展学习成才活动，科学施训、按纲施训，不断创新训练内容、训练方法和手段，全面提高新时代我军专业军事技能和备战打仗能力，按照全系统全要素作战要求抓好军事斗争人才准备。创新联合作战指挥人才培养模式，实施新型作战力量关键领域人才专项工程，加紧高层次科技创新人才培养和创新团队建设，加强高新武器装备部队特殊专业人才引进保留和培养使用，以重点人才的现代化带动整个军事人员群体的现代化。

健全“三位一体”新型军事人才培养体系 推进军事人员现代化

海军指挥学院政治工作系教授　宋联江

人才是强军之本，加强军事人才培养是推进军事人员现代化的战略工程，是实现强军伟业的关键所在。当前，实现全面建成世界一流军队的奋斗目标，对军队人才培养提出了新的更高的要求。习主席强调，要进一步走开军队院校教育、部队训练实践、军事职业教育“三位一体”的人才培养路子，提高军事人才培养质量。贯彻习主席指示，搞好“三位一体”人才培养体系建设，必须着力解决突出的矛盾问题，主要是，牵引人才培养的岗位能力标准不够清晰，人才培养对接军队现代化建设需求不够精准；院校教育、部队训练实践、军事职业教育三者之间资源共享不够，利用率不高；政策制度不够配套，人才培养内在动力机制和外在激励机制尚未健全，等等。要解决这些问题，必须在健全“三位一体”人才培养体系上下功夫。

一、围绕军队现代化建设需求制定完善各级各类人才能力素质模型，对“三位一体”教育形成明确具体的目标引领

人才培养实质上是一种供给活动，要想供给有效，就要和需求精准对接，因此，在推进“三位一体”人才培养体系建设中，首先要搞清楚我军各级各类人才分别应具备什么样的能力素质，进而用这些需求引领

供给侧改革，这样才能使军队院校教育、部队训练实践和军事职业教育这三者在发展的目标指向上更加明确、更加精准。

在制定人才能力素质模型时，应牢牢把握推进军队现代化、全面建成世界一流军队背景下，我军发展新型作战力量、担负新时代使命任务，对各级各类人才能力素质的要求。具体操作时，应明确军队各级各类岗位人才的能力素质指标，形成系统全面的人才能力素质模型。就目前正处于向远海防卫转型中的海军而言，应重点研究制定海上联合作战指挥人才、航母编队指挥管理人才以及水下核力量和两栖作战力量指挥管理人才的能力素质模型，带动全海军各级各类人才能力素质模型的制定，再以清晰具体的各级各类人才能力素质模型牵引军队院校教育、部队训练实践和军事职业教育这三者的改进完善和建设发展，确保人才培养的供给侧与部队转型建设对人才素质要求的需求侧精准对接。

二、完善教育资源共享机制，推进军队院校教育、部队训练实践、军事职业教育三者之间的良性互动

我军人才培养的教育资源主要分布在院校、部队和机关。军队各院校、各部队及各类机关都有自己独特的教育资源优势，但都不能仅靠某一家某一类的教育资源包打天下地全面培养任何一类人才，需要相互交流、相互协作培养人才，但目前还缺乏健全的法规制度和机制推进这种交流协作。为此，要把军队院校教育、部队训练实践、军事职业教育三者各自的职能定位好。军队院校教育是人才培养的主渠道，应侧重于基础性知识技能的培养；部队训练是人才培养的大课堂，应着重于岗位任职实际能力的反复锤炼；军事职业教育是人才培养的大平台，应着重于对院校教育和部队训练实践的补充完善和优质教学资源的汇集，为形成官兵时时学习、处处学习、终身学习创造方便快捷的条件。在此基础上，努力形成全军人才培养资源分工开发、交流共享机制。

一是形成分工开发建设教育资源的机制。根据各院校、各部队及各相关机关的岗位职责和专业领域特点，赋予其明确的、具有自身特色的教育职能，进行长期的相关特色教育资源的建设和开发，形成独特的资源优势。就军事职业教育这个处在起步阶段的新生事物而言，要统筹规划全军各院校、各部队在军事职业教育中的职能定位和任务分工，避免各自为战，防止军事职业教育中的越位、缺位和错位，避免交叉重复开发。拿院校和部队的分工来讲，院校应建设开发基础性、前沿性、系统性的军事职业教育课程；部队应紧扣自己的使命任务和专业特点，重点开发实践性、操作性和应用性的职业教育课程。同时，各院校之间也应搞好分工，不能离开自身的主体任务和职能定位，为建设而建设，为抢地盘而建设。

二是建立教育资源目录发布机制。由军委训练管理部牵头，各军兵种具体负责，汇总各军兵种所属各院校、各部队及各相关机关所拥有的可为其他单位共享的教育资源，形成共享资源目录，向各院校、各部队和各教育训练机构发布。重点汇总发布院校教员的特色讲课目录、部队和机关领导干部的专题讲座目录、部队作战训练成果经验目录和教育训练装备设施目录等，由各教育训练机构从目录清单中选择申请自己所需的教育资源。

三是资源共享协调机制。由各共享资源需求单位向相应的军兵种训练局直至军委训练管理部提出资源需求申请，由相应的训练管理机关统一协调共享资源的流动使用。

三、完善军队院校教育、部队训练实践、军事职业教育三者在人才培养上的动力激发机制

推动军队院校教育、部队训练实践、军事职业教育三者在人才培养上发挥作用，需要充分调动各类主体的积极性，把相关动力全面激发出来。

一是完善各教育主体开发使用教育资源的动力激发机制。例如，探索部队和机关领导干部常态化、有秩序、积极主动到院校授课的机制。目前，此项工作主要是靠随机的人际关系沟通联络，靠临时性的行政手段推动，或是漫无目的地填写上报需求意向，成功率很低。建议明确部队中高级干部选拔任用必须要有院校任教经历，从而激励部队领导干部到院校任教授课；在激励院校教员方面，建议把服务部队训练和部队任职（代职）经历，作为教员职称和职级晋升的重要指标，从而激励教员在服务部队中不断更新知识、促进院校教学向实战贴近、向部队靠拢，带动部队训练实践层次水平的提升；此外，还要完善军事职业教育质量效益考评机制，把军事职业教育课程建设和使用效益作为单位建设发展考评的重要指标，激励其推动军事职业教育健康高效发展。

二是建立教育资源使用补偿和业绩认定机制。可全军的军事职业教育网络平台或设立教育训练专网，将各院校、各部队开发的军事职业教育课程和部队作战训练经验和成果发布于网上，根据涉密等级设定相应的使用权限，由各院校、各部队训练机构或广大官兵点击使用，每年度统计点击使用率，根据点击使用率的多少计算相关资源开发单位和相关资源创建者的业绩和成果。

三是完善激励官兵自主学习、主动学习的动力机制。设置与各军兵种转型建设密切相关的专业和技能培训课程体系，每个专业和技能培训由若干课程组成，官兵学完全部相关课程并考核合格时，发放岗位资格认证和专业技能认证证书，作为考评和评定职级待遇的重要指标。

全面把握军事人员现代化的价值意蕴和时代要求

国防大学政治学院基层政治工作系教授　张　明

建设世界一流的现代化军队是建设社会主义现代化强国的题中应有之义，而军事人员现代化则是军事现代化的核心和基础。大力推进军事人员现代化，是履行新时代使命任务的迫切需要，是强国强军的时代要求，反映了我们党积极适应世情国情军情发展变化的趋势，加强国防和军队现代化建设的战略考量和时代担当。

一、军事人员现代化是强军兴军的核心支撑

强军兴军，要在得人。人才资源是强军兴军的宝贵战略资源，也是实现民族振兴、赢得国际竞争主动的重要战略资源。习主席高瞻远瞩、运筹帷幄，站在国防和军队现代化建设的战略高度，对加强军事人员现代化建设作出重大决策部署，深刻揭示了现代化军队建设的普遍规律和我军现代化转型的特殊要求，为军队建设发展指明了方向、提供了遵循。实现强军目标、加快我军现代化战略转型步伐，最紧要、紧急需的是人才，最基础、最关键的也是人才，必须紧紧抓住、全面推进军事人员现代化这个强军兴军的核心支撑。

军事人员现代化为一流军队提供智力支撑。实现新时代强军目标、全面建成世界一流军队，军事人员现代化是决定性的关键因素。

党的十八大以来，在以习近平为核心的党中央领导下，国防和军队建设取得了举世瞩目的历史性成就，发生了前所未有的历史性变革。我军正站在向着全面建成世界一流军队进发的新的历史起点上，不仅需要一流的军事思想理论、一流的建设发展理念、一流的现代化战略战术、一流的现代化武器装备、一流的现代化管理水平和一流的现代化后勤保障，更需要一流的掌握现代化科学技术的高素质军事人才提供智力支撑并为此努力奋斗。在强军兴军的决策部署明确之后，唯有实现军事人员现代化，建设世界一流军队的目标才能真正实现。

军事人员现代化是提升战斗力的内在引擎。有什么样的使命任务，就需要有什么样的军事能力和军事人才。未来信息化战争，是由高度现代化的军队使用信息化武器装备进行的对抗，军事人员是通过自身的综合素质对战争胜负产生决定性影响的，可以说，军事人员现代化程度直接影响着部队战斗力的生成和提升。新时代党和人民要求我军具有以打赢现代战争能力为核心的完成多样化军事任务能力，必须把锻造大批高素质新型军事人才，作为提高军队战斗力建设的重要引擎搞上去，确保我军能够打赢信息化条件下的现代战争，切实履行好新时代的使命任务。

军事人员现代化是新军事革命的战略需要。信息化智能化是当代科技革命、社会变革中最重要的推动因素，也是新军事革命的本质和核心。现代战争形态正由机械化战争向信息化战争智能化战争转变。世界新军事革命对我们的挑战，从根本上说是军事人才的挑战，是智力和科技的比拼。军事人员现代化程度的高低决定着军队未来作战能力的强弱，决定着我军能否赶上并超越世界新军事革命的变革浪潮。可以预见，随着全球科技创新进入密集活跃的时期，科技创新日益成为许多国家谋求军事竞争优势的核心战略，各国军事人员的现代化水平必将有一个大幅度的跃升。

二、现代化军队必须由现代化的军事人才锻造和组成

战争的本质是人的较量。毛泽东指出，武器是战争的重要的因素，但不是决定的因素，决定的因素是人不是物。离开了人，任何先进的武器装备，也不能充分发挥其应有的效能。一流的现代化军队必须由高素质新型人才锻造和组成。推进军事人员现代化，就是要提升军事人员的政治素养、战略素养、军事素养、联合素养和科技素养，打造宏大的高素质新型军事人才队伍。

一要提高军事人员的政治素养。政治素养包括坚定的理想信念和党性原则、严明的政治和组织纪律、扎实的政治理论功底和敏锐的政治鉴别力。军事服从政治，战略服从政略，现代化军事人员必须具备合格的政治素养。对军事人员来说，政治自觉最核心最紧要的是维护核心、听从指挥，毫不动摇坚持党对军队的绝对领导。在思想上行动上始终同党中央、中央军委和习主席保持高度一致，始终保持政治清醒和政治定力。

二要提高军事人员的战略素养。战略素养包括世界眼光、全局观念和辩证思维，以及对国际国内形势和战争态势具有敏锐的洞察力和判断力。战略素养是军事博弈的首要才识，具有方向性和全局性。现代化军事人员战略素养的高低，直接关系到军事战略全局的实现程度。“不谋全局者，不足谋一域”。全局性是军事战略的基本特征，关照全局则是战略素养的基本要求。毛泽东指出，“只要有战争，就有战争的全局。战争的胜败的主要和首要的问题，是对于全局和各阶段的关照得好或关照得不好”。军事人员必须养成时刻把国家利益置于首位的战略思维习惯，善于着眼全局实现政治目的，准确研判形势发展变化，努力做到洞悉全局、谋划全局、配合全局，始终保持头脑清醒、始终掌握战略主动。

三要提高军事人员的军事素养。军事素养包括扎实的军事理论功底、科学的军事管理能力和军事指挥基础、过硬的身体和心理素质以及良好的军人气质姿态。现代战争瞬息万变，赢得战争的能力始终与军

事人员前沿军事理论知识的掌握程度相伴相随，如果缺乏足够的军事理论储备，就会在现代化战争中处于被动挨打的位置。军队能不能打仗、打胜仗，科学管理起着关键作用。军事人员身体心理素质是从事军事活动的载体，是其他各种素养的物质基础，也是影响其成长和成功的内在因素之一。军事人员只有具备了良好的身体心理素养，才能承受艰苦复杂、瞬息万变的战场环境，使军事指挥艺术与军事管理技术得以最大限度的发挥。

*四要提高军事人员的联合素养。*联合素养的基础是过硬的各军兵种专业素养，核心是深植的军兵种联合理念和精通的联演联训。随着武器装备技术含量越来越高，岗位分工也越来越精细化。军事人员的军事专业素养有其特殊要求，必须在基本军事素养的基础上具备更高层次的军事联合素养，这也是军事人员素养核心层次的军事岗位能力素养。未来军事斗争具有"信息主导、体系支撑、精兵作战、联合致胜"等特征，其战争形态、作战方式和制胜机理都发生了深刻变化，军事人员要有驾驭信息化装备、指挥信息化作战的能力，做到装备玩得转、信息联得通、系统用得精。

*五要提高军事人员的科技素养。*科技素养包括厚实的军事科技知识、良好的信息运用能力和多元的创新思维意识。科学技术是核心战斗力。从大洋到太空、从空中到陆地，高技术含量已成为各军兵种的发展趋势和共同特征。随着武器装备越来越精密，要熟练操纵这些装备，需要厚实的科技素养来支撑。军事人员厚实军事科技素养，必须学习掌握军事思想、军事历史、军事科技、军事辩证法、军事领导学等基础军事理论知识，要掌握信息化武器装备技战术性能及其应用技能，从而能够有效组织电子对抗、网络对抗等信息作战。

三、加快推进高素质新型军事人才队伍建设的战略举措

加快推进高素质新型军事人才队伍建设，实现军事人员现代化战

略目标，关键需要顶层设计和统筹规划，探索科学方法和实际举措。毛泽东曾形象地指出：“我们不但要提出任务，而且要解决完成任务的方法问题。我们的任务是过河，但是没有桥或没有船就不能过。不解决桥或船的问题，过河就是一句空话。不解决方法问题，任务也只是瞎说一顿。”因此，实现军事人员现代化，需要科学探索高素质新型军事人才队伍建设的战略举措。

加强顶层设计，科学构建高素质新型军事人才培养标准。全面推进军事人员现代化，必须坚持党管干部、党管人才原则，适应时代需要、契合时代特征，加强顶层设计，统筹谋划。大力实施人才战略工程，科学构建高素质新型军事人才培养标准，把人才队伍建设提高到一个新水平。坚持与国家、军队建设发展步伐相适应，同步搞好顶层设计，切实把各级各类军事人员现代化发展战略、规模层次、衡量标准、支撑的学科门类、运行机制等各方面内容研究透研究实。这就要求建立健全各级各类军事人员现代化标准体系，并细化量化为可操作的具体指标。一方面，便于各类军事人员能够对照标准进行自测自检，明确努力方向，激发成长成才的主观能动性；另一方面，便于各级在推动军事人员现代化建设中，科学合理规划好所属人员的成长路径，提高军事人员现代化建设的质量和效益。

坚持“三位一体”，科学构建高素质新型军事人才培养格局。坚持面向战场、面向部队、面向未来的原则，遵循军事人才成长的特点规律，着眼优势互补、各展所长、全程对接、聚向发力，构建完善军队院校教育、部队训练实践、军事职业教育“三位一体”的人才培养格局。培养高素质新型军事人才，必须充分发挥出军队院校教育“孵化箱”、部队训练实践“磨刀石”以及军事职业教育“助推器”的作用功能，共同催生出一大批我军各类优秀军事人才，强力推动军事人员现代化取得实质性突破。发挥军队院校教育的主渠道作用，更新教育理念，深化教学改革，走以提高人才培养质量为核心的内涵式发展道路。发挥部队训练实践的大熔炉作用，聚焦促进知识转化、能力生成，让人才在部队建设和军事斗争准备中练本领、长才干，在完成急难险重任务中经风雨、受历练。发挥军事职业教育的大课堂作用，围绕提升职业素养、专业品质、岗位技能，在持续学习、专项深研中，拓展夯实军事人才履职尽责的知识和能力基础。

实施人才工程，科学构建高素质新型军事人才培养体系。习主席强调，要加大联合作战指挥人才、新型作战力量人才、高层次科技创新人才和高水平战略管理人才培养力度。按照突出重点、着眼亟需，先联合作战指挥人员现代化、后其他军事人员现代化的思路，逐步推进、分层实施、全面实现。突出联合作战人才培养，要适应现代战争体系对抗、联合制胜的特点要求，把联合作战指挥人才和参谋人才、新型作战力量人才培养作为重中之重。按照全系统全要素作战要求抓军事斗争人才准备，精准规划、精准施策、精准落实，打造适应联合作战需求的指挥人才、参谋人才、战斗人才、科技人才、保障人才群体，切实形成支撑强军打赢的人才优势。

关于推进新时代军事人员现代化的思考

国防大学政治学院基层政治工作系教授　杜中武
国防大学政治学院博士研究生　武程晖

全面推进军事人员现代化，是党的十九大作出的重大战略部署。军事人员现代化，是指军队着眼新军事革命发展趋势和军事领域竞争态势，运用先进的人才建设发展理念、科学的人力资源管理制度，使军事人员适应时代发展，胜任建设信息化军队、打赢信息化战争需要的过程和状态，是实现军事理论现代化、军队组织形态现代化和武器装备现代化的关键和枢纽。正因为如此，开展军事人员现代化相关问题研究，是发展党的军事人才建设理论的客观要求，是深化军事人力资源管理改革的重要举措，是推进军事斗争人才准备的迫切需要。

一、新时代推进军事人员现代化的重大意义

一是全面建成世界一流军队的基础支撑。一流军队必须要有一流人才。随着我国综合国力不断增强、军费投入稳步增长、武器装备换代升级、军队改革持续推进，我军整体实力实现大幅跃升，但"两个能力不够""五个不会"的问题还比较突出，成为建设世界一流军队的突出瓶颈。军队现代化水平高不高、军事竞争能力强不强，说到底是看军事人力资源的竞争实力。必须要把打造高素质的现代化军事人员队伍作为最紧迫、最关键、最基础的工程，为全面建成世界一流军队提供有力的

人才支撑。

二是应对战争形态演变和作战样式变革的必然选择。人是战斗力中最核心、最活跃的因素。随着我军联合作战指挥体制建立、军事训练实战化水平提高、武器装备科技含量增加，军事人员必须具备很强的信息素养、联合作战能力和特殊专业技能。只有构建精干高效的作战力量体系，提升军事人员信息科技素质，打造联合作战指挥、新型作战力量等新型军事人才队伍，才能不断适应战争形态由机械化战争向信息化战争演变、作战样式由单一军兵种向联合作战变革。

三是有效履行我军历史使命、打赢未来战争的迫切需要。当今世界并不太平，美国持续加大对中国的战略遏制和围堵，我国与周边国家领土主权和海洋权益争端加剧，而我军"两个不相适应"的问题还比较突出，思维理念、打仗本领、作风素养与打赢未来战争还存在一定差距。必须通过加快推进军事人员现代化，提高部队应对多种安全威胁、完成多样化军事行动任务能力，捍卫国家的主权、安全和发展利益。

四是深化国防和军队改革的重要内容。军事人力资源改革是军事人员现代化的"重头戏"，需要通过建立现代化的管理制度，最大限度吸聚优秀人才，提高人才使用效益。我军现行的人力资源管理制度明显滞后于社会发展和军队改革形势，军事人员职业分类不科学、成分结构不合理、发展路径不清晰、管理使用粗放、职业吸引力不强等问题比较突出。要通过建立科学规范、富有我军特色的现代军事人力资源管理制度，助推其他领域改革，巩固深化军队改革成效。

五是实现军事人员全面发展的内在要求。适应时代发展要求的高素质军事人员队伍，历来是国家和民族的精英。进入新世纪以来，我军军事人才队伍建设取得长足进步，但与打赢信息化战争的要求相比还存在较大差距。军事人员现代化是实现军事人员全面发展的应有之义，军事人员不仅要具备过硬的军事职业素质，还应具备适应社会竞争发展的综合素质。因此，要树立开放式、融合式人才建设理念，进一步创新培训机制，加强实践锻炼，努力实现军事人员的全面发展。

二、当前推进军事人员现代化面临的主要矛盾

一是建设理念与形势发展还不相适应。目前,人才建设理念相对滞后,制度机制比较固化,改革创新力度不够。具体地看,人才发展规划宏观要求多、微观指标少,原则指示多、具体指导少,人才使用管理还比较粗放,精细化管理理念没有完全确立;学习培训系统性不强,重学历教育、轻任职培训,重岗位实践、轻理论支撑,重军内自主培养、轻军民融合培养,终身持续学习和开放式人才培养理念还未形成广泛共识;人才使用还存在本位主义,阻滞了人才的合理流动,高层次人才使用效益打了折扣,人才紧缺与人才浪费的现象同时存在。

二是人员素质与打赢要求还不相适应。官兵信息化素养比较薄弱,运用信息化手段开展工作能力较弱,精通信息网络技术的高层次人才比较紧缺。部分指战员对未来战争缺乏前瞻性思考,部队官兵联合素养不高,参加过多军兵种联合演习、中外联演联训的官兵比例不高,能熟练操作、维护新型武器装备的专业人才偏少。官兵的体能素质、心理品质、吃苦耐劳精神与执行繁重的军事训练和作战任务的要求还存在差距。

三是成分结构与质量建军还不相适应。我军总体员额数量较大,虽然经过军队规模结构和力量编成改革不断压缩精简,但着眼打造精干高效作战力量体系这个目标,人员数量规模、成分结构、编配比例仍需要进一步调整优化。官兵学历层次相对不高,全日制硕士研究生以上学历的军官和全日制本科以上学历的士兵占比,普遍低于美、俄、英、法等国军队;官兵任职经历相对单一,军政兼通、指技复合、多军兵种交叉任职的综合型人才比例小;联合作战指挥人才、新型作战力量人才、有执行海外任务经历官兵数量不多。

三、推进新时代军事人员现代化的思路举措

1. 加强军事人员队伍建设规划设计。一是加强宏观规划指导。着眼军队长远建设发展、军事人员队伍现状和军事人力资源竞争趋势，搞好军事人员队伍建设战略筹划和顶层设计。以3—5年为周期研究制定发展规划，明确发展目标、工作重点、推进路径和主要突破口，提高军事人员队伍建设的科学性计划性。搞好专项规划设计。区分军(警)官、军(警)士、义务兵和文职人员等类别，突出联合作战指挥人才、新型作战力量人才、科研创新人才等重点，分析研判建设现状，根据各自特点规律和发展趋向，研究制定专项发展规划，为军事人员队伍分类建设提供遵循，提高军事人员队伍建设的指向性针对性。二是构建完善指标体系。科学精细的指标体系是衡量军事人员现代化程度的重要参照标准。要制定军事人员个体核心素质指标体系，为各类人员培养、考核提供基本依据；建立精细化的人力资源配置指标体系，实现人员年龄、职级、学历、经历、素质与岗位的高度匹配；制定军事人员职业路径指标体系，围绕工作需要、培训经历、能力素质和个人意愿，设计职业发展目标和成长路径，使各类人员发展有方向、努力有目标、成才有途径。

2. 实施重点军事人才队伍建设工程。一是联合作战指挥人才。着眼未来联合作战需求，制定“千名联合指挥员”“万名联合参谋人员”发展计划，发挥国防大学、各军兵种指挥院校联合培训主渠道作用，培养储备一定数量规模的联合作战指挥人才；注重发挥军委联指、战区联指、方向联指等联合作战指挥机构的孵化器作用，分期分批选派部队指挥、参谋人员交叉任职、跟班锻炼；充分利用全军性战略战役集训、中外联演联训、重大安保行动等时机，在实战化背景的军事行动任务中锻炼提升联合指挥能力。二是新型作战力量人才。着眼我军新型作战力量体系发展，紧跟新型作战力量发展趋势，依托院校、科研单位、军工企业和新武器装备部队，积极从地方引进高端科技人才，突出空天防御、远

洋作战、信息攻防、无人作战、生物作战、特种作战等新型作战力量人才队伍超前培养和储备。三是科研创新人才。充分利用国家、社会人才优势，拓宽人才引进渠道，积极引进高层次人才，充实军队科研人才队伍；依托国内外科研院所和工厂企业，多渠道培养科研人才，尝试建立科研人才“旋转门”进出机制；完善科研人才保留制度，采取退休后返聘、延长服役年限等措施，做好科研人员保留工作，最大限度避免人才流失；注重在国家和军队重大科研项目攻关中锻炼提升科研创新能力，鼓励创新精神，建立容错机制，加大经费投入，激发科研创新积极性。四是复合型管理人才。通过遂行重大任务、组织重大活动、岗位实践锻炼等方式，提高各级各类管理人员能力素质，积累管理经验；开展现代管理知识和规章制度学习培训，突出领导干部管理能力培养，组织到地方政府、大型企业观摩学习，提高科学管理、依法管理水平。五是国际型军事人才。积极构建符合我军特色的国际型军事人才培养体系，加大国内外院校联合培养力度，重点强化外语、外军情况、外国地理和历史文化等学习培训；借助国际维和、联合反恐、多国军演、国际军事比武、国际论坛等平台，持续深化与外军的交流合作，不断拓宽国际视野、积累外交经验。

3. *融入国防和军队建设改革进程。*一是动态调整优化军事人员成分结构。顺应军队规模结构和力量编成改革进程，加强军事人员计划管理，构建军事人员动态调配机制，监控预测各类人员数量规模、进出比例、职级结构、分类管理等要素，合理调整设置指标，形成科学的调控指标体系，实现人员结构优化和使用效益最大化。二是稳妥推进军事人员职业化进程。充分吸收借鉴外军职业化成功经验，抓紧推进军官职业化制度改革，围绕“专业化”这个核心，构建一整套军官职业化制度，明确职业军官的地位作用、标准条件、服役方式、军衔设置等问题，健全军官职业路径设计、选拔任用、培训交流、退役安置、福利待遇等机制，逐步构建体系完备、运行高效的政策制度体系。三是提高人力资源管理信息化水平。运用大数据理念，提高计划管理精细化程度，精心测算、科学监控军事人员进、出、升、训、调等各个环节;整合各级各类军队人员和党员信息管理、后勤供给等数据系统,研发全军统一、互联互通、权限分明的人力资源管理系统平台,实现数据标准统一、技术平台兼容、数据采集精准。

4. 强化政策制度支撑。一是优化人员进出和选用机制。严格军事人员征召机制,注重从源头上提高标准,广泛招收聘用地方高校毕业生和社会高素质人员;优化人员选拔任用制度,健全考核评价标准体系,增加任职资格刚性指标,探索试行考用相对独立的机制,把最优秀的人才选拔到合适的岗位;建立更加灵活的人员退出机制,鼓励优胜劣汰,实行全过程退出和淘汰。二是完善人才培养机制。综合考虑部队需求、院校培训资源和个人意愿,实现军事人员培训需求与供给的良性循环,提高军事人员培训效益;完善三位一体、军民融合的培养体系,拓宽培养渠道和平台,推开网络远程教育培训模式,实现军事人员培训的全周期、全员额、全地域覆盖;紧扣战争形态演变、武器装备更新、科学技术发展,及时更新培训内容,升级培训模式,实现培训效果始终与时代发展高度契合。三是健全法规制度体系。坚持依法推进军事人员现代化,及时修订相关法规,发挥其导向作用和约束功能;固化军事人力资源管理、军事人员培养、军地协作等制度机制,消除随意性,防止"翻烧饼",使军事人员现代化建设朝着法治化、科学化轨道不断迈进。

适应时代要求切实推进军事人员现代化

国防大学政治学院基层政治工作系教授　杨　俊
国防大学政治学院基层政治工作系讲师　李　骥

人才是强军兴军之本，建设一流军队必须要有一流的军事人才。党的十九大报告明确指出，同国家现代化进程相一致，全面推进军事理论现代化、军队组织形态现代化、军事人员现代化、武器装备现代化，力争到 2035 年基本实现国防和军队现代化，到 21 世纪中叶把人民军队全面建成世界一流军队。推进军事人员现代化，是实现国防和军队现代化、建成世界一流军队的时代要求，也是我军全面建成世界一流军队的基础和关键。适应强国强军的时代要求，从新的历史起点出发，加快我军现代化战略转型，汇聚强军兴军的智慧和力量，担负起党和人民赋予的新时代使命任务，必须紧紧抓住推进军事人员现代化这个核心。

一、军事人员现代化是建设世界一流军队的时代要求

重视人在战争制胜中的第一位作用，是马克思主义军事理论的鲜明特征。马克思主义认为，高素质军人是军队战斗力最重要的构成要素。恩格斯鲜明地提出了“赢得战斗胜利的是人而不是枪”的著名观点，毛泽东指出“武器是战争的重要因素，但不是决定的因素，决定的因素是人而不是枪”。进入新时代，党中央、中央军委和习主席高瞻远瞩，站在国防和军队现代化建设的战略高度，对加强军事人员现代化作出

重大决策部署,为我军建设发展指明了方向、提供了遵循。

军事人员现代化是把我军建设成为世界一流军队的智力支撑。纵观世界军事发展史,凡是在某一历史阶段称得上一流的军队,其军事人员素质无不居于其所处时代的前列。革命战争年代,尽管我军武器装备落后,但是由于我军人才济济、强将如云,在中国化的马克思主义军事理论指导下,我军取得了革命战争的伟大胜利。进入新时代,实现党在新形势下的强军目标,全面建成世界一流军队,我们不仅急需大批的现代化武器装备,更需要掌握现代化知识的人才为此而奋斗。唯有实现军事人员现代化,建设世界一流军队的目标才能真正实现。

军事人员现代化是我军积极应对世界新军事革命挑战的大势所趋。当前,以信息技术为核心的高新技术飞速发展,有力促进了世界新军事革命。进入新世纪以来,以信息化智能化为核心的新军事革命对军事人员和军事技术发展提出了新的挑战。我军军事人员现代化程度决定着我军未来作战能力。迎接世界新军事革命的挑战,我军大力推进军事人员现代化势在必行。

军事人员现代化是我军提升部队战斗力的内在引擎。军事人员素质的高低不仅影响军队战斗力的强弱,也直接影响战争胜败。武器装备与军事人员是军队战斗力的两个基本要素,武器装备的发展是军队战斗力形成的前提,而驾驭和操作武器装备的人则是军队战斗力形成的关键,军事人员现代化程度决定着军队战斗力的强弱。未来信息化战争,是由高度现代化的军队使用信息化武器装备进行的对抗,要求参战的每一个士兵都能熟练地掌握手中武器装备和具有很强的专业技能;要求参战的每一个军官不但要精通军兵种知识,而且还要具备丰富的科学文化知识及相应的战略战术思想和谋略水平。

军事人员现代化是破解我军建设发展难题的迫切要求。实现强国梦强军梦,必须聚力打造打赢信息化战争、有效履行使命任务的强大核心军事能力。与我国的经济、政治和外交影响力相比,我军目前建设发展水平与国家实际地位并不相称。特别是近年来,我军武器装备和新型作战力量快速发展，军队人员结构不合理、质量不高等问题日渐凸显，尤其是习近平主席指出的我军建设发展存在的“两个能力不够”以及个别指挥员“五个不会”的问题依然存在，这些都成为制约我军现代化水平的瓶颈问题。当前，推动我军改革创新的当务之急，是把军事人才队伍建设放在重要位置。推进军事人员现代化成为新时代大幅提升我军核心军事能力的迫切要求。

二、聚焦“四化”准确把握军事人员现代化的标准

标准决定质量。着眼于实现党的强军目标和建设世界一流军队，应当聚焦革命化、职业化、专业化和法治化，准确把握军事人员现代化的新标准和新要求。

军事人员现代化的根本是革命化，要求军事人员有绝对忠诚的政治品德。我军性质和使命决定了锻造高素质军事人才，不仅不能放松政治要求，而且要坚持把政治标准放在第一位。在现代化进程中，无论军事理论、体制编制、武器装备如何变化，我军始终都是党的军队、人民的军队，听党指挥的军魂不能丢，全心全意为人民服务的宗旨不能变；革命军人始终都是党的好战士，必须恪守对党绝对忠诚的政治品德，传承听党话、跟党走的红色基因，做到任凭风吹浪打、永葆红心向党。具体来讲，要加强政治考核，全方位考察各类人才的政治忠诚、政治定力、政治担当、政治能力、政治自律。要坚持把军委主席负责制全面深入贯彻落实到军事人员现代化的各方面各环节，确保各类军事人才绝对忠诚、绝对纯洁、绝对可靠。

军事人员现代化的基础是职业化，要求军事人员有全面过硬的打赢本领。军队首先是一个战斗队，是为打仗而存在的。未来信息化战争越来越复杂、越来越精密，许多岗位不是经过简单训练就可以完全胜任的，需要现代军人立足本职岗位苦练打赢本领，努力钻研，确保整个作战体系中自己负责的一环不掉链子。对于军人来说，就是要向书本

学、向课堂学、向实践学，勤学苦练强素质，兢兢业业钻打赢，真正把信息化战争的制胜机理搞明白，把作战对手的现实情况弄清楚，把自己岗位的职责任务研究透，努力提升打仗急需、履职必备的能力素质。军事人员现代化必须强化战斗力标准，选人用人上要突出打仗能力，为我军召之即来、来之能战、战之必胜提供可靠人才支撑。

军事人员现代化的重心是要专业化，要求军事人员有扎实熟练的专业能力。打赢现代战争要求军事人员掌握专业知识、具备专业技能、敢于创新求进。如果军人对科学技术知识不熟悉，对高技术武器装备不敢碰，就难以有效驾驭现代战争。提高军人科技素养是科技兴军的基础工程，要根据官兵岗位特点、专业类别，有针对性地制定培养方案和学习计划，把学政治、学军事与学科技结合起来，努力实现人与武器装备的最佳结合。具体来讲，按照重点人才优先发展思路，锁定联合作战指挥人才、新型作战力量人才、高层次科技创新人才和高水平战略管理人才“四类人才”的培养力度，使我军军事人员现代化更加契合现代战争所需、更加具有现实针对性。

军事人员现代化的关键是要法治化，要求军事人员有守纪如铁的作风素质。厉行法治、严肃军纪，是建设世界一流军队的基本规律。军队越是现代化，越是信息化，越是要法治化。推进军事人员现代化，建设世界一流军队，必须发挥法治的引导、规范和保障作用，把全面从严治军贯彻到军事人员现代化建设的各领域全过程。具体来讲，一方面，各级党委要及时转变选人用人标准理念，剔除选人用人中个人的意志、克服打擦边球的土规定土政策，做到在法规制度中运行；另一方面，要通过法规制度、学习等手段，让法治深入人心，自觉遵法守法。此外，还要强化纪检监察部门职能作用，维护法规制度权威性。及时制止、严肃查处违法行为，对没有依法选人用人、违规调整人员的党委和个人，坚决追责问责，努力形成法治普及、执法严格、违法严惩的良好局面。

三、多措并举大力推进军事人员现代化

实现我军军事人员现代化战略目标，关键在于要有实际举措、有现实抓手。当前，加强军事人员现代化建设，应当抓好以下四个方面的工作。

1. 坚持抓重点，突出各类作战人才的培养。适应现代战争体系对抗、联合制胜的特点要求，把联合作战指挥人才和参谋人才、新型作战力量人才培养作为重中之重。针对懂打仗、会指挥特别是精通联合作战的人才还比较匮乏的现状，必须深入探索把握联合作战人才培养的特点规律，加强宏观统筹，投入更大精力，集中更多资源，创新联合作战人才培养模式，实施新型作战力量关键领域人才专项工程，尽快弥补短板、抓出成效。按照全系统全要素作战要求抓军事斗争人才准备，精准规划、精准施策、精准落实，打造适应联合作战需求的指挥人才、参谋人才、战斗人才、科技人才、保障人才群体，切实形成支撑强军打赢的人才优势。

2. 坚持抓体系，构建"三位一体"人才培养体系。遵循军事人才成长的特点规律，着眼优势互补、各展所长、全程对接、聚向发力，构建完善军队院校教育、部队训练实践、军事职业教育三位一体的人才培养体系。切实按照习主席强调指出的构建起军队院校教育、部队训练实践、军事职业教育"三位一体"模式，培养高素质新型军事人才，充分发挥出院校教育"孵化箱"、部队训练实践"磨刀石"以及军事职业教育"助推器"作用功能，共同催生出一大批我军各类优秀军事人才，强力推动军事人员现代化取得实质性突破。

3. 坚持抓共建，注重军民融合共育人才。军民融合很重要的体现是军地人才的融合。要坚持把国防和军队现代化建设融入经济社会发展体系之中，从国家经济社会发展中获取国防和军队现代化建设的丰富资源和强大支撑。尤其在军民融合共育人才方面，聚焦强军急需领

域的高端人才，采取“梯次融才”“借地育才”“借才引智”等模式，丰富人才培养种类，开辟军事职业教育新渠道，有效运用丰富的社会人力资源，缩短军事人员现代化周期，努力用最低的成本获得最大效益，牵引国家教育资源更多关注军事能力建设。

4. 坚持抓创新，拓展国际化视野选人才。推动军事人员现代化要拥有国际视野，善于放眼世界，主动瞄准强敌。要利用与外军开展联演联训契机，全方位锻炼提高一线军事指挥员联合作战指挥能力，从中查找差距不足、磨炼摔打提高；坚持把参加国际军演，作为战备训练、培养人才的重要平台和途径，将本土演练转化为在国际海域空域以及未来可能的作战方向上的强化训练，做到未雨绸缪。要建立健全与不同国家军队相互间的军事访问学者机制，开设国际军事论坛，加强国际军事交流，学习外军先进军事思想、军事战略、武器装备知识等，做到知己知彼，增强应对未来战争之能力。

深刻理解军事人员现代化的科学内涵

国防大学政治学院基层政治工作系副教授　吴庆龙

习主席在党的十九大报告中指出:“全面推进军事理论现代化、军队组织形态现代化、军事人员现代化、武器装备现代化,力争到二〇三五年基本实现国防和军队现代化,到本世纪中叶把人民军队全面建成世界一流军队。”人才强则事业强,人才兴则事业兴。强军兴军,要在得人。军事人员现代化是国防和军队现代化的核心和关键,渗透到军事理论现代化、军队组织形态现代化、武器装备现代化之中,发挥着主导性和关键性作用。

一、军事人员现代化是国防和军队现代化的核心支撑

当今时代,国防和军事领域异常激烈的竞争,从根本上说是军事人员的竞争,军事人员现代化是国家和民族在军事竞争中占据主动、占据优势的决定性因素和核心支撑。

(一) 人的现代化是现代化研究中的核心内容

现代化的实践证明,人的现代化至关重要。在现代化的进程中,人既是实践主体,也是价值主体。现代化的核心在于人的现代化,没有人的现代化就没有真正意义上的现代化。现实也充分表明,人的现代化一旦被忽视,或者在这一问题上有所迟疑、滞后,必然带来巨大的危害

与祸患。我国的国防和军队现代化，不仅承载着社会主义现代化建设的历史使命，也同时承载着持续推进人的现代化的时代重任。只有把人的现代化摆上更为紧要的战略地位，才能在实践中探索出一条以军事人员现代化为核心的国防和军队现代化新路径。

（二）人才资源是赢得军事竞争最重要的战略资源

习主席深刻指出，“改革创新关键在人，要构建‘三位一体’人才培养体系，打造德才兼备的高素质、专业化新型军事人才方阵”。从宏观上来说，国防和军队现代化建设，是一个以军事理论为先导、以军队组织形态为保证、以军事人员为核心、以武器装备为基础的体系工程。这其中，军事人员现代化是最具活力的、占据主导地位的关键要素，其他要素的实现程度都有赖于主体要素的发挥。当前，我军现代化建设进入加速发展的新阶段，这对军事人员现代化提出了新的更高的要求。因此，必须树立强烈的人才意识，确立人才是第一资源的理念，加速优秀军事人才培养。始终做到军事需求在哪里，人才建设就跟到哪里；军事斗争准备拓展到哪里，人才建设就跟到哪里。

（三）军事人员现代化的本质是充分挖掘人的制胜价值

马克思主义始终认为，人是决定战争胜负的主要因素。当前，以信息技术为核心的现代高新技术的快速发展，极大地改变着人们的生产、生活方式和国际经济、政治关系，同时也有力地促进着世界新军事革命。世界新军事革命归根到底是人的革命，军事人员现代化程度的高低决定着其能否在世界新军事革命中脱颖而出。全面推进军事人员现代化的过程，实质上是把人力资源转化为人才资源，把人的数量优势转化为质量优势的过程，是以人才优势赢得竞争优势、发展优势的过程。从当前情况来看，我军战略科学家、科技帅才还比较稀缺，新兴学科和前沿领域的领军拔尖人才数量还不是很多。这就要求我们在大力培养的基础上，充分挖掘“人”的制胜价值，破解人才制约瓶颈，切实提高新时代备战打仗能力。

二、军事人员现代化的内涵

“人的现代化”是整个文化和社会变迁的基础和关键，它涵盖了人的思维方式、价值观念、生活方式和行为方式等方面的现代化，成为整个社会现代化的本质和核心。军事人员不同于一般的“社会人”，兼具社会属性与职业特殊性，其现代化内涵应该包括：品德的现代化、知识的现代化、智能的现代化以及生理心理的现代化。

（一）军事人员品德的现代化

军事人员的品德是军事人员综合素质的首要内容，决定军事人员的人生取向和价值标准，是军事人员成长成才、发挥作用的内在动力。因此，推进军事人员现代化的首要任务是实现军事人员品德的现代化。总体上说，军事人员品德的现代化包括政治素质、思想素质、道德素质、法纪素质等要素的现代化。这其中，政治素质的现代化最为重要。我们知道，军队是执行政治任务的武装集团，阶级性是其本质属性。我军是党缔造和领导的，阶级性就是鲜明的党性，无条件接受党的绝对领导。对我军来说，实现政治素质的现代化，就是要搞好理论武装，坚定理想信念、补足精神之钙、强化“四个意识”，坚决捍卫党的执政地位、捍卫新时代中国特色社会主义事业、捍卫以习近平同志为核心的党中央权威和集中统一领导。

（二）军事人员知识的现代化

知识是人类在改造客观世界的实践中所获得经验和理性认识的结晶，是人类改造自然和社会的巨大推动力量。军事领域几乎涉及人类社会、人类思维和自然界的一切方面，历来是人类知识的荟萃地。人类社会最新的知识成果往往最先运用于军事斗争。因此，军事人员知识的现代化至关重要。总体上说，军事人员知识的现代化包括军事素质、科技素质、专业素质、人文素质等要素的现代化。这其中，军事素质的现代化最为重要。这是因为，军事素质的现代化是军队职业生命的根本要求。军事素质的现代化就是要适应战争形态、军事技术发展、先进军事装备、军事思想和作战指挥的要求。对当前我军官兵来说，军事素质现代化的核心就是打赢信息化战争的能力素质。

（三）军事人员智能的现代化

智能是智力与能力的总称。智力和能力同属于个性的范畴，即它们都是成功地解决某种问题或完成某项任务所表现的良好适应性的个性心理特征。智力偏重于认识，着重解决知与不知的问题；能力偏重于活动，着重解决会与不会的问题。军事人员在认识和把握客观事物、从事军事实践活动过程中，不仅需要具备知识、技术等基础性的素质，还要注重搞好知识向能力的转化，具备良好的智力素质和能力素质。军事人员智能的现代化，一方面要求军事人员最大限度地理解和认识信息化战争的基本指导思想和制胜机理，另一方面要求军事人员充分具备打赢信息化战争的各种能力。要做到这一点，必须投身国防和军队建设实践中，在实践中提升智力、锻造能力。

（四）军事人员生理心理的现代化

生理通常指构成人体的基本组织，如肢体、肌肉、内脏、神经组织等，它是人体进行各种活动的基础；心理则是关于认识能力的一种功能性结构，主要指在理论上假设存在的关于各种信息和认识能力的组织。生理心理的质量和水平，最终体现为保证军事人员智力才干正常发挥的体格要求和心理品质，即军事人员的身体素质和心理素质。军事人员生理心理的现代化，一方面要求军事人员的身体素质能够适应现代化战争时间紧任务重的特点，另一方面要求军事人员有良好的心理素质，能够承受来自现代化战争和工作压力的心理负荷。要做到这一点，军事人员必须非常重视体技能训练，严格按照《军事体育训练大纲》的要求增强身体素质，同时，注重在军事斗争准备实践中锤炼心理，锻造优良的心理品格。

三、多措并举推进军事人员现代化

（一）在思想上，搞好党的先进理论武装

全面推进军事人员现代化，首先要从思想上搞好党的先进理论武装。为此，军事人员要深入学习理解习近平新时代中国特色社会主义思想，特别是要把其中所蕴含的科学世界观和方法论切实学习好，始终坚定道路自信、理论自信、制度自信、文化自信。此外，要坚持改革开放，充分吸纳世界先进文明成果，全面抓好自然科学、哲学社会科学特别是军事科学理论的普及工作，区分对象抓好先进作战理论、训练理论、管理理论和信息技术、材料技术、生物技术等的学习研究工作，有力推动军事人员站到先进理论最前沿。

（二）在行动上，大抓实抓实战化训练

习主席深刻指出，全军要坚持把军事训练摆在战略位置，坚持从实战需要出发从难从严训练，不断提高部队实战化水平。全面推进军事人员现代化，必须要狠抓实战化训练，让军事人员在贴近实战中掌握制胜技能。要贯彻战训一致的原则，坚持“仗怎么打、兵就怎么练”的原则，从实战需要出发，从难从严训练部队；要按照实战要求，加大在复杂电磁环境、复杂陌生海域、复杂水文条件下的训练力度；要大胆训练、科学训练、安全训练，坚决纠正练为看、演为看和以牺牲战斗力为代价消极保安全等不良现象；要勇于改变机械化战争的思维定势，树立信息化战争的思想观念；要改变单一军种作战的思维定势，树立诸军兵种一体化联合作战的思想观念；要改变固守部门利益的思维定势，树立全军一

盘棋、全国一盘棋的思想观念。

（三）在体系上，形成三位一体育人格局

培养教育是军事人员成长进步发展最关键的环节。致力于军事人员的培养，已成为当今世界各国推进军事人员现代化的重要举措。我们要切实按照习主席强调指出的构建起军队院校教育、部队训练实践、军事职业教育“三位一体”模式，培养高素质新型军事人才，充分发挥出院校教育“孵化箱”、部队训练实践“磨刀石”，以及军事职业教育“助推器”的作用功能，共同催生出一大批我军各类优秀军事人才，强力推动军事人员现代化取得实质性突破。

（四）在制度上，创新配套政策法规

政策法规既是军事人员现代化的重要内容，也是军事人员现代化的根本保障。当前，我军改革已进入第三阶段，即解决“政策性问题”阶段。全面推进军事人员现代化，要结合国防和军队改革的宏观统筹和阶段重点，逐步完善配套政策和法规。要积极适应时代要求，充分借鉴世界强国军事人员职业化的经验做法，结合我们的国情军情，加快推进职业化步伐；要从政策制度上把现代化素质作为人员选拔、晋升、职业生涯管理的重要标准，推动形成有利于素质现代化的用人导向；要依法建立军事人员福利保障等相关制度，对军事人员的社会地位和福利保障等从法规制度上加以明确。通过政策制度法规的改革和建设，从制度上全面推进军事人员现代化。

深刻认识军事人员现代化的战略意义

国防大学政治学院基层政治工作系副教授　李志刚
国防大学政治学院基层政治工作系教授　张　煜

国防和军队现代化主要包括军事理论现代化、军队组织形态现代化、军事人员现代化和武器装备现代化。这是党中央、中央军委和习主席高瞻远瞩，站在国防和军队现代化建设的战略高度，对加强军事人员现代化作出的重大决策部署，充分反映了党中央、中央军委和习主席的战略运筹、深谋远虑，体现了这项工作的极端重要性，揭示了现代化军队建设的普遍规律和我军现代化转型的特殊要求，为我军建设发展指明了方向、提供了遵循。

一、全面建设现代化人民军队的第一要素

（一）人民军队永远制胜的历史经验

中国人民解放军历来就是一个“大学校”“大熔炉”。90 多年来，天下英才汇聚于此，才造就了人民军队永远立于不败之地。我军人才培养体系大体经历三个阶段。革命战争年代，主要采取从战争中学习战争，伴随炮火硝烟创办随营学校、教导队和军政大学，边作战、边总结、边教学。建军伊始，党就意识到军事人才培养的重要性，早在 1927 年 12 月，人民军队历史上第一个军事教育机构井冈山军官教导队成立，

其突出特点就是将政治教育放在军队建设的战略高度，要求军官既要懂军事，更要懂政治，政治教育占40%的时间，开创了我军不仅重视军事素质，而且更加注重政治素养的人才培养模式。抗日战争时期，毛泽东提出："要造就一大批人，这些人是革命的先锋队。"进入和平年代，建立实行院校教育与部队训练相结合的二元结构，办院校、抓训练，很快建立"三级制、两股绳"的军事教育体制，形成从单兵、分队到部队战役战术的军事训练体系，此后多年二元结构的内涵不断丰富发展，但总体格局没有大的改变。进入新时代，针对官兵成长需求更加多元、获取知识手段更加多样的新变化，我军拓展构建"三位一体"育人格局，加快发展具有我军特色的军事职业教育，开创了"三位一体"整体育人科学体系。可见，高度重视军事人才的培养，是我军永远制胜的历史经验。

（二）担当起时代使命任务的前提基础

军事人员现代化，要求军事人员的素质能力与担当起新时代人民军队的使命任务相适应。党的十九大提出了国防和军队现代化的战略安排，这意味着到2035年基本实现国防和军队现代化时，我军军事人员素质应同步实现基本现代化，到21世纪中叶把人民军队全面建成世界一流军队时，我军军事人员素质应同步达到世界一流水平。军事人员现代化，不仅仅是军事素质的现代化，而且是思想政治素质、军事专业素质、科学文化素质和身体心理素质等全面素质的现代化。习近平在党的十九大报告中强调的"培养有灵魂、有本事、有血性、有品德的新时代革命军人"，点明了对军事人员素质能力的时代要求，为推进军事人员现代化提供了重要遵循。

（三）实现"四个现代化"之首要关键

强军兴军，要在得人。"四个现代化"当中，军事人员现代化是关键。今天，站在信息化的星空下，面对世界新军事革命大潮，我们应清醒地看到：时间环境在变，战争的根本主题没有变；武器装备在变，战争的根本要素没有变；作战样式在变，战争的根本法则没有变。无人化、智能化战争“键对键”的背后，控制它们的仍然是人，是人和武器的高度一体化。正如习主席强调指出的，我们说武器装备越来越重要，并不意味着人就不起决定作用了，而是人的因素、武器因素结合得越来越紧密。最典型的例子就是无人机、智能化，无人机并非真的无人，智能化也不是武器变成人，而是武器在前台、人员在后台，人的智能移植到了武器中，人与武器已经高度一体化。从这个意义上说，重视武器因素也就是重视人的因素。实现党在新时代的强军目标，全面建成世界一流军队，不仅急需大批现代化武器装备，更需要掌握现代化知识的人才为此而奋斗。

二、全面推进信息化军事转型的第一内容

（一）推动战争体系运转的根本动力

未来信息化战争，是由高度现代化的军队使用信息化武器装备进行的对抗，要求参战的每一个士兵都要熟练地掌握手中武器装备和具有很强的专业技能，要求参战的每一个军官不但要精通军兵种知识，还要有丰富的科学文化知识和相应的战略战术思想及谋略水平。由此可见，军事人员现代化进度决定着部队战斗力的生成和提升。面对军事人员现代化的紧迫要求，目前我军正在通过推动人才发展体制改革和政策创新，积极释放军事人力资源效能。到 2035 年，将形成以联合作战指挥人才、新型作战力量人才、高层次科技创新人才、高水平战略管理人才为主体的人才方阵，牢牢占领军事人才培养的战略制高点，为打赢未来战争提供坚强人才保证。

（二）应对新军事革命演进的必然规律

世界新军事变革加速发展，直接影响国家综合国力特别是军事实

力。建设一支能打胜仗的新型军队，必须遵循军事革命演进规律及其走向。远古时代，人类用石刀、石斧，劈开了文明的初路，用铜器、铁器，敲奏出农业文明的强音，造就了5 000多年的农业文明。近代以来，蒸汽机的发明，引发了第一次工业革命，内燃机的出现，使得轮船、汽车、飞机等相继问世，电作为能源，以雷霆之力洞开现代文明的大门，核能的横空出世，终于集物、能之大成，造就了300多年的工业文明。当今世界，人类的创造力正阔步向前，以信息技术为核心的高新技术飞速发展，极大地改变了人们的生产、生活方式和国际经济、政治关系，同时也有力地促进了世界新军事革命，造就了信息革命。

（三）谋取军事竞争新优势的重要途径

军事领域是竞争和对抗最为激烈的领域，也是最具创新活力、最需创新精神的领域。重视和推进军事人员现代化，是世界主要国家军队现代化建设的普遍共识和做法。近年来，世界军事强国为谋取军事竞争新优势，纷纷加大培养和集聚新型军事人才力度。冷战后，美军之所以成为全球军事变革的发起者和主导者，很重要的就是因为美国拥有大量高素质的军事人才。1998年，美国国防部长咨文里强调“吸引和保持高素质人员”是“国防部最优先考虑的事务”[①]。《2018美国国防战略报告》中进一步提到“招募、培养并保留一支高素质现役和文职人才队伍对于取得作战胜利至关重要”。俄军也强调“军事人才尤其是军官的培训是俄军最重要的任务之一”。培养高素质军事人才，已成为西方主要国家军队重要的战略设计和战略课题。如美军采用开放式教育手段，充分发挥院校、部队、科研机构和社会力量等综合优势，为军队培养人才服务。据有关材料披露，美国直接和间接为军方服务的科技工作者达78万人。俄军则在地方院校中设置军事系，将教学任务转到地方教育体系中。法军建立了由各级负责人专管、军队与地方相结合的培

① 转引自周欣：《外军人才建设情况简述》，《光明日报》2018年8月18日。

训体制,鼓励军官参加地方院校的函授教育,并负担其学费,同时不定期请地方院校到部队开办分校或学习班。

三、全面建设世界一流军队的第一条件

(一) 主导信息化战争胜负的决定因素

马克思主义认为,武器是战争的重要因素,但是决定战争胜负的是人,而不是一两件新式武器。毛主席也说过:“武器是战争的重要因素,但不是决定因素,决定的因素是人不是物。”习主席强调指出:“在战争制胜问题上,人是决定因素。无论时代条件如何发展,战争形态如何演变,这一条永远不会变。”离开了人,任何先进的武器装备,都不能充分发挥其应有的效能。人是通过自身的综合素质对战争胜负产生决定性影响的,可以说,人员素质高低将直接影响战争胜负。因此,军事人员现代化建设必须先行。昨天,我们“钢少气多”,赢得了一场又一场胜利;今天,我们“钢”多了,“气”要更足。贯彻落实战斗力标准,必须突出人的因素,把铸魂育人摆在突出位置,蓄足必胜之“气”。

(二) 占领军事能力制高点的必然要求

以数字化、网络化、智能化为特征的信息革命正蓬勃兴起,推动人类认识世界、改造世界的能力空前跃升,深刻改变着全球经济格局、利益格局和安全格局。信息化发展正引领世界新军事革命,推动战争形态加速演变,作战行动日益呈现网络化、体系化、精确化、无人化等新特征,制信息权已被证明为联合制胜的先决条件,网络空间已成为军事对抗的首发战场和安全问题频发的领域,智能科技正作为美国“第三次抵消战略”的重中之重得到全面部署。世界新军事革命对我们的挑战,从根本上说是人才的挑战,是智力和科技的挑战。由此看来,军事人员现代化程度的高低决定着我军未来作战能力的强弱。在 90 多年的历程

中，为了占领军事能力制高点，党高度重视新型军事人才的培养。如党很早就意识到发展无线电对革命战争的必要，从1928年夏开始，挑选优秀党团员学习无线电通信技术，并将学成的部分人员和组装的设备陆续送往苏区。1945年3月，正式成立人民军队的第一所炮兵专业学校——延安炮兵学校。1946年3月1日，创办东北老航校，在3年多的时间里，共培养出126名飞行员、24名领航员和410名航空工程、通信、气象等各类航空技术人才。1950年，成立不到一年的人民空军就在抗美援朝战争中首战告捷，令美军惊呼“中共一夜之间就有了空军”。

（三）衡量世界一流军队的根本标准

一流军队是民族复兴的支撑，一流战斗力是一流军队的标配。衡量世界一流军队的标准要素很多，如要有一流的军事思想、一流的建设理念、一流的战略战术、一流的武器装备、一流的管理水平、一流的后勤保障，而一支军队能否成为世界一流军队，最重要的就是看是否拥有一流的军事人员。唯有实现军事人员现代化，建设世界一流军队的目标才能真正实现。世界各国军队均加快推进军事人员现代化的进程，如：俄罗斯通过了进行“信息斗争”准备的纲领性文件《俄联邦信息安全学说》，对培养具有信息安全和信息技术的现代军事人员做了统一规定；德军在改革军事院校时，增设了联邦国防军信息与通信学院，重点突出信息战与信息技术人才建设，加快推进军事人员现代化；印度军事院校将网络安全作为一门必修课。这些举措使得外军军事人员的信息素养得到充分培养和锻炼。

加快推进军事人员现代化的几点思考

国防大学政治学院基层政治工作系讲师　冯丽娜

军事人员现代化是军队现代化的核心和关键，是实现党在新时代的强军目标、建成世界一流军队的战略驱动。如何加快推进军事人员现代化，实现军事人员开发管理使用的最佳效益，需要我们进行深入研究，提出新的对策。

一、坚持把党管干部、党管人才贯穿始终

党的十九大把“坚持党对人民军队的绝对领导”列为新时代坚持和发展中国特色社会主义基本方略。推进军事人员现代化，必须坚持党对军队的绝对领导，把党管干部、党管人才、组织选人贯穿始终，落实到人员管理工作的全过程，确保党对军事人员各项工作绝对的领导权和管理权。

（一）坚持政治标准与工作能力的统一，解决“选什么人”的问题

必须把政治标准放在第一位。要坚持从政治上考察和使用干部，把对党绝对忠诚作为选人第一位的根本要求。按照“对党忠诚、善谋打仗、敢于担当、实绩突出、清正廉洁”的军队好干部标准，把军事素质作为选人用人的硬指标，真正把懂指挥、谋打赢的干部选出来、用起来。

坚持德才兼备、以德为先，确保选出来的人政治可靠、素质过硬，确保枪杆子始终掌握在忠于党的可靠的人手中。

（二）广开选贤用能之路，解决“从哪里选人”的问题

选人用人必须确立五湖四海、大范围遴选交流的观念，打破以局部和个人利益划的种种“圈子”，切实做到唯才是举、选贤任能。对于部队来说，更要打开视野、不拘一格，跳出本位主义、门户之见，要坚持五湖四海、任人唯贤，注重基层、注重实干、注重官兵公认，切实把各方面优秀人才集聚到党和军队的事业中来。

（三）切实端正用人导向，解决“怎样选人”的问题

用人导向是最根本的导向。要强化党委领导和集体把关作用，规范党委、领导和政治机关在选人用人中的权责。结合实际探索军事人员工作贯彻民主集中制原则的有效办法，使军事人员的一切工作都必须置于党委统一领导之下，一切重要问题都必须由党委研究决定，任何时候任何情况下，都要防止个人凌驾于组织之上。发挥政治机关在组织考核和提名推荐干部中的主体作用，规范民主测评和民主推荐的组织实施，改进考核评价办法。做到“两个坚持”、坚持“凡提四必”，严把选人用人政治关、品行关、作风关、廉洁关，增强选人用人的科学性、准确性、公信度。

二、努力培养造就高素质新型军事人才

习主席指出，要牢牢扭住培养高素质新型军事人才这个中心任务，深入研究现代军事教育特点和规律，坚持走以提高质量为核心的内涵式发展道路，努力培养造就能够担当强军重任的优秀军事人才。加快推进军事人员现代化，必须把高素质新型军事人才作为战斗力提升的核心要素，结合部队队伍现状和人才培养工作实际，努力在重要领域和

关键环节实现突破。

（一）构建完善“三位一体”军事人才培养体系

党的十八届三中全会将健全军队院校教育、部队训练实践、军事职业教育“三位一体”的新型军事人才培养体系写入中央决议。党的十九大报告重申“加强军事人才培养体系建设”，进一步明确了强化新时代人才培养的实现路径。适应军队职能任务需求和国家政策制度创新，加大政策制度改革力度，构建“三位一体”的新型军事人才培养体系，有利于盘活各级军事人员，吸引和集聚更多优秀人才为军队建设服务。从部队当前情况看，首先要破除军事人才培养“军队院校教育‘万能’、部队训练实践‘无责’的认识误区”，充分认清部队训练实践推动理论向实践转化、知识向能力跃升、课堂向战场延伸的重要功能作用。一是要将个体培养融入整体训练，推动个体训练与部队整体训练对接融合；二是健全部队与院校联训联教机制，推动战场向课堂转化，课堂向战场延伸；三是推动官兵训练绩效进入综合考评体系，进一步探索部队训练培养人才的规律机理。

（二）加大联合作战指挥人才培养力度

习主席在军委联合作战指挥中心视察时强调，要采取超常措施，多管齐下培养联合作战指挥人才，尽快有一个大的突破。大力培养具有我军特色的联合作战指挥人才，必须创新思维方式，准确把握联合作战指挥人才的能力素质要求，开拓联合培养新路径。一是确立新的培养观念。树立高度协作的联合观和主业精通、复合全面的专业素质观，准确把握联合作战指挥人才素质要求，实现单一型向复合型、单要素向全系统、本专业向全方位拓展。二是创新联合培养方式。针对不同层次岗位的指挥能力需求，规范交流和轮换制度，采取岗位轮换、交叉任职、跨军兵种锻炼等方式，提高联合作战指挥能力。根据需要选送部分联合作战指挥人才到国家相关职能部门代职，提高综合分析与战略研判能力。三是完善联合作战人才选拔任用机制。积极探索送学预留岗位、选拔使用、储备保留、激励奖惩等措施,防止训用脱节、训而不用、用非所训。在选拔任用上,给予联合作战岗位军官更大的晋升机会和比例,以鼓励、吸引和保留优秀人才。

(三)做好优秀年轻干部培养选拔工作

做好年轻干部工作,是我军建设发展的大计。发现培养选拔优秀年轻干部是加强领导班子和干部队伍建设的一项基础性工程。部队选拔培养年轻干部,一是要坚持规划牵引。制定优秀年轻干部培养规划,放眼全局、不拘一格,按照目标导向、接续跟踪、动态调整、精准定位的原则进行选拔培养。二是要注重实践锤炼。对年轻优秀、有发展潜力的优秀干部苗子,要舍得放到不同层级、不同岗位上,在备战打仗一线、在吃劲要紧岗位和执行重大任务中摔打磨炼。三是要健全培养制度。完善年轻干部培育、管理、使用全链条机制,注重不同类别不同年龄段的干部培养,让整个队伍都有活力、有干劲、有奔头,形成优秀年轻干部不断涌现的生动局面。

三、健全完善军事人力资源政策制度体系

人才竞争的核心是制度竞争。习主席指出:“要通过深化干部政策制度调整改革,逐步建立起适应现代军队建设和作战要求,系统完备、科学规范、运行有效、成熟定型的干部制度体系,为更好集聚人才、培养人才、使用人才提供有力的政策制度保障。”推进军事人员现代化,必须遵循人才成长规律,按照激发人的创新创造活力为重点的要求,抓住任职资格、选人用人、奖惩激励等核心问题,努力在重要领域和关键环节实现突破。

（一）建立以分类管理为基础的任职资格制度

建立任职资格制度，进一步明确各级岗位任职要求，严格按照任职资格条件选人用人，是选拔任用科学化、法制化、规范化的根本保证。从当前情况看，应按照体系化的要求和分类管理原则，聚焦备战打仗核心职能，研究制定各级各类岗位军官任职资格条件。一是突出重点岗位。从现阶段看，突出设定各类军官主要职级重点岗位的任职资格条件，形成清晰的体系结构是符合实际的。师团职以上领导干部是部队建设的中坚骨干，他们的能力素质如何，对部队建设发展至关重要。应根据不同岗位在战斗力建设链条中的地位作用，突出指挥军官特别是团以上主官岗位任职资格的设定，从而牵引各级各类军官队伍任职资格的完善构建。二是把握核心要素。适应新时代备战打仗需求，必须强化任职经历要求，把院校专业培训、岗位任职经历、服役年限等作为岗位任职的基本条件，把任职经历作为人才选拔使用的硬杠杆，对各类岗位的必备经历作出相应规范。三是明确资质条件。以军事专业能力为基础，对技术密集型部队和专业性强的岗位，明确相应专业资质条件，对各种指标要素的规定，能量化的应量化，增强针对性和指向性。对一些不宜普遍要求或一时不能完全达到的，可先提出原则要求和目标走向，待将来条件成熟时再作硬性规定，为选拔使用人才提供依据。

（二）完善以公正透明为导向的选人用人制度

军事人力资源工作树立选人用人导向，必须把公正透明作为基本前提。选贤任能是前提，能岗匹配是基础，人尽其才是关键。一是科学制定考选标准。按照对党忠诚、善谋打仗、敢于担当、实绩突出、清正廉洁的军队好干部标准，突出备战打仗导向，根据军事职业发展需要，科学确立既反映普遍要求又体现个体特征的考评内容与标准。二是着力优化考选程序。强化法制观念，根据职责权限，结合战区和各军种实际，规范考核评价机制，细化完善相对独立、相互衔接、科学规范的运行机制。三是规范权力制约机制。规范民主测评和民主推荐的组织实施，完善选人用人监督制约和责任追究机制等，逐步走开考选任分离的新路子，真正把权力关进制度的笼子。

（三）完善以竞争择优为目标的奖惩激励机制

激励是管理的核心和灵魂。完善的奖惩激励机制，是调动人才积极性创造性，增强部队凝聚力战斗力的一项重要措施。我军一直十分重视干部奖励工作，形成了一系列奖励工作的政策和制度，对军队现代化建设起到了积极的推动作用。新形势下健全完善我军军事人员奖惩激励机制，应突出备战打仗导向，用好战斗力这把钢尺子，根据各类人员不同需求设计有针对性的激励措施。一是完善科学合理的薪酬福利制度。区分军事任务、服役地区、岗位危险程度、环境艰苦程度、专业类别等因素，统筹设置差异化的特殊津贴补贴标准。充分体现各军种职业特点，以岗位与军事斗争准备联系是否紧密、业绩对备战打仗贡献度的大小、成果对战斗力提升的效益等为标准，科学设置各级各类人员的薪酬福利。二是完善挑尖选优的业务奖励制度。完善科技创新成果奖励制度，强化对高水平科技人才的综合激励，将各类科技人才的激励和约束外显化，鼓励创先争优，走开能上能下的路子，激发创造活力。三是完善崇尚荣誉的职业保障制度。营造尊重人才发展的良好环境，从涉及切身利益的退役安置、子女教育、社会荣誉等方面入手，多措并举解决后顾之忧、营造拴心环境，为集聚稳定优秀人才、激发干事创业动力提供有力保障。

四、着力提高军事人员管理质量效能

习主席明确指出，要加快推进以效能为核心的军事管理革命，“提高军队专业化、精细化、科学化管理水平”。“以效能为核心”指明了效能的竞争优势已经成为新的核心竞争力这一基本走向。推进军事人员现代化必须以效能为核心，遵循管理科学化、专业化、精细化要求，从而达到聚能增效目的。

（一）管理模式科学化

军队能不能打仗、打胜仗，管理往往起着关键作用。科学管理，对降低我军建设成本、提高军事系统运行效率、增强军队战斗力具有十分重要的意义。部队人力资源工作是一项复杂的系统工程，具有很强的时代性、实践性，必须讲求科学方法，提高管理工作的科学性和有效性。当前，战区及军种力量多元、要素繁多、运行复杂，必须强化战略全局思维，用科学的管理模式整合各力量要素，形成整体合力。一要注重战略统筹。以战斗力的提升为导向，注重顶层谋划，切实把各级各类人员的发展战略、规模层次、运行机制等研究实，通过科学的规划设计，调动各类人员的积极性主动性创造性，盘活各级各类军事人力资源。二要理清管理思路。着眼备战打仗需求，以促进人的全面发展为主轴，把各类军事人员纳入一个统一的大系统中，实行一体化开发与管理。三要依案精准调配。适应战区联合作战指挥体制新特点，紧紧围绕作战任务和战斗力需求，区分战时配置和平时调配方式的不同，坚持党委统管、紧贴实战、体系融入、开放高效的原则，按人员类别科学统筹、合理配置、严密组织，确保人力资源配置精准高效。

（二）管理队伍专业化

军官职业化的核心是专业化。人力资源工作涉及心理学、社会学、统计学等多个学科领域，人力资源工作者不仅要负责传统的人事管理职责，还要承担集中统一管理模式下的战略规划、培养开发、策划指导、专业咨询等综合性任务，其功能比以往的简单管理控制更重要、更复杂，岗位专业化要求越来越高。从当前情况看，一是加大专业培训力度。对现有的人力资源工作者，尽可能创造条件，采取灵活多样的培训方式，提高管理队伍的专业素质、知识水平和业务技能。二是试行资格准入制度。规范人力资源岗位资格条件，推开岗位资格认证制度，使从业人员均成为人力资源开发与管理的行家里手。三是借助高端智力支持。聘请经验丰富的退役军官、专家学者，开展军事人力资源理论和政策研究，借助专业化的团队，提高人力资源管理工作质量效益。

（三）管理手段信息化

随着信息技术的不断发展，云计算、大数据等信息技术在人力资源领域得到了广泛运用。我军新的军事人力资源集中统一的管理体制，对管理决策提出了更高的要求。基于经验的决策，将会越来越多地被基于大数据的全样本决策所取代。当前，我国在海量数据分析、大数据处理、分布式计算、数据可视化等一些大数据关键技术上还存在短板，迫切需要提高数据分析智能化、自动化水平，运用现代化的技术手段，大幅缩短“从数据到决策”周期。一是构建完善集成化的信息系统。对军官、军士、义务兵和文职人员信息系统进行整合，构建政策、数据、档案等集成一体的信息系统。二是整合搭建一体化的管理平台。按照战建一体、平战一体、军政一体要求，将人力资源信息数据融入政治工作分系统，融入联合作战指挥链，以满足搜集、存储、管理、分析和共享海量数据的需求。三是推动系统平台终端共享融通。完善信息和智力支持系统，开发前沿核心技术，把“数据主权”牢牢掌握在自己手中，推动信息内容、数据资源、技术应用、平台终端共享融通，使战区和军种等用户单位能够运用综合信息数据库，对军事实力进行精确评估，对人力资源进行精准配置，为科学调控和作战决策提供有力的数据支撑。

现代化军事人才创新能力培育的时代价值

国防大学政治学院基层政治工作系讲师　徐　颖

随着生产力的迅猛发展和科学技术的高度进步，人类社会已进入了信息化时代，世界军事领域也发生了方向性、整体性和结构性的转型。习主席指出："创新能力是一支军队的核心竞争力，也是生成和提高战斗力的加速器。"适应能够打赢信息化战争、有效履行使命任务的新要求，必须把现代化军事人才创新能力培育放到新军事变革的重要位置。

一、现代化军事人才创新能力培育是军事领域发展进步的永恒主题

马克思主义认为："历史从哪里开始，思想进程也应当从哪里开始，而思想进程的进一步发展不过是历史过程在抽象的、理论上前后一贯的形式上的反映。"[①]人们对于军事领域的认识和思考，开始于军事领域中具体的感性表象，即自从进入阶级社会和有了战争以来就已经开始了。随着军事实践的不断深入，人们对战争规律的认识也不断加深。然而，尽管此时兵家对于创新能力的研究取得了许多有价值的成果，一些具有代表性的军事理论创新成果的问世，也在实践上大大促进了军

① 《马克思恩格斯选集》第 2 卷，人民出版社，1972 年，第 122 页。

事人才创新能力的提高，但是在一个整体上是需要体能或技能较量的时代里，在一个整体上是以数量决胜而不是质量决胜的时代里，人们对于创新能力培育的研究还处于“童年”时期的感性、表象和自发阶段，远没有达到理论研究的自觉和实践培育的自觉。这一方面是因为客观事物的发展还没有达到矛盾的充分展开和让人主动提出的时机，另一方面也是因为主体对客体的把握还远不成熟，还不具备自觉提出的条件。尽管如此，人类在与恶劣的自然环境斗争的同时，也创造了一个又一个奇迹，从学会制造和利用工具到石器时代和铁器时代，包括青铜器和铁器等工具的发明等，都在不同程度上提高了人们的创新能力，并推动军事领域缓慢地向前发展。

到了近代，随着工业革命的兴起，由于科学技术创新的影响，人类的视野得到前所未有的拓展，资本主义在它不到 100 年的时间里创造了比以往人类创造的全部财富总和还要多的财富，并且在狂热追求利益和利润的情形下，创新已经成了新兴资产阶级立足和生存之本，“资产阶级除非使生产工具，从而使生产关系，从而使全部社会关系不断地革命化，否则就不能生存下去”[①]。这不仅使物质文明的面貌焕然一新，而且使人类的思想观念、思维方式、创新能力得以彻底改变。马克思在对历史和现实进行仔细研究后提出：“对实践的唯物主义者，即共产主义者说来，全部问题都在于使现存世界革命化，实际地反对和改变事物的现状。”[②]这就表明了实践唯物主义者的宗旨就是要通过不断创新来改变世界的思想。而且，创新的速度与社会发展和人类文明进步的程度成正比。哪个国家能最大限度地调动和整合人民的创造潜力，哪个国家就能在激烈的国际竞争中把握主动、处于有利地位；反之，因循守旧、思想僵化，必定要走向落后甚至衰亡。这就为创新能力培育问题的正式提出提供了理论指导。

---

① 《马克思恩格斯选集》第 1 卷，人民出版社，1972 年，第 254 页。

② 同上书，第 48 页。

然而，创新是无止境的，社会的发展远非到此为止，“历史同认识一样，永远不会把人类的某种完美的理想状态看做尽善尽美的”[1]。而今，科技进步一日千里，社会的经济、政治、军事、文化等主要依靠知识创新和技术的创造性应用的趋势，已成为时代的特征和不可逆转的潮流，成为一个国家、一个民族发展的必然选择，社会的前进、军事领域的进步和人的认识的发展，已经到了现代化军事人才创新能力培育研究呼之欲出的阶段。

二、现代化军事人才创新能力培育是知识军事时代和新军事变革的必然呼唤

社会经济的飞速发展，物质生活生产方式的巨大变革，给整个人类社会带来了全方位的深刻变化。20 世纪 70 年代初，一位法国经济学家曾进行过一次估算，他认为，今天我们每三年发生的变化，相当 20 世纪初 30 年的变化，相当于牛顿时代以前 300 年的变化，相当于旧石器时代 3 000 年的变化。[2] 但是，如果仅仅把这些变化视为给人们生活带来方便的话，如果这些变化不是具有巨大的政治、经济和军事意义的话，则其只不过是以往探索的重复，其新奇性也不过有趣而已。思想敏锐者已经深切地意识到，这些“物质生活生产方式”的变革预示着一场军事革命即将到来。托夫勒夫妇在《战争与反战争》中指出，“世界经济的巨大变革正在带来战争性质的类似革命”，这是因为“我们制造战争的方式反映了我们创造财富的方式”，故而，创造财富体系的变化必然随之带来“制造战争体系的革命”[3]。这一切都源自于最新的科学技术

① 《马克思恩格斯选集》第 4 卷，人民出版社，1972 年，第 212 页。

② 姚俭建、叶敦平：《无形的历史隧道——观念变革与当代中国的社会发展》，上海人民出版社，1994 年，第 6 页。

③ 转引自阿什利·泰利斯等：《国家实力评估：资源、绩效、军事能力》，门洪华、黄福武译，新华出版社，2002 年，第 4 页。

在社会生活领域尤其是军事领域的广泛应用。

马克思主义告诉我们，一旦先进的技术用于军事目的，它必将给整个军事系统带来一系列的连锁反应，同时引起军事上包括战争样式、指挥方式、组织编制、武器装备、人才模式等的改变甚至变革。当前世界范围的新军事变革，是人类所面临的有史以来最深刻、最广泛的军事变革，不论是它涉及范围的广度、发展的深度、变革的力度、发生的速度，都远远超出以往历次军事变革，远远超出了人们的预想程度。面对知识经济与知识军事时代的挑战，能不能以新的观念、新的思想、新的方法来应对新的形势，能不能以战略的眼光、前瞻的思维，面向现代化、面向世界、面向未来，在更高的起点上培育和造就大批高素质军事人才，直接关系到我军能否跟上世界军事发展的潮流，能否在未来高技术战争中立于不败之地。在这一波澜壮阔的历史洪流中，要实现由机械化战争形态向信息化战争形态的整体转变，必须要依靠创新这把利剑斩除前进道路上的种种障碍，从而完成向更高军事形态的变革和超越。如果说在以往的历次军事变革中，军事人才用数量、体力和勇气还可以“以劣胜优”，还可以弥补技术或是质量的不足的话，那么如果我们在这一场军事变革中落后，可能会永远受制于人或被淘汰出局，其结果将是灾难性和毁灭性的。因此，新军事变革对军事领域中现代化军事人才创新能力培育的渴求比以往任何时候都更为迫切。

三、现代化军事人才创新能力培育是履行我军使命任务的必然选择

实现强军目标，支撑强国伟业，是党和人民赋予我军的时代重任。新的历史使命和任务要求军事人才必须具备与之相适应的创新能力。习主席指出，人才是创新的核心要素，加紧集聚大批高端人才是推动我军改革创新的当务之急。必须全面实施创新驱动发展战略，坚持战斗力标准，下大气力抓理论创新、抓科技创新、抓科学管理、抓人才集聚、

抓实践创新，以重点突破带动和推进全面创新，不断开创强军兴军新局面。这就必然要求在推进新军事变革的进程中，大力加强军事人才队伍建设的改革与发展，尤其是大力提高军事人才的创新能力。为此，习主席强调，我们要把联合作战指挥人才、新型作战力量人才培养作为重中之重。这是履行我军历史使命、实现我军现代化、赢得未来战争胜利的根本大计。

然而，在世界各国大力推进新军事变革的时候，我们也清楚地认识到新军事革命所带来的重大意义和深远影响，清楚地认识到自己的差距。面对如此复杂而又艰巨的历史任务，我们既没有现成的经验可循，也不能模仿西方军队建设而照搬照抄，除了创新之外，没有别的路可走。党的十九大报告提出："树立科技是核心战斗力的思想，推进重大技术创新、自主创新，加强军事人才培养体系建设，建设创新型人民军队。"只有充分发扬自主创新的精神，以新型军事人才培养为主体，以科学技术的进步为主导，瞄准科技发展的最前沿，严密关注世界军事变革的动向，在一系列重大理论和现实问题上开拓创新，在更高的起点上谋划和推进我军现代化建设，这是我们后发展国家的唯一选择、唯一机会。因此，培养具有创新素质和创新能力的新型高素质现代化军事人才，既是当务之急，也是重中之重。

四、现代化军事人才创新能力培育是军事人才自身发展进步的必然要求

现代化军事人才的能力是由多种能力构成的体系，但创新能力是各种能力中的根本能力。军事人才的成长过程表明，在一般情况下，创新能力是渗透到其他能力如学习能力、决策能力、教育能力、管理能力、指挥能力之中的，离开了其他能力，创新能力则无法体现，而其他能力离开了创新能力则必然走向平庸。创新能力在人的素质结构和能力结构中的这种核心地位，决定了创新能力对军事人才自身的发展具有十

分重要的意义。

培育创新能力是现代化军事人才自我发展和自我超越的本领。人的素质不是与生俱来的,是由人自己在劳动中不断创新而培养出来的。军人要使自己成为人才并能继续维系,就必须要在自我意识的引领下,不断地否定自我,进而实现从低俗的我到高尚的我,从平庸的我到创造的我的转变。其实,道理很简单:没有创新,就不能有人的自我发展与自我超越;没有创新就没有人才,即便已有的人才也会蜕变。因此,现代化军事人才只能是创造性的存在和创造性的发展。

培育创新能力是现代化军事人才实现自身价值的重要条件。军事人才是我军“三化”建设中最有价值的群体。军事人才自身价值的实现从来不以个人意志为转移,具有鲜明的客观性。这个客观性就是用对部队建设贡献的大小来衡量,实质是用创新过程和创新成果来衡量。军事人才的创新成果有两个特点:一方面具有攻坚性,即要解决军队建设上的难点问题;另一方面又具有示范性,即成果要产生示范效应,充分实现军事人才的带头和表率作用。

培育创新能力是现代化军事人才引领建设信息化军队和打赢信息化战争的必然要求。建设信息化军队,打赢信息化战争,是全新领域、全新实践和全新课题。“三新”对我军建设提出了全面要求,但其中重中之重是人才,是具有很强创新能力的新型的信息化人才。美军在近几场局部战争中,之所以能占得先机,稳操胜券,得利于现代化武器装备,更得利于大大优于对手的信息化军事人才。他山之石,可以攻玉。具有创新能力的信息化军事人才,也理应成为我军信息化建设和打赢信息化战争的中坚力量。只有靠他们不断解决信息化战争中的新问题,才能使我军永远立于不败之地。

积极探索军事人员现代化的有效路径

国防大学政治学院基层政治工作系副教授　徐立佳

强军兴军,要在得人。党的十九大报告提出的"同国家现代化进程相一致,全面推进军事理论现代化、军队组织形态现代化、军事人员现代化、武器装备现代化",深刻揭示了国防和军队现代化建设的客观规律和实践路径。全面推进国防和军队现代化,核心是人的现代化。必须把培养现代化军事人员作为新时代备战打仗的首要任务,以高素质人才方阵托举新时代强军事业。

一、积极适应军队使命任务和岗位职责需要,大力提升军事人员素质

在军事现代化的进程中,人既是实践主体,也是价值主体,更是终极目的。恩格斯说:"枪自己是不会动的,需要有勇敢的心和强有力的手来使用它们。""枪"从低级向高级发展,必然要求军事人员增强能力、提高素质、凝聚力量,使运用武器必备的技能和知识也从低级向高级发展,使人的精神、体能等心理生理因素随之适应新式武器的特点,从而适应履行军队使命任务和岗位职责需要。

(一)加快军事人员知识结构转型

不同时代的战争,对军人素质的要求大不相同。随着我军军事

斗争准备和现代化建设深入推进，对干部和人才队伍的需求越来越紧迫，人才数量不足、能力素质不够等问题很现实地摆在我们面前。全面推进军事人员现代化，就是要提高军事人员的政治素养、战略素养、军事素养、科技素养，使军事人员的能力素质适应转型建设特别是备战打仗的时代要求，为实现党在新时代的强军目标、全面建成世界一流军队提供强有力的人才支撑。必须引导官兵自觉更新思想观念、学习作战理论、掌握战场态势、研究制胜机理、创新战法运用、加强实践锻炼，不断提升“打现代化战争能力、指挥现代化战争能力”。

（二）突出联合作战人才培养

受主客观因素制约，当前我军指挥机构中指挥员普遍缺乏联合作战的实践和经验。必须按照重点人才优先发展思路，适应现代战争体系对抗、联合制胜的特点要求，把培养联合作战指挥和参谋人才、新型作战力量人才作为重中之重、急中之急突出出来。要坚持优先配置资源、优先开发、优先保障，创新联合作战人才培养模式，实施新型作战力量关键领域人才专项工程，切实形成支撑强军打赢的人才优势。

（三）健全“三位一体”人才培养模式

实现军事人员现代化，关键靠教育，而教育模式又是重要抓手。要遵循军事人才成长的特点规律，着眼优势互补、各展所长、全程对接、多向发力、一体推进，构建完善军队院校教育、部队训练实践、军事职业教育“三位一体”的人才培养模式。要充分发挥出院校教育主渠道作用、部队训练实践大熔炉作用、军事职业教育大课堂作用，运用多种教育平台拓宽官兵学习渠道，切实在人才培养上投入更大精力，集中更多资源，不断提升官兵能打胜仗的素质本领。

二、积极适应现代军队建设和作战要求，着力整合军事人力资源

军事人力资源政策制度改革，是以制度政策优势谋求人才优势、以人才优势赢得军事优势的战略之举。习主席指出，加强军事人力资源制度体系设计“要通过深化干部政策制度调整改革，逐步建立起适应现代军队建设和作战要求，系统完备、科学规范、运行有效、成熟定型的干部制度体系，为更好集聚人才、培养人才、使用人才提供有力的政策制度保障”。必须把人力资源建设作为推进军队转型发展的紧迫任务和战略工程，紧盯备战打仗和战斗力生成需要，不断提升人才队伍整体素质。

（一）着力优化军事人力资源队伍结构

当前，我军正处于深度转型重塑、新旧体制交替、磨合起步运行的关键阶段，人员总体满编，但满中有缺，有的专业人才缺编严重，数量总体庞大，但高学历、高技能人员比例较低，人才队伍建设与转型需求存在结构性断层。要以调整改革整编组建、人员定岗纳编、退役安置为契机，准确把握军事人力资源的结构状况、能力素质和发展趋势，完善和细化包括指挥人员、管理人员、技术人员、军士、文职人员等所有军事人力的分类管理，把不符合未来战场需要、高职低能的人员消化分流出去，把指挥作战训练成效显著、完成各项任务出色的优秀骨干作为重要的人才资源储备保留下来，防止军事人才“逆淘汰”。

（二）着力促进军事人力资源顺畅流转

人才的有序流动，是实现人力资源优化配置的重要前提，是将人才单一力量转化为整体优势的必然要求。传统军事人力资源管理重使用、轻开发，重稳定、轻流动，重组织需要、轻职业发展，“边引进、边流

失、边培养、边浪费”的矛盾逐步凸显。应适应新型作战需求和军队改革建设要求，实施科学有效的人才配置策略，加大重点方向的人才需求预测和人才流动的组织实施，努力使军事人力资源配置达到最佳状态，转化为实实在在的战斗力。

（三）着力提高军事人力资源管理效能

长期以来，我军军事人才资源分类比较复杂，管理比较分散，导致人才资源使用效益不高、人才浪费现象比较严重。调整改革后，部队各类军官、士兵、文职人员管理职能归口到政治工作机关。应以此为契机，做好现代军事人力资源政策制度的整体设计和体系构建，创新人力资源管理方式方法，注重把能担重任的人才放到关键岗位摔打磨砺，把那些政治可靠、品德高尚、业务精湛、实绩突出的人才选拔到合适的岗位，真正把那些钻研打仗、善谋打仗的人才选出来、用起来，激发人才队伍焕发蓬勃生机。

三、积极适应新型军事人才成长规律，不断优化人才生态环境

人才生态建设是一个系统工程，需要顶层设计、总体统筹、改善管理、末端落实。习主席指出：“必须积极营造尊重人才、求贤若渴的社会环境，公正平等、竞争择优的制度环境，待遇适当、保障有力的生活环境，为人才心无旁骛钻研业务创造良好条件。”推进军事人员现代化，要以中央军委政策制度改革工作为契机，建立健全人才培养选拔机制，全方位营造有利于军事人才脱颖而出、健康发展的生态环境。

（一）按照打仗的标准选人用人

习主席指出，选什么人就是风向标，就有什么样的干部作风，乃至就有什么样的党风。他强调要把想打仗、谋打仗、能打仗的干部用起来，把优秀人才放在吃劲、要紧之处。要着眼形成有利于提高战斗力的

舆论导向、工作导向、用人导向、政策导向，突出能打胜仗的选人用人标准，健全完善有利于优秀人才脱颖而出的军事人才队伍培养、选拔、任用、培训、评价、激励和流动机制。要细化量化硬化岗位任职资格条件和程序，营造靠素质立身、凭实绩进步的选人用人好风气，真正将那些想打仗、谋打仗、能打仗的实干人才聚集起来使用好。

（二）加快推进中国特色军官职业化进程

当前，我军人才队伍建设中报酬待遇与能力素质和贡献大小关联度不大、表彰激励中的感情照顾和平均主义等现象明显，管理使用中进来容易出去难、上来容易下去难等问题还比较突出，影响军事人才安心服役的“后路、后代、后院”问题还缺乏强有力的配套保障政策。要以落实中央军委政策制度改革工作精神为契机，加强人才政策制度改革，借鉴发达国家实行军官职业化和军队职业化以推动军事人员现代化的基本做法，加快建立中国特色军官职业化制度，健全完善兵役制度、军士制度、退役军人安置制度等改革配套政策，创新军事人才生长、引入、选拔、培养、使用的体制机制和政策制度。

（三）构建完善军人荣誉体系

适应军队职能任务需求和国家政策制度创新，深化军人医疗、保险、住房保障、工资福利等制度改革，完善军事人力资源政策制度和后勤政策制度，建立有利于体现军事职业特点、增强军人职业荣誉感自豪感的政策制度体系。加强军人形象正面宣传，推进普及军营开放制度，让全社会尊崇军人职业，让军人以自身职业为荣，着力营造全社会爱护、支持、尊崇军人的良好氛围，为军人履职奉献、精武强能提供强大社会正能量。

军事人员现代化的科学内涵和实践路径

国防大学政治学院基层政治工作系副教授　张文军

全面推进军事人员现代化，是党的十九大明确的战略任务。军事人员现代化，是军队现代化的重要内容与标志，是建设世界一流军队的内在要求。研究军事人员现代化的科学内涵和实践路径，对于科学推进军事人员现代化、支撑实现国防和军队现代化具有十分重大的意义。

一、军事人员现代化的科学内涵

"军事人员现代化"是建立在军事人员、现代化、人的现代化等基础上的复合概念。理解把握军事人员的现代化，必须要从"人"与"现代化"两个基本逻辑维度展开。

（一）军事人员现代化是人的现代化在军事实践中的具体体现

现代化是一个既有时间条件又有空间意蕴，既可表征动态过程又可表征目标状态的复杂概念。当今世界对现代化的研究曾产生三次高潮，形成十多种理论流派。中国科学院《2001 中国可持续发展战略报告》在系统评述现代化研究现状后，对现代化给出了科学全面的定义：现代化是在复杂系统中朝向一组复杂的、具有时空边界约束的、具有时代内涵的相对目标集合的动态过程。简单地说，现代化就是在具体时空条件下，事物朝一定目标体系发展的动态过程。人的现代化理论，在

20世纪50年代由西方提出后，引起了各国广泛关注，目前已比较成熟。人作为社会实践的产物，其发展具有不同时期社会实践烙印的阶段性特征；而现代化，作为一个标志社会实践发展历程的历史性概念，反映了社会发展中文化与社会变迁的过程。人的现代化是整个文化和社会变迁的基础和关键，它涵盖了人的思维方式、价值观念、生活方式和行为方式等方面的现代化，成为整个社会现代化的本质和核心。美国学者英格尔斯认为，人的现代化是“国家现代化必不可少的因素”，是“现代化制度和经济赖以长期发展并取得成功的先决条件”，是“从心理、思想和行为方式上实现从传统人向现代人的转变”。人的现代化就是人的观念和能力等素质向现代化标准转变的过程和状态。人的现代化是人的全面发展的必经阶段，人的全面发展是人的现代化的最终目标。我们党在领导国家现代化建设中始终高度关注人的现代化命题，从“德智体”全面发展到培育“四有”新人，从以人为本到培育“四有”新时代革命军人，努力把实现人的全面发展作为不懈追求。军事人员的现代化，体现了以人为发展目的的价值理念，我们必须清醒地认识到军人既是工具性存在，更是价值性存在，我们在强调军人牺牲奉献的同时，不能忘记军人也是发展的目的所在。

（二）军事人员现代化是军队全体成员综合素质能力的全面现代化

军事人员现代化是长期的建设过程。军事人员不同于一般的“社会人”，兼具社会属性与职业特殊性。依据人的现代化理论，结合我军实际，参考相关资料，我们认为，军事人员现代化是指军队的军官、军士、义务兵、文职人员等全体成员在思想、心理、素质、行为方式、生活方式等方面实现由传统向现代的转变。其实质是适应现代社会和现代战争要求，把全体军事人员的综合素质能力提高到现代化水平。

*一是军事人员政治素质的现代化。*这是军队政治属性的集中体现，就是要体现统治阶级意志，强化政治上的先进性，树立坚定政治追

求。政治素质，是指军事人员参与军事活动中获得的对其政治心理和政治行为发生长期稳定内在作用的基本品质，是社会的政治理想、政治信念、政治态度和政治立场等在军事人员的心理中形成并通过言行表现出来的内在品质，是军事人员综合素质的核心素质。军事人员的现代化政治素质，是军队打赢信息化战争必须具备的综合实力的核心要件，决定军事人员发展方向和目标，是军事人员始终保持先进性的根本保证。军队是执行政治任务的武装集团，阶级性是其本质属性。对我军来说，我军是党缔造和领导的人民军队，阶级性就是鲜明的党性，就要无条件地接受党的绝对领导。

二是军事人员军事能力的现代化。这是军事职业的根本要求。军事能力现代化就是军事人员的军事素质、军事本领，要适应战争形态、军事技术发展和先进军事装备、军事思想和作战指挥的要求。现代战争是基于信息系统的体系作战，武器装备的系统性、联动性、智能化程度越来越高，每个战位、每名官兵都是制胜的关键节点。当前，部队大批量整建制换装，部队改革与装备更新并行推进，老旧装备大量退役，这一系列新情况新举措要求军事人员必须积极提升驾驭现代化武器装备的能力素质。20 世纪 80 年代两伊战争中，伊朗和伊拉克花巨资购买了大批现代化武器，但由于没有实现“人的现代化”，实战中尽管倾泻了铺天盖地的炮火，关键目标命中率却极低，被西方军界奚落为“外行军队”进行的战争；2017 年，美军“宙斯盾”驱逐舰接连发生撞船事故，最终调查表明，事故与舰员对武器装备技术指数掌握不透彻，执勤、操作不规范有很大关系。可见，现代化的武器装备需要现代化的军事人员。

三是军事人员思维精神的现代化。就是军人的思想意识、思维层次、精神风貌要跟上甚至引领时代发展和社会进步。在思想意识上，要树立先进文化追求，坚定对包括马克思主义、中华优秀传统文化和革命文化等在内的当代社会主义先进文化的自觉自信；在思维方式上，要适应信息化要求，不能仍停留在过去的机械化思维，要围绕军队的建设、改革、发展和军事斗争准备实际培育信息化思维；在精神面貌上，要充满正能量，保持积极向上、奋发进取、“一不怕苦二不怕死”的精神状态，塑造军队“好样子”形象，树立社会高尚精神情操的“标杆”，引领社会新风尚。

四是军事人员行为方式的现代化。行为方式是军人立身、做人、干事的外在行为表现。马克思主义认为，人的本质是一切社会关系的总和，因此，衡量一个人的现代化程度，其社会关系的现代化是个重要指标。行为方式的现代化，就是要求军人的行为方式要与现代社会的规则和制度要求相适应，不能与现代制度规则相脱节。军人行为方式现代化，一方面，要适应现代军事管理法制化、信息化、精细化等发展趋势，由传统的经验式、粗放式、突击式向法治化、专业化、标准化、精细化的科学管理转变。习近平在党的十九大报告中提出了“推进军事管理革命”的重大命题，而推进军人行为方式现代化则是推进军事管理革命的重要支撑。另一方面，要更加关注军人的社会性存在，提升军人的社会存在质量，使其能够跟上国家现代化的步伐，重视维护军人军属合法权益，让军人真正成为全社会尊崇的职业。

二、军事人员现代化的实践路径

科学推进军事人员现代化，要全面贯彻习近平强军思想，着力贯注引领时代发展的先进理论，着力推进顺应战争形态演变的军事实践，着力实施有利于军事人员现代化的制度机制，确保军事人员有力担当起党和人民赋予的新时代使命任务。

（一）着力提高军事人员政治思想素质

军事人员现代化根本的是革命化，这是政治标准。人民军队是我们党亲自缔造和绝对领导下的革命武装力量，现代化的军事人员必须做到坚决听从党的指挥、完全忠诚党的事业、严格遵守党的纪律。

一是搞好理论武装。要组织军事人员深入学习马克思主义这一“人类迄今为止最先进的思想理论体系”，持续学习党的创新理论，坚持用习近平新时代中国特色社会主义思想和习近平强军思想武装头脑，掌握蕴含其中的立场观点和方法，用以指导实践、推动工作，以理论上的清醒保证政治上的坚定。

二是加强政治能力训练。坚决贯彻军委主席负责制，将其作为最高的政治要求来把握、最高的政治标准来遵循、最高的政治纪律来严守，做到印刻于心、见之于行。持续加强政治锻炼，严格正规党的政治生活，做到学以塑形、学以增智、学以强能，不断提高政治能力、政治水平和政治才干。

三是坚持正风肃纪。持之以恒加强纪律教育，通过党章党规知识测试、典型案例剖析、组织警示教育等形式，把党章党规印入心脑、融入血液。巩固和发展好落实“两个责任”的成果，着力解决党内政治生活中的突出问题，完善“两个责任”检查考核办法，层层传导压力，压实管党治党责任。强化纪律执行，严肃追责问责，让党员和干部知敬畏、存戒惧、守底线。

（二）突出抓好军事人员能力升级

军事人员现代化的重心是专业化，这是能力必需。现代化的军人必须适应打赢要求，而打赢现代战争则要求军事人员掌握专业知识、具备专业技能、敢于创新求进。

一是规划成长路径。着眼提高军事人员战斗力生成效益，让每一个军事人员在每个成长阶段既能有效发挥潜在能力，又在实践中不断提高，从而具备走向更高层次岗位的专业素养和能力素质。根据专业设计成长路径，针对军事人员专业培训和岗位任职经历准确定岗，让军事人员的院校学习、岗位锻炼所得能够得到准确应用。

二是实施精准培训。针对工作需要抓培训，工作需要什么就培训什么，降低学用转化中的时间精力损耗。求效果不求培训次数，先摸底分层再分组培训，提高培训针对性，防止和克服泛泛而谈、轻描淡写，注重往深抓、往准训，确保有提高。常态开展信息化战争联演联训，深入开展军事创新研究和创新实践，以全新实践塑造全新素质。

三是科学考核评价。在考核人员组成上，要跳出单位内部局限，由上级主管部门牵头组织，吸收其他单位素质过硬、专业权威、人品正直的人员担任考核人员。在考核范围上，既要有通过笔试考核的理论素养、知识结构，又要有通过面试提问、实际操作等考核的实际工作能力。在考核方法上，既要通过集中考评掌握军事人员考核时的状态水平，又要深入其所在单位开展广泛测评，了解个人平时的工作情况，将集中考核与常态表现综合起来评定，使人员“画像”更精准、更客观。

（三）强化法规制度保障作用

军事人员现代化的关键是法治化，这是基本路径。军事人员现代化需要将科学方法路子固化形成制度机制，依靠制度常态化落实，推动军事人员培养法治化，促进人力资源配置更加科学、透明。

一是强化法治理念。立法靠人，守法执法更要靠人。依法选人用人，需要各级党委和军事人员个人都具备较强的法制思维。一方面，要求各级党委及时转变选人用人标准理念，剔除选人用人中的个人意志，克服打擦边球的土规定土政策，做到在法规制度中运行；另一方面，要通过法规制度学习等手段，让法治深入人心，所有官兵都自觉遵法守法。

二是完善法规体系。重点是要建立完善中国特色军官职业化制度和文职人员管理法规制度，着力解决选拔任用、分类管理、培训交流、任职资格等制度不够健全等问题；构建完善军地各层级既合理分工又相互协调的制度机制，着力解决征兵、军人后顾之忧等问题；积极创新人才培养、引进、激励、使用的制度机制，着力解决部队急需人才和高端科技创新人才短缺等问题，为更好集聚人才、培养人才、使用人才提供有力的法规制度保障。

三是严肃执法监督。维护法规制度权威性,强化纪检监察部门职能作用,畅通群众监督渠道,有力监督各级党委和人力资源部门知法更要守法。及时发现、强力制止、严肃查处违法行为,对没有依法选人用人、违规调整人员的党委和个人,坚决追责,严肃问责,努力形成法治普及、执法严格、违法严惩的良好局面。

把握军事人员现代化的政治要求
增强国防和军队建设向心力

国防大学政治学院硕士研究生　吴　研

强军兴军，要在得人。作为国防和军队"四个现代化"中的核心组成部分，军事人员现代化为建设世界一流军队提供先进人才支撑。结合人民军队的性质宗旨和优良传统，人民军队在推进军事人员现代化过程中应充分把握政治要求，并在进程中不断创新政治工作。

一、军事人员现代化的基本内涵

根据马克思主义的基本观点，社会存在决定社会意识，社会意识又反作用于社会存在。人是社会实践的主体，人的现代化与社会现代化是相互联系的。李秀林等学者认为，人的现代化是社会现代化的主导动力，社会现代化是人的现代化的现实基础，其中，人的现代化是核心和主导方面。社会的现代化归根到底是人的现代化，依赖于人的现代化。[①] 而在具体人的现代化过程研究中，国内学者都较为集中于人的素质现代化，认为这对中国特色社会主义现代化建设的推进具有重要的理论意义和现实意义。邓一非教授在《大力推进军事人员现代化》一文中认为："人是实践活动的主体，人的发展是社会发展的核心和动力。

① 李秀林等：《中国现代化之哲学探讨》，人民出版社，1990 年。

而人的现代化，是社会现代化发展进程中对人的发展的时代要求。”[①]这表现出人对社会发展的能动作用，也体现出现代化的时代性。人的现代化以及实现“现代人”，主体方面需要更加自觉、主动地改造和发展自身。

在国防和军队“四个现代化”建设中，军事人员是主体要素，而军事人员现代化的建设要突出能力素质建设。结合人民军队特点，笔者认为军事人员现代化可以理解为，军队现役军人、预备役人员、文职人员等军事人员，以适应国防和军队现代化需求、打赢现代化战争为目标，提升各项能力素质的建设过程和目标状态，是国防和军队现代化的重要组成部分。

二、军事人员现代化的政治要求

政治建军是人民军队的立军之本，任何时候任何情况下都不能有丝毫松懈。推进军事人员现代化，要从政治高度统揽全局指导工作；培养高素质现代化军事人才，要认清首先培育政治素质现代化的必要性。

坚持党对军队的绝对领导毫不动摇。第一，听党指挥是军事人员现代化的首位要求。进入新时代，国防和军队建设取得辉煌成果，军队样貌焕然一新，但政治建军作为人民军队的独特优势，是实现强军目标、建设世界一流军队的根本法宝，这一点永远不会过时。人民军队性质宗旨和历史使命要求我们在推进军事人员现代化时不仅不能降低政治要求，还要更加坚定举旗铸魂，确保军事人才绝对忠诚、绝对纯洁、绝对可靠。第二，听党指挥是军事人员打赢现代化战争的根本保证。现代化战争改变的只是战争形态和作战样式，而不是战争的本质属性，军事斗争背后仍是政治斗争。只有坚持听党指挥，牢记战略服从于政略，才能站在政治和道义的制高点，将政治优势转化为军事胜势，打赢正义

---

① 邓一非：《大力推进军事人员现代化》，《解放军报》2018年5月4日。

战争。人民军队从培养适应机械化战争的技能型人才,开始向培养适应信息化战争的知识型人才转变。信息化战争具有平台作战、体系支撑等显著特点,各作战要素的链接十分紧密,牵一发而动全身,武器装备的杀伤力已有数量级的增长,所以更要重视核心军事人员的素质。第三,听党指挥是军事人员成长成才的首要标准。要坚持从政治上考察和使用干部,必须使枪杆子始终掌握在忠于党的可靠的人手中。政治不过硬,军事人员再有先进的指挥水平和技术素养,也是不合格的人才。

抓好军事人员理论武装工作。第一,在学习中树立正确"三观",提高献身强军目标的政治觉悟。军事人员在思想认识上的统一,是凝聚建设力量的基石。政治上的坚定不仅仅来自朴素的感情和自发的认识,最根本的是来自理论的清醒。只有对党的理论高度认同,认真领悟党的理论的科学性真理性,领悟蕴含其中的马克思主义立场、观点、方法,增强道路自信、理论自信、制度自信、文化自信,才能提升矢志强军的自觉性。第二,在学习中全面理解中国特色社会主义现代化建设,找准个人在人民军队推进现代化建设中的时空定位。要在深入学习党的政治理论和军事指导理论的同时,在经济、外交、文化、生态等方面知识上下功夫。军事人员提高各项军事能力素质的同时,要找准自身在国防和军队现代化中的定位,更要认清自身在中国特色社会主义现代化中的方位,时刻牢记中华民族伟大复兴的中国梦,铭记人民军队担负的使命任务。第三,在学习中结合实践,为现代化建设中具体问题寻找正确理论指导。建设一流军队必须要有一流军事人才,军事人员要通过不断学习才能成才。未来战争对军事人员所要求能力的复杂度只会增加,不会减少,所以要结合部队现实问题去学,真正做到学以致用。

突出政治标准,培养过硬政治能力。军事人才走向岗位,必须有很强的能力作为支撑,军事能力十分重要,政治能力也不可或缺。第一,工作管理方面。军事人员如果在政治上犯了幼稚病,尤其是在现代信息社会,难免会陷军队在舆论行动上于被动。因此,善于从政治高度发现问题分析问题处理问题,是军事人员现代化的政治能力培养要求。

应当看到，在中国军队启程走向国际化时，少数人员的政治能力与岗位职责还不相匹配。如有的政治站位不高，不能自觉讲政治顾大局；有的党的理论功底不深，不善于从政治上看问题；有的缺乏政治敏锐性，对一些政治上的苗头性问题不能见微知著。突出政治标准培养选拔军事人才，必须把政治能力作为刚性要求，切实把好这个重要关口。第二，军事指导方面。坚持军事服从政治、战略服从政略，现代战争对各级指挥员都提出了新的更高的要求，尤其需要强化政治意识、大局意识，善于关注大局，自觉服务大局。无论是打与不打，还是力量规模使用、打击程度掌控、作战方式运用等，都应着眼于全局利益，从全局需要出发，充分领会党中央、中央军委政治军事意图，做到局部服务整体，为大局赢得战略主动。

加强战斗精神培育。军事人员现代化进程中，必须防止和避免容易滋生的麻痹思想，加强战斗精神培育，教育引导军事人员大力发扬人民军队大无畏的英雄气概和英勇顽强的战斗作风，保持旺盛革命热情和高昂战斗意志。无论武器装备怎样变化，无论战争形态怎样变化，英勇顽强、前赴后继的战斗精神永远不能丢。第一，战斗精神是战斗力的重要因素。随着人类步入信息时代，战争形态、作战样式发生了重大变化，武器装备作战效能有了很大提高，但人的因素特别是战斗精神的作用，非但没有降低，反而愈显重要。人的因素、装备因素结合得越来越紧密，重视装备因素也就是重视人的因素。第二，战斗意志是战斗精神的核心因素。现代战争双方综合运用信息战、网络战、舆论战、心理战等手段，把动摇瓦解对方军心士气作为重点，这对军事人员战斗意志提出了更高要求。必须准确把握现代战争条件对人员战斗意志的要求，使其适应现代化战争环境。

三、军事人员现代化需要注意的三个方面

社会现代化是人的现代化的主要背景。目前对于社会现代化的认

识大致有四种：一是认为现代化是指经济落后国家在经济和技术上追赶世界先进水平的历史过程；二是认为现代化的实质是工业化，是传统农业社会向工业社会转变并不断完善的历史过程；三是认为现代化是自然科学革命以来人类急剧变动的过程总称；四是认为现代化是一种心理态度、价值观和生活方式的改变过程（代表历史时代的一种“文明的形式”）。这些从不同角度对社会现代化的理解，对我们认识社会现代化对人的现代化的作用很有启示意义。军事人员兼具社会属性和职业的特殊性，需要注意来自社会层面的影响和作用。

（一）注意军事人员现代化“目标不清”“路径不明”的问题

如前文中第一种认识所言，一些学者认为现代化是指经济落后国家在经济和技术上追赶世界先进水平的历史过程，即“现代化”是“追赶”。追赶谁？追赶的标准是什么？在追赶中会失去哪些东西？这些问题都值得我们思考。在军事人员现代化进程中，我们要划清“现代化”和“西化”的界限，在学习世界先进军事人员培养经验的过程中要把握自身特点，找准方法路径，使军事人员现代化始终保持人民军队特色。

（二）警惕人员现代化陷入唯物质、唯技术的误区

如前文中第二、三种认识，一些学者认为现代化主要体现在工业化或是科学技术的发展，这是从经济科技角度的研究。这也演变出了一些片面的思想，如改革开放后，有学者认为“所谓现代化，就是大搞技术革命，用当代最新的科学技术来武装国民经济和国防的各个部门，对整个物质生产领域进行全面的根本性的技术改造，使这个国家的社会经济和技术达到当时世界的先进水平”[①]。军事人员现代化要避免这种片面的观点。如学者杨多贵等指出，现代化是包含经济、政治、社会、文

---

① 周振华：《现代化是一个历史的世界性的概念》，《经济研究》1979 年第 8 期。

化和人的思想意识等多元内涵要素的一个综合性概念。[①] 同样,军事人员现代化不仅仅是军事人员具备操作高新武器、联通作战平台的现代化军事能力,更包含了现代化的政治能力、思维能力、行为能力等。因此要注重培养军事人员的综合素质,做到全面健康发展。

(三)注重现代化进程对军事人员"三观"的影响

如前文中第四种认识,现代化也体现为一种心理态度、价值观和生活方式的改变过程。当前,我国同世界各国的交流越来越广泛深入,西方进行意识形态渗透的力度也在不断增大,影响军事人员世界观、价值观、人生观,对理想信念和政治立场带来的冲击不容忽视,对部队军心士气和官兵战斗精神带来的冲击不容忽视,对官兵思想作风和道德情操带来的冲击不容忽视。我们在推进军事人员现代化过程中要始终准确把握政治要求,牢牢掌握意识形态工作的领导权、管理权、话语权,大力加强人民军队先进军事文化建设,保证军事人员"三观"正确,德才兼备。

① 杨多贵等:《现代化内涵、指标与目标的新探讨》,《学术探索》2001 年第 2 期。

军事人员现代化
与实现强军伟业

军事人员现代化的历史进程

军事科学院军队政治工作创新发展研究中心　张　杰

从人类军事史的角度来看，军事人员现代化的进程只有适应战争形态演进的需求，才能在不同历史阶段有效地为打赢战争提供有力的人才支撑。

冷兵器时代，由于受当时技术水平的限制，兵器必须通过人体施予的能量来杀伤敌人、破坏目标。再好的兵器，如果不赋予兵器持有者自身的体能，也是不会有令人满意的杀伤效果的。也就是说，在兵器条件相同的情况下，往往是看谁的力气越大，谁便能够获得优势。"冷兵器时代，战争对抗主要体现在士兵的数量和体质上。因此，通常用士兵的数量体质来描绘战争的规模、对抗的激烈程度。"①在冷兵器时代，人的体能的优劣，决定了冷兵器杀伤力的大小，进而决定了部队战斗力的高低，这就直接要求人的现代化必须紧紧围绕提高冷兵器持有者的体质体能及其运用冷兵器的效能而展开。因此在这一时期，就必须强化士兵的体质锻炼、体能训练，并且及时引入士兵使用刀、枪、剑、戟等冷兵器的训练。或者可以这样说，在这一历史阶段，哪一个国家、哪一支军队能够培养出力气更大、体能更强、冷兵器使用得更好的军人，就往往能在战斗中取胜。

热兵器时代，火药兵器取代冷兵器而成为主战兵器。作战，对人的

① 余春：《战争形态与武器特征》，国防大学出版社，2007 年，第 44 页。

体质体能的要求大大降低，而对于人使用火药化兵器效能的要求则越来越高。这就要求这一时期军事人员现代化的着眼点，从关注如何更加有效地锻炼人体体质、增强人体体能，向关注如何更加有效地提高人运用火药化兵器的效能转变。也就是说，从比看谁培养的人才“力气更大”，变为比谁培养的人才“枪打得更准”。在这个历史阶段，需要大规模地塑造出善于运用火枪、火炮等火器的军事人才。哪一个国家、哪一支军队能够培养出这样的人才，就能够以摧枯拉朽之势战胜仍然以冷兵器时代军人为主体的军队。比如，1840 年的鸦片战争，当时清军虽然已经装备了一定数量的火器，有三分之一的军队用上了火铳，但仍有不少将领认为弓弩等冷兵器比鸟枪、抬枪等火器好用，所以清军中还有一大半多的士兵在使用冷兵器。而英军则已经完全热兵器化，士兵们使用的标准轻武器是前装燧发滑膛枪。“英国人的具体战术是和使用火枪相配套的。他们作战时组成方阵，当时不像后来这样讲究散兵线，士兵们会排成三到四排，前排放枪，后排装药，前排射击后立即后退，后排就顶上，层层轮换，有条不紊，这样方阵就能够保证不断地发射。当中国人面对着这种能持续放枪的方阵时，不消一会儿就散了——被打散了或吓散了，当然也就无法对英军造成实质性的伤害。”①

到了机械化战争时代，机械化兵器成为了主战兵器，飞机、坦克、航空母舰、潜艇等锋芒毕露，这就要求这一时期军事人员现代化必须围绕培养善于运用机械化武器平台作战的军事人才而展开。也就是说，哪一个国家、哪一支军队能够培养出这样的人才，就能够轻而易举地战胜仍然以热兵器时代军人为主体的军队。比如，第二次世界大战爆发前，战争形态已悄然由热兵器时代进入机械化时代，然而波兰并没有注意到这一情况，仍然按照热兵器时期甚至冷兵器时期骑兵冲杀的需要来培养人才，这种战前的“育”与实战中的“用”的对接脱节错位，就已经决定了开战后的战局。果然，德国闪击波兰后，波兰以手持马刀的仍然处

① 张鸣：《重说中国近代史》，中国致公出版社，2011 年，第 39 页。

于冷兵器时代的军事人才与德军以机械化战争需求培养出来的军事人才相抗衡,很快就败下阵来。“波兰把部队全部集结在前方,这样就丧失机会去展开一系列延宕战了,因为在入侵军的机械化纵队占领他们后方阵地之前,他们徒步行军的部队是无法退到那里布防的。”而德军的胜利则主要来自于适应机械化战争的军人的贡献,德军使用了“六个装甲师、四个轻装甲师(附有两支装甲队的摩托化步兵师)和四个摩托化师所组成的十四个机械化和半机械化师。”[①]决定胜负的是这十四个师快速的纵深挺进和德国空军在上空的压力。

进入信息化战争时代,以信息技术为核心的新技术群使军队作战效能大幅提升,这使各军事强国纷纷把军事革命的立足点,从发展直接杀伤敌人的硬件武器转到了研制实现系统集成的各种信息传感器上。因为这能使他们手上的武器像长了眼睛一样打得更准,这就要求这一时期军事人员现代化必须围绕培养具备信息化素养的军人而展开。也就是说,哪一个国家、哪一支军队能够培养出这样的人才,就能够“吊打”仍然以机械化战争时代军人为主体的军队。以伊拉克战争为例,在战争爆发之初的“斩首行动”中,美军先以两架携带2000磅重的MK-84炸弹(激光制导)的F-117A隐形飞机将炸弹投向目标;再由停泊在波斯湾的8艘军舰在约一个小时之内向远在巴格达的目标发射45枚“战斧”巡航导弹;紧接着由B-1、B-2、B-52轰炸机同时在伊拉克防空部队火力区之外向巴格达周围的防空雷达系统发射精确制导导弹;接下来就是从伊拉克周围30个空军基地和5艘航空母舰上出动1000余架次飞机,使用精确制导炸弹,对伊拉克1500个目标进行攻击。伊拉克军队的一些主要军事目标特别是指挥中枢,在战争之初就被破坏,防空能力基本失去,暴露的1000余辆坦克被摧毁。[②] 美军基于信息化

---

① 利德尔·哈特:《第二次世界大战史》上册,伍协力译,上海译文出版社,1978年,第36—37页。

② 参见樊高月、符林国:《第一场初具信息化形态的战争:伊拉克战争》,军事科学出版社,2008年,第61—66页。

武器装备体系的"组合拳",把还准备以坦克和装甲车辆与美军在野战中甚至在巴格达的巷战中决一胜负的伊拉克"共和国卫队"打得晕头转向,伊军官兵所期望的机械化战争条件下的作战还没有开始,战争就已经结束了。

历史发展到今天,战争实践发展的速度很快,而且有越来越快的趋势。因此,军事人员现代化必须具有一定的超前性。我们应该按照未来战争的需求前瞻性地来思考谋划军事人员的现代化。也就是说,下一代战争是一个什么样子,就应该按照这个样子来推进军事人员的现代化。

目前,未来战争智能化的发展趋势日益清晰,我们可以初步做出这样的判断:下一代战争很可能是智能化战争。2016 年 3 月,由美国谷歌公司 DeepMind 技术团队研发的人工智能 AlphaGo 升级版围棋,以 4∶1 的最终结果战胜了世界围棋名将李世石,这为人工智能技术在军事领域的运用,提供了更为广阔的遐想空间。人工智能在作战上的应用已初现端倪,层出不穷的武装机器人系统和应用广泛的无人机就是最好的例子。

近几年,在人工智能科技领域,流行着一个热词——"奇点"。它是什么意思呢?"奇点"是一个存在于未来的时间点。当这个"奇点"来临的时候,人工智能将完全超越人类智能,人类历史将彻底改变。美国未来学家雷·库兹韦尔认为,"尽管人类思想有局限,但人类依然有足够的能力去合理地想象奇点来临以后的生命形态。最重要的是,未来出现的智能将继续代表人类文明——人机文明。换句话说,未来的计算机便是人类——即便他们是非生物的。这将是进化的下一步:下一个高层次的模式转变。那时人类文明的大部分智能,最终将是非生物的。到 21 世纪末,人机智能将比人类智能强大无数倍"[①]。至于这个"奇

① 库兹韦尔:《奇点临近》,李庆诚、董振华、田源译,机械工业出版社,2011 年,第 15 页。

点”将在什么时候来临，有的学者预测说是在 2045 年，有的说是在 2065 年，有的说是在 2100 年，等等。不过，这都不重要，重要的是，学者们都确定无疑地认为，这个“奇点”在未来的某一个时间节点必将到来。那么，当“奇点”来临之后，战争会变成什么样子呢？新美国基金会军事专家彼得·辛格这样说道，人们甚至可以认为，这些数字战士的兴起更加重要。原因在于，机器人不仅改变了战争的摧毁效能，而且改变了战争参与者的真正身份。人类垄断战争这一现象的终结，看起来确实是一件重大事件。可以预见的是，机器人的智能将超过人的智能，武器会变得比人更加聪明。自战争诞生以来的那种为人们所熟知的“兵器是死的而人是活的”“人使唤兵器而兵器听人使唤”的状况将彻底发生改变。到那时，不仅一线的战斗者可能会由人变为智能化的机器人，甚至整个战争的设计者都有可能会由人变为智能化机器人。这些有可能出现的重大变化，是我们不得不从现在开始，在“奇点”来临之前就开始下功夫研究智能化战争的原因。在智能化战争视域下，武器装备发生的质的飞跃特别是智能化武器的出现和大量运用，几乎强制性地要求提高作为武器装备使用者的人工智能科技素养。换句话说，也就是必须按照未来智能化战争的特点来塑造人、来推进军事人员现代化。

努力培养造就能够担当强军重任的优秀军事人才

——学习习主席关于军事人才队伍建设重要论述

国防大学政治学院基层政治工作系副教授　罗　昊

治军之道，要在得人。习主席着眼实现党在新时代的强军目标、建设世界一流军队，对军事人才队伍建设做出了一系列精辟论述和重要指示。如，干部队伍建设关系军队建设全局、关系未来战争胜负，要端正选人用人导向、匡正选人用人风气，构建"三位一体"新型军事人才培养体系，等等。这些重大思想观点，为努力培养造就能够担当强军重任的优秀军事人才指明了方向和路径，是新时代推进军事人员现代化的根本遵循。

一、干部队伍建设关系军队建设全局、关系未来战争胜负

政治路线确定之后，干部就是决定的因素。习主席高度重视我军的干部队伍建设，强调要牢牢扭住培养高素质新型军事人才这个中心任务，努力培养造就能够担当强军重任的优秀军事人才。这是习主席对军事人才资源地位作用的科学界定，对新形势下军事人才培养目标的深刻揭示。

（一）适应强军目标新要求建设高素质干部队伍

实现党在新时代的强军目标，必须培养造就大批高素质的建军治军骨干。搞现代化建设、抓军事斗争准备最核心的问题，就是军事人员的现代化。

大力实施人才战略工程。加强高素质干部队伍建设，大规模培养高素质新型军事人才，是实现强军目标的战略性要求。习主席指出的“两个能力不够”“两个差距很大”的突出问题，说到底是人才队伍的能力素质不够，是人才队伍的能力差距很大。必须切实树立忧患意识，瞄准未来战争需要，把人才培养作为军队建设的一个战略工程，不断抓出成效，推动军队人才队伍建设水平的整体跃升。

不断提高中高级干部能力素质。千军易得，一将难求。要加强军队中高级干部的培养塑造，使他们具备很高的政治素质、军事素质和科技素质。特别是近年来军事技术发展日新月异，引领军事思维、战争面貌、作战样式发生深刻改变。军队中高级干部要胜任领兵打仗的岗位职责，必须树立本领恐慌的意识，形成终身学习的理念，夯实履行使命的素质基础。

突出抓好联合作战指挥人才和参谋人才、新型作战力量人才培养。把联合作战指挥人才和参谋人才、新型作战力量人才培养作为重中之重，是适应当今时代战争形态和作战样式深刻变化的客观要求，也是满足我军联合作战体制机制不断充实完善、高新技术装备不断入列成装、新型作战力量不断历练成军的现实需要。必须深入研究把握联合作战指挥人才和参谋人才、新型作战力量人才成长的特点和规律，切实解决好这些方面人才匮乏的问题。

（二）深入推进干部政策制度调整改革

我军干部政策调整改革是国防和军队深化改革的重头戏、关键环节。

坚持党管干部、党指挥枪。军队所有干部都是党的干部，都要服从党的领导；军队干部工作的路线方针政策必须由党中央、中央军委统一规定，在军队各级党委的统一领导下贯彻落实；军队各级党委要在民主集中制的基础上，按照党的干部路线、方针、政策选拔培养任用管理干部。无论改革怎么改，在坚持党对军队绝对领导这个根本问题上，都是只能加强不能削弱。

加强军事人力资源统一管理。改革的重要任务之一就是完善军队人力资源分类，整合人力资源管理职能，加强军事人力资源集中统一管理，以更加科学、更加节约、更加高效、更加法治的方式，将军事人力资源切实转化为战斗力。

深入推进军官职业化改革。军官职业化的核心是专业化，要强化打仗能力导向，建立客观公正的任职资格制度。科学设置军官职业发展路径，使军事专业能力形成的资历成为选拔使用军官的基本条件，使能力、实绩等客观因素在选人用人中起主导作用。

二、坚持按军队好干部标准选人用人

“欲治兵者，必先选将。”选将必有标准。针对新形势下选人用人缺乏标准的问题，习主席明确提出了“对党忠诚、善谋打仗、敢于担当、实绩突出、清正廉洁”的军队好干部标准。这一重要论述将强军目标对军队干部的原则要求进一步明确化具体化，为加强军队干部队伍建设、正确选人用人提供了基本遵循和鲜明导向。

（一）选人用人首先要明确标准

深刻理解军队好干部标准的内涵。对党忠诚是军队好干部的首要标准，要求政治立场坚定，坚决拥护党中央、中央军委和习主席的领导，在看齐追随、维护核心上模范带头，绝对忠诚、绝对纯洁、绝对可靠；善谋打仗是军队好干部的核心能力，要求养成时刻准备打仗的忧患意识和军事是保底手段的底线思维，具备勇于担当、敢于亮剑、英勇顽强、不怕牺牲的军人血性和战斗意志，具有精通武器装备、胜任联合作战指挥的打赢能力；敢于担当是军队好干部的鲜明品格，要求坚持党性原则，敢于较真碰硬，能够旗帜鲜明地对错误言行开展批评斗争，既要能不畏艰辛勇挑重担，又要能甘于平凡默默奉献；实绩突出是军队好干部的进步基础，要求树立正确的政绩观，求真务实、真抓实干，为官一任、造福一方，踏踏实实推动部队建设发展，推动军事斗争准备不断深化；清正廉洁是军队好干部的立身之本，要求牢固树立正确的权力观、地位观、利益观，践行“三严三实”，带头“两学一做”，杜绝以权谋私，严格遵纪守法，以良好作风形象带领官兵投身强军实践。

在干部工作中坚决贯彻落实好干部标准。标准是引领，是准绳。要将原则根据不同类型、不同岗位、不同职级干部的情况细化为每个类型、岗位、职级的具体要求。最大限度压缩选人用人的主观裁量空间，真正按照岗位要求选出部队建设真正需要的干部。

（二）切实在端正选人用人风气上下更大功夫

选人用人公不公、好不好、准不准，有着十分重要的导向作用。我军人才很多，选人用人必须树立正确导向，营造风清气正的环境。

清醒认识端正选人用人风气的艰巨性、长期性。这项工作不进则退，稍有放松就会反弹，要下决心紧抓不放、持续用力。坚持两手抓，既要用好优秀干部，用当其时、用当其位、人尽其才，又要严肃认真解决官兵反映突出的倾向性问题，坚决查处顶风违纪的，问责用人失察失误问题严重的，以实际行动取信官兵。

坚持党管干部、组织选人的干部选用基本原则。要规范党委、领导和组织机关在选人用人中的权责，发挥政治机关在组织考核和提名推荐干部中的主体作用。要研究和提出干部工作贯彻民主集中制原则的有效办法，坚持党管干部集体决策。

树立“两个坚持”“三个注重”的正确导向。着眼党和军队的事业发展需要选人用人，坚持公平公正，坚持大范围遴选干部；在德才兼备的前提下，把“德”作为首要衡量因素，坚持从政治上考察和使用干部。坚持把一线作为培养锻炼干部的基础阵地，科学设置干部的成长路径，让基层一线干部能够看到希望、有奔头；注重选拔求真务实、默默奉献的干部，不让老实人吃亏，不让投机专营者得利；全面准确识别干部，客观公正评价干部，使选拔出来的干部真正能够让组织放心、让官兵满意。

把干部考核评价体系中对德的考核具体化。对干部德的考核要有一个过程，要看长期表现，特别是对高中级干部的考核，要制度化、常态化。要坚持从政治上考察和使用干部，重点考察干部贯彻执行党中央、中央军委和习主席决策指示的表现，在一些重大原则问题上的立场，带领部队完成急难险重任务的情况，对待名利得失的态度，确保枪杆子始终掌握在忠于党、经得起风浪考验的可靠人手中。

领导干部在选人用人上要带好头，以身作则，以上率下。领导干部必须树立坚强的党性观念、政策观念，加强对干部选用的组织领导、把关定向。必须完善选人用人监督制约和责任追究机制，堵塞各种漏洞，管住关键环节，约束用权行为，杜绝搞特殊化、搞特权、搞腐败、搞不正之风，营造风清气正的用人环境。

干部部门要建设成为过硬部门。必须严格按组织原则办事，坚守党性原则、恪守公道正派、严守清正廉洁，做到让组织放心，让官兵信任满意，切实把干部部门建设成为忠诚可靠、坚持原则、公道正派、甘为人梯、清正廉洁的过硬部门。

三、构建“三位一体”的新型军事人才培养体系

习主席深刻洞察建设现代军事体系和提高现代军事能力对新型军事人才培养的战略需求，直面我军军事人才培养存在的突出问题，将军事职业教育从院校教育中剥离，将部队训练实践纳入军事人才培养体系，创造性地提出了军队院校教育、部队训练实践、军事职业教育“三位

一体"的人才培养模式，有效破解了当前我军军事人才培养的体制性障碍、结构性矛盾和政策性问题，为进一步完善军事人才培养体系，努力培养造就能够担当强军重任的优秀军事人才，提供了科学遵循和行动指南。

（一）坚持院校优先发展战略

治军先治校，强军先强校。要坚持院校优先发展战略，深入研究现代军事教育特点和规律，与时俱进紧跟军事斗争准备的鲜活实践，坚持面向战场、面向部队，围绕实战搞教学、着眼打赢育人才，不断推进教学科研管理创新，不断提高办学育人水平。

抓好高端军事人才培养。加紧集聚大批高端人才是推动我军改革创新的当务之急，要在办学思路、教育体制、教学模式、教学方法等诸多方面加强研究探索，积极寻求高端军事人才培养之道。要抓好教员队伍建设，加大院校教员同部队、机关干部交流力度，加深教员对部队战略策略、作战指挥、作战装备、作战能力等整个军事斗争准备的了解，全面提高师资队伍整体素质，多出一些懂打仗的名师，带出一批会打仗的高徒。

（二）在部队训练实践中砥砺成才

部队训练实践是官兵成长成才的基本平台，是和平年代提升人才能力、检验人才质量的基本方式。习主席强调，"优秀人才必须在实际工作中磨砺检验，在敢于担当中历练成长，只有不断经历一些难事、急事、大事、复杂的事，才能真正有所收获、有所提高"。

立足岗位锻炼人才。引导官兵把本职岗位作为强军实践的最好舞台，在运用新装备、研究新战法、解决新问题中锻炼成才。坚持多领域、多层次、多岗位训练人才，拓宽干部交流的路子。把优秀人才放在军事斗争准备和遂行任务的第一线，经常经受复杂严峻考验，在完成急难险重任务中经风雨、受历练。有意识地安排有培养潜力的干部到条件苦、困难大、矛盾多的地方经受考验，磨炼能力、品格和意志。

（三）着力加强军事职业教育

习主席强调，加强高素质干部队伍建设，大规模培养高素质新型军事人才，是实现强军目标的战略性要求。因此，发展军事职业教育是贯彻落实习主席重要指示的实际行动。今天，人类社会进入了信息超载、知识爆炸的时代，军事领域更是知识和科技创新发展最快的领域，战争形态、作战样式、指挥方式、武器装备都发生了很大变化，甚至是质的变化。只有把学习贯穿于军事职业生涯始终，才能站到军事变革的潮头。

必须把军事职业教育作为提升军事人才职业特质、专业品质、创新素质的重要途径，建设学习型军营，有计划地开展全员学习、开放学习、终身学习活动，注重完善学习机制，浓厚学习氛围、提高学习效果。各级党委和部队主官要强化育人意识，把推进军事职业教育作为党委工程、主官工程抓紧抓好。广大官兵要结合岗位要求和实战需要，科学确定学习目标和学习内容，把提高履职尽责能力作为军事职业教育的出发点和落脚点。同时，要利用好信息技术和军事信息网络，积极开发军事远程教育系统和资源。

聚焦我军组织形态现代化
推进军事人员现代化协调发展

国防大学政治学院基层政治工作系副教授　赤　桦
国防大学政治学院硕士研究生　沈庆山

习近平在中国共产党第十九次全国代表大会的报告中明确指出，要“全面推进军事理论现代化、军队组织形态现代化、军事人员现代化、武器装备现代化”①。这一论述为强军兴军指明了方向，更规划了现实路径。这“四个现代化”，是国防和军队现代化建设的重要内容，四者虽然侧重点不同，但有着天然的逻辑联系和相互影响力。其中，军队组织形态现代化是实现军事人员现代化的现实保证，同时军事人员现代化又是推动军队组织形态现代化的内在动力，没有军事人员的现代化，军队组织形态现代化的完成也难以实现。

一、军事人员现代化和军队组织形态现代化的不同内涵

军事人员现代化是国防和军队现代化实现的核心。这是因为，尽管战争的科技水平不断提高，但战争的主体仍然是人，军事人员素质的高低，对于战争胜负的影响往往是决定性的。军事人员现代化要求执

① 习近平：《决胜全面建成小康社会夺取新时代中国特色社会主义伟大胜利》，人民出版社，2017年，第53页。

行军事任务的专业人员具备现代化的政治素养、军事能力、管理水准、创新水平。政治素养的要求决定于我军的性质宗旨，是军事人员所必须具备的基本素质；军事能力作为军事人员的核心本领，是能打胜仗的根本保障；管理水平往往体现军事人员的能力素质，也是军队现代化运行效率的重要指标；在万众创新的时代要求下，因循守旧没有出路，唯有提升军事人员的创新水平，才能在军队现代化建设上真正地走出创新型的现代化道路。

组织形态现代化是国防和军队现代化实现的载体。军队组织形态现代化是军队组成结构现代化的表现形式，是运用现代文明创造的优秀成果使军队在组织模式、制度安排、运作方式等方面达到当代先进水平的目标和要求，与现代信息化战争形态和作战方式相适应。军队组织形态作为军队组成结构的表现形式，成了军队现实上的载体，围绕这一载体进行的现代化进程，也需要以此为基础方能在组织模式、制度安排、运作方式方面发力。组织模式可以看作是搭建一个牢固、可行、稳定性与发展性相统一的组织形态的骨架，包含指挥体系、体制编制、作战力量一系列内容；军事制度安排是在军事领域对军队相关人员进行规范约束的规则，是军队组织形态的运行保障，可以展开为军事法规、管理体制、人力资源制度、监察体制等诸多要素；运作方式是检验组织模式和制度安排合理与否的一个实践标尺，同时也是前两者现实意义的落脚点。军队组织形态现代化需要通过现代化的运作方式具体体现出来，运作方式包含领导指挥的运作、训练管理的运作、国防动员的实施等诸多方面。

二、军事人员现代化和军队组织形态现代化的辩证关系

军队组织形态现代化是实现军事人员现代化的现实保证。军事人员要想系统全面地取得现代化发展，不仅要依靠自身的发展完善，更有赖于军队组织形态现代化的现实保证。只有军队组织形态的各类制度

体制按照现代化的标准要求运作，才能构建出一个适应军事人员朝着现代化发展的优良环境，而这个大环境往往对军事人员现代化建设产生非常大的影响，甚至左右其发展进程和方向。不论是行政管理体制的改革、一体化联合作战指挥人才运用机制，还是部队人员结构编成的优化，都是适应新时代军事人员现代化的保障措施，有利于军事人员更好履行使命任务，促进军事人员现代化发展。当前，我国的发展已经进入了新的时代，军队的使命任务由维护国家的基本权益、巩固国防转变为维护国家总体安全和国家总体发展利益。这就要求军队更加注重塑造能够维护国家总体发展利益的军事上的优势态势。与使命任务相适应，需要进一步促进组织形态现代化，以此来保证军事人员的架构体系和工作模式发展得以顺利进行，更加适应现代战争的要求。

军事人员现代化是推动军队组织形态现代化的内在动力。军事人员现代化，就是要打造一支与履行新时代使命任务相适应、世界一流的高素质军事人才队伍。只有拥有高素质新型军事人才队伍特别是联合作战人才队伍，才能为国防和军队现代化建设提供坚强的人才支撑。实际上，不论是军事理论现代化、军队组织形态现代化还是武器装备现代化，最终都需要专业人才队伍才能够实现。因为专业知识的积累、顶层设计、具体实施、调节反馈等各个环节都需要军事人员的全程参与，任何一个环节的缺失都不能保证过程的完整性，军事人员的主观能动性是国防和军队现代化建设的重要保证。军队组织形态现代化作为一项内涵丰富的体系工程，自然也不能没有军事人员现代化的推动。我军历来重视发挥军事人员在军队组织形态变革过程中的作用。历次军队组织形态变革，军事人员既是变革的对象，也是变革的执行者。军队组织形态现代化进程本身也是军事人员的一次自我升级和进化。通过这种升级和进化，形成了推动军队组织形态现代化的内在动力。当前，改革的深入给军队带来了新的理念、新的目标、新的变化。在军队调整改革的实施中，更加聚焦组织形态现代化的建设与更新，不仅需要在体制编制上下功夫，而且需要在军事人员等诸多构成要素的现代化调整上花大力气，目的是提升我军组织形态的总体水平，确保军事人员对于军队组织形态的推动作用。

三、促进军事人员现代化和军队组织形态现代化协调发展的路径思考

（一）以领导指挥体制变革为核心动力促进军事人员现代化发展

当前，在习主席的亲自决策推动下，国防和军队改革取得重大历史性突破，人民军队实现了整体性革命性重塑。但国防和军队改革只有进行时没有完成时，要清醒地认识到，必须通过进一步深化改革，特别是通过推进领导指挥体制变革来解决制约军事人员发展的制度体制问题，这样才能充分激发军事人员的活力。领导指挥体制要求各级指挥员在一定的制度安排下充分发挥主观能动性，军事人员在不同层级都要与领导指挥体制产生不同的交集，领导指挥体制逐渐对军事人员现代化产生越来越大的影响。信息化战争条件下，原来的领导指挥体制的缺点逐渐暴露：一是层次多，客观上造成了一定的冗繁。二是横向的关联性差。无论是军兵种内共同担负作战任务的平级单位，亦或是联合作战中不同军兵种之间的关联，在原有的领导指挥体制和信息化程度下，都达不到信息化战争所要求的关联性，这也是在领导指挥体制改革甚至作战指挥体系改革中亟需解决的问题。三是对于各类毁伤抵抗性较弱。一方面，指挥体系的冗余性导致其本身结构力较为松散，本身的抗外力有短板；另一方面，现代战争更着重于对指挥体系的摧毁，指挥体系成为了重点目标，受损的概率大为提高。领导指挥体制的这些问题对于作战指挥效能发挥的消极影响是触及本质的，直接导致推动组织结构运作的动力输出不够，进而影响军事人员职能的发挥。所以，必须在质和量方面下功夫，更加注重提升体系密度，进一步提升运

行效能，让领导指挥体制的改革成为军事人员发挥职能作用的核心推动力。

（二）以科学的军事人力资源制度保障军事人员现代化发展

现代战争虽然体系之间的对抗和高技术武器装备的使用逐渐成为重点，也在一定程度上造成了人在战争中的作用似乎减弱的假象，但我们必须要认识到，战争终究是人与人之间的综合较量，人终究还是战争的决定因素，军事人员的现代化发展才是战争制胜的深层次要义。不论军事科技有多发达，决策与指挥、军事思想战略方针的制定、作战行动的基层执行，都离不开军事人员的决定性作用。所以切不可忽视了军事人员在战争中的决定作用，不可忽视“人”的建设——军事人力资源建设。从最近的改革来看，人力资源的重要地位已经受到了各级的重视，以往机关的政治工作部的干部部门已经更名为人力资源部门，名字的改变不仅仅是职能的改变，更是一种观念上的革新。这种整合是有积极意义的，改变了人力资源在以往管理上过于分散，没有达到系统管理效果的问题，从而成为军事人员现代化发展的坚强后盾与科学保障。因此，要对各类人力资源制度做相应的整合甚至重塑，进一步深化干部的选拔任用、调职调衔、岗位培训等方面的改革；与之对应的征兵制度、军士制度、军士长机制都应相应进行调整改革；先行展开的文职人员制度也应继续完善。

（三）以突出新型作战力量建设提升军事人员现代化质量

新型作战力量建设，装备是基础，核心是新型军事人员的比例的大幅提升。新型作战力量重点在于“新型”二字。从历史上看，战争总是比较青睐新型作战力量的。第一次世界大战时期英国发明的坦克，就在第二次世界大战中被德国采用为陆军的主战武器，并以此发展出高机动性的“闪电战”，以机械化部队快速切割敌方主力，实施突袭，并一度取得了战场的巨大优势。如若没有相匹配的新型军事人才来操作新型武器装备，也就必然无法形成战斗力，“新型”只剩下了个空壳。新型作战力量主导战局的例子举不胜举，近几场局部战争，不论是海湾战争还是阿富汗战争、伊拉克战争，吸引世人目光的永远是新型作战力量的大放异彩。作为军事领域的工作者，应该看到，我们的新型作战力量建设尚在追赶阶段。军事人员现代化进程中，应该更加注重新型作战力量人才的培养和储备，这样不仅能够提高新型作战力量形成战斗力的速度，也能在很大程度上树立军事人员现代化建设的鲜明导向，提升军事人员现代化建设的整体质量。同时，战略投送、远海作战、精确打击等新型作战力量的建设也给军事人员现代化建设提供了一个更为广阔的实践平台。

军事文化建设与军事人员现代化

国防大学政治学院基层政治工作系副教授　魏延秋

人的现代化离不开文化建设，关心人和人的发展，是文化建设的终极关怀。同样，军事人员现代化也离不开军事文化建设。先进军事文化，是滋养官兵精神的沃土和催生先进战斗力的利剑，是新形势下实现强军目标的重要保证。因此，从军事文化建设与军事人员现代化的关系角度进行研究思考，可以助益于推动军事人员现代化，加快先进军事文化建设的创新发展，为我军建成世界一流军队提供人才支撑、思想保证和力量源泉。

一、军事文化建设对军事人员现代化具有积极促进作用

全面推进军事人员现代化，是党中央、中央军委和习主席高瞻远瞩，站在国防和军队现代化建设的战略高度，着眼强国强军伟业作出的战略决策。军事人员现代化，要求军事人员的政治素质、军事能力、科技素养、思维能力等能力素质，适应现代社会和现代战争要求，把全体军事人员的综合能力素质提高到现代化水平。军事文化建设对军事人员这些素质的形成和提高具有重要作用。

首先，军事人员现代化的实质是军人思想精神的现代化，而实现思想精神的现代化正是军事文化建设的终极关怀。

人的最本质特征是精神，人的现代化归根到底是思想精神的现代

化。军人也不例外。先进的军事技术和军事思想，只有掌握在理想信念坚定、道德情操高尚、人格健全心理健康的军事人员手里，才能对社会产生正面的效应，为国防和军队建设贡献力量。这就要求实现军人思想精神的现代化，即在思想意识上，树立先进文化追求，坚定对马克思主义为统领的文化自信和文化自觉；在道德品质上，忠诚于党、热爱人民、报效国家、献身使命、崇尚荣誉，践行当代革命军人核心价值观；在精神风貌上，积极向上丰富充盈，充满正能量、引领社会风尚和进步精神。军人精神境界的丰富，思想意识的提高，道德品质的完善，军事文化在其中起着主导的、决定的作用。军事文化建设的关键就是精神的现代化。

先进军事文化具有政治导向功能，通过先进军事文化的灌输、熏陶和潜移默化作用，保证人民军队不变质，保证官兵理想信念坚定，人生价值观正确。先进军事文化具有道德内化功能，通过渗透内化和思想教育，为广大官兵提供正确的价值标准，并使其逐步内化为思想道德素质，形成高尚品德和优良作风，能够打牢官兵的思想道德基础。先进军事文化具有情感陶冶功能，通过营造积极向上的文化环境和创造弘扬正能量的文化作品、开展形式多样的文化活动，使官兵筑起强大的思想道德防线，抵制腐朽思想的侵蚀，对官兵人生修养、性情陶冶、心灵净化、审美情趣发挥积极作用。先进军事文化具有精神激励功能。通过激发军人的内在精神意志，使军人和军人集体具有强大的战斗精神和勇往直前的英雄气概。历史证明，先进军事文化是军队的精神食粮和精神武器，全体官兵精神力量的充分发挥需要有先进军事文化进行指导。先进军事文化作为一种以体现时代精神风貌为特征的先进文化，坚定的革命理想信念、高尚的军人道德情操是其核心内容和中心环节。军事文化建设与军事人员现代化在主体和目标上具有一致性，实现军人思想精神的现代化是军事文化建设的终极关怀。

其次，提高军事人员的军事素养是军事人员现代化的核心要求，而军事文化建设具有强大的智力支持功能。

军队是用来打仗的，备战打仗始终是军队的根本职能。特别是现代战争，对每个战位和每名官兵都提出了更高要求。必须紧跟现代战争发展变化，具有与现代战争要求相对接的打赢本领，即实现军事人员军事能力的现代化。这是军事人员的必备素质和基本能力，是军事人员现代化的核心要求。进入新时代，我军整体实力大幅跃升，但军事人才培养跟不上、“两个能力不够”“五个不会”的问题比较突出，成为制约我军建设的瓶颈。

先进军事文化中蕴含着丰富的军事知识特别是高科技知识，对培养具有强烈信息意识、综合创新素质的新时代高素质军人，具有不可替代的智力支持作用。我军先进军事文化建设，历来以服务保障军队建设中心任务、培塑大批高素质军事人才为己任。在我军长期实践中，先进军事文化培育和锻造了一代又一代优秀革命军人。新时代，先进军事文化更要担当起这一历史使命。军事教育训练是军事文化传播和军事文化建设的基本手段，同时也是军事人员现代化的基本路径。通过院校教育、部队训练实践、军事职业教育“三位一体”的人才培养机制，用现代军事文化知识和理论武装官兵头脑，使广大官兵掌握现代科技知识，提高政治素养人文素养，培养官兵不仅具有坚定的政治信念和武勇忠信的战斗精神，而且具有以军事高科技知识为底蕴、智勇兼备的精神素养，有面对先进武器的自信，有精通各种最新军事技术基础上的勇敢与胆识，才能沉着应对未来战争发展的要求。

再次，创新思维是军事人员现代化所必需，而军事文化对培养创新思维有着重大作用。

习主席指出，实现强军目标是一项具有很强开拓性的事业，面临大量新情况新问题，必须勇于探索、大胆创新、锐意改革。新的历史使命和任务，要求军事人才必须具备与之相应的创新思维和创新能力，这是高素质专业化军事人才的本质特征，也是现代化军事人员的核心素质。军事人员只有具备很强的创新意识、创新勇气和旺盛创造力，自觉拓展思路、勇于实践探索、开拓进取，才能真正成为是一支现代化的军事人员队伍，才能完成国防和军队现代化的历史重任。

创新既是现代化军事人员所必须具备的，也是先进军事文化建设的本质要求，是先进军事文化建设的题中应有之义。先进军事文化要确立和保持先进的地位，就必须与时俱进，保持和发扬不断创新的理论品格。军事文化对于培养创新思维具有启迪作用。在军事文化领域中要想主动抓住时代发展的潮流，立足于当今军事技术变革，必然要求军事人员抛弃陈腐落后的思想观念，根据新的军事实践创新军事理论，使军事文化不断保持科学性和先进性。创新发展先进军事文化，必然伴随着军人思维方式的更新和思想观念的解放。

二、军事人员现代化对于先进军事文化建设具有能动作用

军事文化建设对于实现军事人员现代化有着积极促进作用，但是军事人员在军事文化建设中又不是被动的，军事人员的现代化对于军事文化建设有着能动的作用。军事人员现代化与军事文化建设是互促互进的辩证统一。军事人员的现代化不仅是国防和军队现代化的内在要求，也是先进军事文化建设的重要目标。没有军事文化的主体广大军人的现代化，就不可能有先进军事文化建设的创新发展；没有先进军事文化建设的创新发展，也就不会有军事人员的现代化，建设世界一流军队实现强军目标就是一句空话。二者互为条件、相互促进。

近年来，我军先进军事文化建设得到长足发展，但是军队所处社会环境、我军使命任务、官兵成分结构都发生了很大变化，官兵的思想观念也发生着深刻的变化，官兵的自由意识、民主理念、法制观念不断增强，对营造公平正义内部环境的需求越来越迫切；同时，扩大官兵参与民主决策、管理、监督的权利，需要充分调动官兵实现新形势下强军目标的积极性。特别是新形势下，随着社会思潮和文化观念的多元发展，敌对实力加紧对我军进行思想文化渗透，我军官兵面临各种复杂斗争

和环境的严峻考验，思想观念、价值取向趋于复杂多样。部分官兵信仰迷失、精神迷茫，理想信念动摇；危机意识淡薄，思想和精神懈怠，和平积习严重；牺牲奉献意识淡化、吃苦精神缺乏、集体观念淡漠。这些新情况新变化的出现，对先进军事文化建设提出了新课题和新挑战。先进思想占领社会精神阵地的同时，落后腐朽思想也存在甚至有扩散的危险。环境越是复杂多变，就越要抓紧提高军事人员的素质。培养新一代"四有"革命军人，是先进军事文化生命力的极大彰显，是先进军事文化感召力的有力证明。

思想政治建设是当代中国文化建设的重要内容，彰显军队的政治属性，主要表现为军队听谁指挥、为谁打仗的价值观念及其所信守的道德原则。思想政治建设体现军事文化的核心，反映军事文化性质和军队建设方向，处于军事文化建设的首位。新时代，大力推进中国军事文化建设，必须把加强和改进思想政治建设作为首要目标，把培养革命军人核心价值观作为根本任务，必须通过先进的思想道德文化建设稳我军心、固我长城，使官兵养成高举旗帜、听党指挥的思维方式，遵纪守法、践行道德的行为习惯，确保用马克思主义理论武装官兵、占领思想阵地，营造浓厚强烈的先进思想道德文化氛围，坚定政治立场、把握政治方向，严守政治纪律，提高政治敏锐性和政治辨别力，忠实履行党的基本理论、基本路线、基本方针和基本政治原则，严格遵守军队的各项规定和要求。

以科学的理论武装人、以正确的舆论引导人，以高尚的精神塑造人，以优秀的作品鼓舞人，统一思想、明确目标，有效提高广大官兵认同和信仰，形成有利于实现国防和军队现代化的舆论力量、价值观念、道德规范、文化氛围，军事文化建设就会沿着健康有序的轨道向前发展，保证军队各项建设有一个正确的政治方向，同时也进一步为实现军事人员的现代化创造良好的思想文化环境。

三、实现军事人员现代化的军事文化建设发展策略

先进军事文化在军人现代化过程中发挥着引领导向、精神感召、成风化人、规范行为等作用，因此，先进军事文化建设是军事人员现代化的重要前提和手段。要从战略高度重视军事文化建设，从实现军事人员现代化这一目标出发制定策略，大力创新发展军事文化，发挥其对军事人员现代化的重要作用。

（一）把大力培育当代革命军人核心价值观作为先进军事文化建设的根本任务

军人核心价值观是军事文化的灵魂，决定着先进军事文化的性质和发展方向，也决定着先进军事文化的感召力和影响力。一支军队必须具有的内在精神和核心价值，这是其根本。当代革命军人核心价值观，反映了新时代形势任务变化对革命军人价值取向的新要求。建设先进军事文化，要以当代军人核心价值观为魂，把大力培育革命军人核心价值观作为根本任务。通过强有力的思想政治工作，打造军队核心价值体系，使官兵树立和坚定理想信念、激发和养成爱国奉献精神、形成和确立知荣知耻观念、敢打敢拼不怕牺牲的战斗精神。这是军队战斗力提升的根本，也是打赢未来信息化局部战争的关键。

（二）把坚持以人为本作为先进军事文化建设的价值取向

军事人员是建设先进军事文化的核心和主体。建设军事文化，必须坚持以人为本的价值取向，即要在先进军事文化建设中，把不断满足人的合理需求、促进人的全面发展作为先进军事文化建设的根本向度。

先进军事文化有利于军人主体的全面发展。先进军事文化能够为军人世界观、人生观和价值观的树立确定正确方向，不断为军人的成

长、成熟提供必要的精神指导和思想引航。先进军事文化能够不断提高军人的思想道德水平，培育与我军使命任务相适应、与市场经济相协调的军人道德规范，并以此带动军队思想道德水平的跃升。先进军事文化能够为军人日益增长的精神需求提供必要的文化滋养，从而有利于军人角色的强化和军人人格的丰满。先进军事文化能够有效调节军人的情感和心理，塑造自尊自信、理性平和、积极向上的健康心态，使官兵以开阔的心胸和积极的心境看待一切。因此，推进先进军事文化的建设，必须坚持以人为本的价值取向。即在先进文化建设的过程中，要把满足人的合理需求、促进人的全面发展作为先进文化建设的根本向度。军事文化建设要坚持和贯彻以人为本，必须充分调动官兵的积极性主动性，切实在推动先进军事文化建设中发扬主人翁精神，充分发挥官兵的主体作用；必须着眼人的全面发展，切实打牢官兵融身先进军事文化建设的素质基础，从而在提升官兵全面素质的同时也获得文化建设自身的大发展。

（三）把形成强大战斗力作为军事文化建设的重要目标

先进军事文化建设的根本目的就是要提高战斗力。先进军事文化通过规范统一广大官兵的价值取向，增强和激发军人的战斗意志、磨砺和升华军人的战斗品格，从而实现从精神成果向提升战斗力的转化，形成强大的“文化战斗力”。面对新军事变革的挑战和未来智能化战争的考验，先进军事文化建设更是要把提升战斗力作为自身建设与发展的终极目标，积极探索运用军事文化提高战斗力的有效形式和途径，以发挥其对提高部队战斗力最大效能。

具备打赢能力是对军人价值实现的根本判断标准，也是先进军事文化的终极发展指向。先进军事文化通过对军人人文素养、思想道德、科技素质等诸多方面的影响和改造，有利于战斗力的不断生成和提升。我军的历史表明，先进军事文化是战斗力的精神动力和精神价值的主旋律，是我军永远立于不败之地的真正优势。战斗力的提升须臾离不开先进军事文化的支撑。战斗力既是科技发展的成果,也是人的知识、智能和意志在战斗中的充分表达。先进军事文化必须聚焦打赢指向,紧紧围绕战斗力建设展开,使战斗力成为官兵关注和发展自身素质的动力源,从而为自身素质不断提高提供源源不断的外在力量。

推进军事人员现代化
制度体系创新

新时代做好群众工作
推动我军特色正向激励体系建设

国防大学联合作战学院政治工作教研室副教授　李　屈

2018 年 3 月 12 日，习主席在出席十三届全国人大一次会议解放军和武警部队代表团全体会议时强调指出："军地双方要发扬军爱民、民拥军的光荣传统，不断巩固军政军民关系，为实现'两个一百年'奋斗目标、实现中华民族伟大复兴的中国梦而共同奋斗。"新时代，做好我军群众工作，促进军事人员现代化发展，就是要思考解决军人后顾之忧、建立军事征信机制、组建民事培训机构、强化战后保障体制、注重心理力量配合等举措，争取获得最广大群众的支持，建立具有我军特色的军事人员现代化群众工作激励体系。

一、解决军人后顾之忧，建设开放式军营扩大影响

习主席指出："谁是最可爱的人，不要让英雄既流血又流泪，让军人受到尊崇，这是最基本的，这个要保障。"解决军人后顾之忧、建设开放式军营可以拉近军队与社会的距离，增强现役军人的训练积极性。根据"马斯洛需求层次理论"，人类的需求像阶梯一样由低到高分为：生理需求、安全需求、社交需求、尊重需求和自我实现需求。解决军人后顾之忧、建设开放式军营就是通过解决军事人员初中级需求，进而激励他们为满足自我实现的军事人员现代化而奋斗。

西方许多国家通过多种措施加强军人与社会、军队与家庭之间的互动，努力解决军人的后顾之忧，以期为军人在部队的发展打下良好的基础。西方军队认为，军人来自社会，沟通军人与社会、军队与家庭的关系，可以起到遥相呼应的双向效果，对军队和社会都有积极作用。美国、俄罗斯、法国、以色列等国都设有军事机关、院校和基地的“开放日”，向民众展示军队建设成果，同时让民众深入体验军营生活，达到增加对军队了解与信任的目的，从而拉近军民关系，增强民众的国家认同感。每个美军基地都建有名为“家庭支援中心”的服务机构，为军人及其家庭提供包括调动搬家、家属就业、家庭财政筹划、军人参战后的照顾、紧急救济、法律支援、子女教育、业余学习等咨询服务项目。通过让官兵家庭获得后方基地或政府部门提供的服务，保障了官兵家庭的稳定，提高了军人的社会认同，减轻了军人家庭的生活压力，有效激励了军人的工作积极性。

当前，《中国人民解放军军营开放办法》已经出台，退役军人事务部也已组建，为加强军地互动、解决军人后顾之忧奠定了坚实基础。具体来讲，一是军营可以进一步指定开放场所，设立开放日，邀请军人家庭、民众参观，增进军队与社会、军人家庭与部队之间的了解和支持。新修订的《中国人民解放军共同条令》，就以法规制度形式明确多种仪式可邀请军人亲属参加。二是地方政府可以设立专门的服务机构对失业军属开展工作技能培训、就业指导，开展法律援助和子女教育等咨询服务。只有解决好军人的后顾之忧，不断扩大军人职业的影响力，才能从根本上拉近军队与社会、军人与大众的距离，使军人能够真正安心在部队服役，为军事人员现代化打下坚实群众基础。

二、建立军事征信机制，鼓励社会各界战时慰问前线

建立军事征信机制，可以根据战时需要，有效、有序组织国内各界人士，以各种方式慰问前线部队，为夺取战争胜利服务。革命战争年

代，我军就注重组织人民群众、文工团等到前线慰问，不断激发官兵的战斗热情。从近些年发生的局部战争来看，西方军队通过组织民间组织机构和民众慰问前线部队，有效激发了前线官兵的士气，对于完成作战任务发挥了巨大的促进作用。

伊拉克战争期间，美国当红歌手布兰妮就曾到前线慰问演出，美式橄榄球队明尼苏达维京海盗队的明星啦啦队也有到前线看望美军士兵。民间的组织机构包括红十字会、基督教青年会、联合服务组织、退伍军人组织、宗教团体和慈善机构等，也都参与其中，通过多种形式的慰问活动，消除了参战官兵的疲劳感、恐惧感和孤寂心理。

由于长期处于和平环境，近年来我军并没有实战背景下民间组织机构和民众慰问部队的经验。如何组织、组织哪些机构和个人进行慰问都需要认真研究。为了调动社会各界战时积极慰问前线，应该建立军事征信机制，一是为民间组织机构和演艺界人士等设立拥军档案，鼓励他们创作军事题材作品，平时深入部队，战时赴前线进行慰问演出。二是对爱军拥军特别是到前线慰问的组织机构、演艺界人士给予合理的政策优惠，鼓励他们积极慰问前线，把他们的知名度和人气转化成战场上官兵高昂的士气。

三、组建民事培训机构，增强官兵从事民事工作的能力

习主席指出，全党全军全国各族人民要大力弘扬军爱民、民拥军的光荣传统，不断发展坚如磐石的军政军民关系。我军从成立之日起，就十分注重处理好军民关系，为完成战斗任务提供了坚实的群众基础和后方保障。当前，中国军队执行多样化军事任务已成常态，如何提高官兵从事境外民事工作的能力，值得深入思考和研究。

不同的历史时期，我军在处理军民关系的方法和内容上虽有不同，但无疑都建立了良好的军民关系，确保了军队任务的圆满完成。新时代，对于执行多样化任务的我军来说，缺乏掌握任务区语言、人文风俗

和文化传统的专项人才，海外民事支援也缺少专门的落实部门。为此，一是应组建民事事务培训机构，为相关部队培训掌握任务区语言、人文风俗、文化传统等的专项骨干，发挥骨干作用，处理好与任务区居民的关系。二是赋予部分部队民事救济任务，负责基础设施建设、管理疏散居民难民和战俘、提供人道主义援助、输送医药用品和救济品等任务，通过任务摔打磨炼部队完成多样化任务能力，提高军事人员现代化水平。

四、强化战后保障体制，最大限度获得军属和社会认同

习主席强调，实现我们的目标，需要英雄，需要英雄精神。我们要铭记一切为中华民族和中国人民作出贡献的英雄们，崇尚英雄，捍卫英雄，学习英雄，关爱英雄，勠力同心为实现“两个一百年”奋斗目标、实现中华民族伟大复兴的中国梦而努力奋斗！世界各国都注重强化战争善后保障，抚慰伤烈及家属，增强全社会对军人、军属的尊崇，以此激励军人矢志使命、报效祖国的坚定决心。

长期以来，我军已经建立起了比较完备的伤烈军人及军属的善后保障制度，并发挥了巨大的作用。新时代，应进一步加强战时军地联系，使部队和地方政府共同发挥作用，通过组织迎接阵亡官兵遗体回国仪式、设立国家公墓等形式，增强全社会对军人及家庭为军队建设和国家安全所作出贡献的认同。同时，采取多项措施，形成全民族铭记英雄、纪念英雄、崇尚英雄的良好氛围，既抚慰军人亲属，又提高了军人的地位，从而取得广泛的激励效果。

五、注重心理力量配合，培养心理攻防人才

毛泽东指出，“兵民是胜利之本”“在中国解放区，在民主政府领导之下，号召一切抗日人民组织在工人的、农民的、青年的、妇女的、

文化的和其他职业和工作的团体之中，热烈地从事援助军队的各项工作"①。我军在革命战争实践中，一直特别强调军队和人民的力量相结合，在心理战的运用上更加注重军地力量的相互配合。当今面对信息化战争，战争的目标从以攻城掠地和肉体摧毁为主转向对敌军心士气的打击和战争意志的征服，各国军队都认识到心理攻防的重要地位。

目前，西方军队进行心理攻防时非常注重利用民间力量。他们不仅依靠军队心理攻防专家，而且还聘请地方心理学专家；不仅利用军队宣传力量，而且还广泛利用各种媒体；不仅运用军队心理战技术装备，而且还利用地方高科技资源。美国是一个新闻媒体私有化的国家。海湾战争爆发前，美国对新闻媒体采取了由政府集中管理的措施，确保国家的各种媒体在战时成为国家对外宣传的喉舌。在作战实践活动中，美军积极吸收社会和民间的相关人员参加心理战的宣传和报道，动员民众共同支持政府的"倒萨行动"，以平息国内外舆论对这场战争的反对和怀疑情绪。可见，美军已经将心理攻防渗透到战场和非战场的各个方面，挖掘多方面的潜力，借助一切可供利用的手段和方式，达成作战目标。

革命战争年代，我军与人民群众紧密配合，在战场上以我军为骨干力量，依靠广大群众，形成强大的威慑阵势。我军对人民群众进行正义宣传，使他们明白和支持我军的正义性，并主动扩大宣传范围，形成强大的舆论攻势；与敌正面作战时，人民群众在敌后配合我军行动，有效地实现了战略战术的目的等。进入新时代，随着军民融合越来越深入，军队不仅应在战时注重依靠地方的力量，如人心的支援、技术的支援、媒体的支援等，而且在平时准备建设中也应注重依托民间力量，比如，在心理战人才培养上，注重依托社会力量，联合培养心理攻防人才。一方面，可以制定相关政策，为地方的心理学人才进入军队创造条件，提高心理攻防人才的整体素质；另一方面，依托国民教育培训部队心理攻

① 《毛泽东选集》第4卷，人民出版社，1991年，第1041页。

防人才。比如,通过联合办学的方式,定期选送部分专业骨干到地方高校和研究机构进行培训,学习心理学基础理论知识,攻读心理学及相关专业的硕士、博士学位。再比如,在心理攻防装备器材研制与发展上,通过借助地方科技拥军力量,研制开发装备器材使其直接为部队所用,既节约了大量研制经费,又缩短了形成战斗力的周期,真正实现前后方整体联动效应。

新时代军事人才选拔使用新视野

国防大学政治学院基层政治工作系副教授　周宗顺

习主席在党的十九大报告中提出“全面推进军事人员现代化”的战略目标，为军队人才建设指明了方向，其核心和关键是打造一流的军事人才方阵，这是有效实现部队战斗力提升的决定因素，也是全面建设世界一流军队的智力支持。进入新时代，人才定义持续更新，人才竞争不断加剧，人才选拔使用的难度加大，“重视了选不着，选着了用不上，用上了留不住”的现象屡见不鲜。军事人员现代化目标的提出、人才学学科的发展，以及信息技术的支持，为军事人才选拔使用拓展了新视野、创造了新方法、提供了新平台。

一、人才素质评估数字化

马克思在现代科学刚刚起步时就指出，一种科学只有在成功地运用数学时，才算达到了真正完善的地步。人员素质测评是心理测量技术在人力资源管理领域的应用，其采用科学的测评方法，对人的素质做出量值判断和价值判断，为人才管理和开发提供依据，使人事决策更为科学准确，大大提高了选拔效率。在信息技术革命引起当今社会重大变革的今天，应当摒弃重定性、轻定量和重经验评价、轻科学测评的弊端，把人才素质数字化评估作为基本手段，提升人才选拔使用的科学性、准确性和客观性。

一是定性与定量的结合。人才素质数字化评估，是在定性考核的基础上，把定量分析的数学方法引入人才评价机制的一种尝试。定性考核是定量考核的基础，定量考核是定性考核的深化。人的认识是一个从定性到定量再到定性这样一个循环往复、不断深化的过程，把定性考核与定量考核结合起来，符合认识发展的一般规律。定性考核借助于感觉和印象，从总体上认识和把握人才的本质特征，为定量分析选择指标体系和确定定量考核的方向、范围提供依据。定量考核则是深化和扩展定性考核成果，从新的视角对人才进行认识和评估的特殊过程。可以对我军军事人员建立起纵向到底、横向到边的各级各类人员现代化标准体系，并细化量化为可操作的具体指标，通过合理的要素分解、分派数值和科学的运算分析，扬弃定性考核中属于现象的质，从而对考核对象的能力素质作出较为科学准确的判断和描述。需要指出的是，定量考核只是一种手段，在定量考核基础上更高层次的定性考核才是目的，即检验和更正第一次定性考核得出的感性判断，对人才素质作出科学准确的定性判断，从而实现定性考核与定量考核的结合。

二是中国与世界的融合。人才测评始于西方，发端于医学界，因心理学的建立获得大发展并迅速传至世界各地。第一次世界大战期间，美国心理学会运用心理测验帮助军队对官兵进行选拔和分派，战后此种测验经改造后被教育与工商各界普遍采用，开创性地在人事管理中引入心理测量，为人才测评的普及起到了巨大推动作用。当前，人才测评技术在中国的引入、推广与应用进入快速发展阶段，大批组织与管理心理学家开始着手心理测量在人事管理中的应用，政府、企业都越来越重视人才素质测评技术在现代人事管理中的应用，大批专业机构大量涌现。军事人员素质的量化评估，依然要借鉴世界各国经验成果，尤其是人力资源管理关于人事测量的理论与实践，巩固自身基础，借助后发优势和依托信息技术争取实现跨越式发展。

三是历史与时代的接合。中国古代思想家和政治家们对人才的识别进行了深入的探讨，形成了很多人才识别的思想和方法，称之为“识人法”或“识人术”，如周文王“六征法”（观诚、考志、视中、观色、观隐、揆得）、孔子“鉴人九法”（以远使、近使、烦使、卒然问焉、急与之期、委之以财、告之以危、醉之以酒、杂之以处九法考察人才）、诸葛亮“七观法”（前四种是以问答辨别人才，后三种是设置情境考察人才）等。现代人事管理领域大量涌现的测验与古代问答法，人才选拔中广泛应用的面试技术与古代观视之法，针对具体要求的测验设计与古代的情景设置考察，均有着异曲同工之妙。当前，应当注重传承历史，把握中国古代识人用人的文化精髓，发掘古代人才选用的技巧方略，归纳出与军事人员职业活动有密切关系的维度，如忠诚度、战略思维、组织领导能力、意志品质等，并与量化测评相结合。

二、人才德才评价一体化

空有好的人才界定或评判标准，没有好的评价方法或体系，结果依然是“无人可用”。选人用人的德才兼备原则已成为基本共识。德才一体化评价法，是根据某人一段时期内的所作所为，通过兼顾道德品行和才能业绩来综合评价人才业绩和品德的思想方法。该法体现或贯彻实事求是的原则精神，避开过早整体上对某人定性下全盘结论可能导致的问题。由于业绩显见且易量化，现有的某些人才评价体系可以准确表示、精确评估，但对于德的考量和创新的认定较为粗浅和模糊，德才一体化评价尝试解决这两个问题。

一是德的考量。“惟贤惟德，能服于人”，德才兼备历来是我党选拔考察干部遵循的重要标准。随着时代的发展和人才要素构成的多元化，德才兼备的人才标准被细化为“德、能、勤、绩、廉”五个方面，但是根本内涵仍然是德才的双重。现代的人事考核已不仅仅局限于单纯的工作绩效考核，也越来越多地涉及工作中的行为、态度、胜任力等，这些内容的考核不同于传统的绩效考核，很难由直接的工作产出来表示。运用人才素质一体化评估对行为和内在品质进行量化描述、分析，进而形成对被测者的全面的评价，为人才考核使用提供依据。另外，德的考量还可以通过“家访”“邻访”等方式全面了解考察对象的生活圈、社交圈等情况。

二是创新的认定。重大创新的论证与认定是建立人才与成果评价体系的一个关键核心问题。论证与认定既需要有关专家深入仔细甄别该创新在世界上被正面或反面引用的情况，也需要选出评价专家委员会进行无记名评价，可能还需要网络公示和在线答辩，甚至有些答辩还必须现场进行，以防弄虚作假。

三、人才选用过程建模化

军事人才的选拔使用事关国家安全发展和强军事业推进，必须树立正确的用人导向、公正的用人机制和科学的选用手段。

一是选用建模具备可行性。人才选拔使用要真正做到科学正确，可以尝试建立类似军队指挥决策系统那样的选用程式，在人才素质评估数字化、人才德才评价一体化的基础上，依赖决策数学模型的建立、网络数据共享、动态信息管理和人机交互技术，从庞大的人才数据库迅速准确地筛选出符合条件的人才。信息时代用人决策问题越来越复杂，即使实现了人才素质评估数字化、人才德才评价一体化，依然不能将选拔使用过程完全抽象成数学模型，仍需要借助人机交互功能给予干预。

二是经验模型具有参考性。同一领域和特定职业经验式的用人典故、办法、经验，是建立人才选拔使用模型的重要参考。刘亚楼考核干部只问“三最一假如”：一是介绍身边最熟悉的干部最善于做什么？为什么？二是他在实际工作中最突出的成绩是什么？用什么方法？三是他最不适合做什么工作？为什么？四是假如你来提工作分配意见，他担任什么最合适？由以上问题建立的模型可以了解干部主要才能、业绩、短处、职位等情况，按照能职匹配、综合考量的原则顺利挑出合适人选。习主席提出的“三优干部”“军队好干部五条标准”等，可以作为人才选拔的模型参考，融合真抓实干、扎根基层和开拓进取等要素建立评价体系。这一评价体系既体现完成任期目标和履行岗位职责中实现的工作数量、质量、效率及其军事意义和战略价值表现，又能全面考察一个干部的意志品格、能力水平和担当精神；既有体现常规工作的指标，又有开拓创新的检验尺度。

三是建模过程注意局限性。选才模型建立过程中既要依托技术，更要依赖人才选拔使用的理论与实践，因为有许多情况技术是无法作出分析和给出解答的。这就要求建模时注意以下现象：(1)杜绝人为机遇。此类“人为机遇”，就是人为地设置筛选条件和参数，使符合的人能“脱颖而出”，导致选拔任用上的不公正。如竞选中突然在原有规则之外增设所谓的测评环节；设置班子结构上的要求，表面上使结构显得更加“合理”，客观上有悖于唯才是举，与德才兼备原则不一致；突出性别要求、突出党外要求、突出年轻化要求等。以制度形式出现的人为机遇，已是选拔任用工作中的不平等竞争，如果进入模型，带来的消极影响就更大更持久。(2)防止测评异化。民主测评是选人用人的基本办法，在党政干部任用上甚至是基本程序，是建立选拔模型的基本参数，如果民主测评结果本身不能反映事实，那么模型运算也就“失之毫厘，谬以千里”。有些测评确实走入了歧途，如民主测评对象限制在一定类别或级别，宣布任职条件时发现符合条件的只有一人；因为对测评对象背景一无所知，结果大家都选了，造成民意的“唯一性”。提拔对象不同，民主测评方法当然可以各异，但民主测评的模式应当相对固定，至少确保透明、公正，使得模型运算依托的数据真实有效。(3)注重边际考察。“边际”一词是经济学用语，指自变量变动所引起的因变量变动的变化情况。考虑一个决策时，重要的是考察边际量。借用到人才选拔使用中，主要是指人才面临目标任务、外部环境等发生变化时相应的德才表现情况，尤其是对被选拔者在关键时刻、非常关头等外部环境发生显著变化时德才变化进行“边际”分析，建立指标参数，有利于全面客观评价人才。如面对个人进退问题时，能否坚决听从组织的安排；在利益冲突面前，能否牺牲小我顾全大局；在权力分配面前，能否保持“做事不做官”的高尚心态；在是非原则面前，能否秉持公正；在突发性事件中，能否保持处变不惊、冷静理智的气度；面对复杂、艰苦的工作环境，能否坚持不懈做出成绩等。在非常时刻、紧急事件和急难险重任务中经得起考验、堪当重任、能打硬仗的，才是真正的人才。

大力培育创新文化助推军事人员现代化

国防大学政治学院基层政治工作系副教授　仲亚松

习主席指出，“创新是引领发展的第一动力”“抓创新就是抓发展，谋创新就是谋未来”①。军事创新能力的独特性越来越表现为军队差异化战略和核心竞争力，军事创新文化培育的过程，实际上就是一支军队军事人员创新活力激发和军事人才核心能力发展的过程。军事创新文化既是一种环境因素，影响或制约创新过程，又作为一种渗透到创新主体的潜在因素，影响创新者的思想和行为，化作人文精神和人文环境助推军事活动主体的现代化。

一、摒弃陈旧理念，弘扬有利军事人才创新的观念文化

观念文化是影响创新活动最主要的东西，它是创新的内在动力，所包含的价值观、思维方式等决定了人的活动能否创新，表现为人们对创新活动的态度。军事人员现代化首先要解决的是观念创新、观念转型的问题，创新观念文化赋予军事人员现代化以强大的价值凝聚和理念支撑。

一是确立勇于开拓、精于探索的价值观念，树立跨越转型观。价值

① 《习近平在参加十二届全国人大三次会议上海代表团审议时的讲话》，《人民日报》2015年3月5日。

观念影响着军事活动主体的思维方式和行为方式，是观念文化的核心，从而直接或间接影响人才能力转型。“军事人才的价值形成的主题日益明确，创新能力成为人才培养的主题”[1]，这就把创新能力提到军事人才价值形成的首要位置，指明了创新观念文化包含的勇于开拓、精于探索的价值观念，是推动人才能力转型的首要观念动力。军事领域的对抗和竞争最为激烈，因此也必然创新最为迅速的领域，观念文化蕴含的价值观念直接导致创新精神和创新能力的形成，进而推动人才能力转型。树立跨越转型观，需要我们勇于开拓，不断更新观念，不断突破传统束缚，以更加开放的眼光推进转型，最大限度发挥后发优势加快转型；需要我们精于探索，借鉴军事强国人才转型的经验并为我所用，在较高层次上起步，实现“非零起点”的跨越。

二是确立设问质疑、求异思变的思维方式，树立独特转型观。“转型的核心是一种愿望：即不断挑战旧思维，采用新方案。”[2]思维方式属于文化的范畴，处于文化的核心部分，因而转型与思维方式有着紧密的逻辑关系。从某种意义上说，转型是一种以思维方式转变为核心的观念文化。观念文化包含的强烈问题意识和思变求异思维，是传统思维与创新思维的重要区别。没有问题意识，人才能力转型的思考和发展也就停止了；没有求异思维，人才能力转型要么因循守旧用老模式，要么亦步亦趋抄国外模式。有了观念文化的浸润，能力转型就能从直观线性的要素思维转变为结构优化功能的系统思维，从感性出发诠释存在的实体思维转变为以结构和关系模式把握和描述事物的信息思维，从拘泥于既定方案、惯用例证的守成思维转变为打破常规、独辟蹊径的创新思维。这种转型的独特性，正是创新文化的精髓，是转型成功的要诀。战争发展史警示我们，必须深化发展创新思维，探索新办法，解决新问题，促进军事系统内在的矛盾运动向着有利于信息化人才培养的

① 王鲁军：《军事人才价值研究》，解放军出版社，2009 年，第 54 页。
② 军事科学院：《新世纪美国军事转型计划》，军事科学出版社，2003 年，第 228 页。

方向转化，走出一条具有我军特色的能力转型之路。

三是确立尊重规律、求真务实的科学精神，树立整体转型观。创新并非蛮干，需要秉承科学的态度和精神，准确把握客观事物的本质和规律，避免陷入空想。观念文化蕴含的科学精神，指导人才能力转型认真研究和把握时代的脉搏、发展的规律和未来的趋势，以契合战斗力生成模式转变为导向，以信息素质为内核的能力构成为目标，以能力的正确发挥为动力，进行切实有效的转型。有了科学精神，就能树立整体转型观，统筹好能力转型中诸要素的关系，强化各个单元、构成要素和关键环节的高度整合，站在全局的高度总体设计，从而确保转型各个方面协调发展、不留弱项。科学精神还包含了开放协作的竞争观、不随波逐流的自主意识和允许失败的宽容精神，鼓励保护创新，激发创造活力，这些正是人才能力转型所需要的。

二、鼓励保护创新，建设有利军事人才创新的环境文化

环境氛围是人才生存和进行创造性劳动的基本条件，人才接受环境的影响和制约是积极主动的，表现出对环境的能动作用。“这种能动作用，主要体现在人才对环境的认识和评价、选择、改造和保护、利用等方面。”[①]有利创新的环境文化建设得越好，军事人才创新动力就越强，越有利于军事人才创造力的培养发挥和推进军事人员现代化的进程。因此，必须着力打造崇尚、鼓励、保护创新的环境文化。

一是建设宽容失败的环境文化。文化的包容性是最强的，而创新活动又往往充满着不确定性和风险，因而建设宽容失败、鼓励开拓的文化环境尤为重要。创新活动中要努力形成鼓励开拓和冒险的氛围，为那些敢于尝试、勇于开拓、执著追求的人提供允许犯错的外部环境，让他们持久保持积极进取的良好状态，确保军事活动取得突破性甚至革

① 叶忠海：《人才学基本原理》，蓝天出版社，2005 年，第 249 页。

命性的成果。

二是建设鼓励求异的环境文化。求异思维是创新思维的主要形式，很多科学上的重大发现都因求新求异而取得突破。爱因斯坦认定同时性是相对的，牛顿力学不适用于接近光速的高速运动，从而一举突破了牛顿力学为科学家所规范的框架，创立了伟大的相对论理论。第二次世界大战时，美国摒弃各国海军推崇的战列舰研究之路，大力发展航空母舰技术，最终成为海上战场的霸主。军事领域的创新是一个异质的的综合过程，军事人才的创新活动必须鼓励求异思维，努力营造有利于求异创新的文化环境。

三是建设信息主导的环境文化。军事信息文化已经成为军事文化建设的重点，其直接作用于创新。首先，转型始于信息文化。以信息主导为核心观念的军事信息文化，强调重视科技、重视信息、重视信息化人才，这些思想观念和思维方法是人才能力转型的“灵魂”，帮助人才确立与时代相适应的信息观、系统观、效能观，实现“转身之前先换脑”。其次，信息文化加速转型。军事信息文化贯穿人才能力向信息化转型全过程，从根本上决定转型的速度和质量，是人才能力转型的“催化剂”。信息文化帮助官兵把握信息化条件下新质战斗力的特点规律，形成与新质战斗力相适应的行为规范，增强信息素质。再次，转型成于信息文化。人才能力转型本身就是一种创新实践，本质上也是文化转型，再加上两者目标指向一致、基本特征关联、发展高度共生，只有形成基于信息主导、谋求信息致胜的信息文化，人才能力才有了实现转型的内在基因。

三、激发创造活力，构建有利军事人才创新的制度文化

创新文化中的制度文化，对自主创新能力的培养和提升起着基础性、导向性和长期性作用，是创新活动的外在动力。鼓励创新、支持创新的制度文化，能够使官兵自觉接受创新文化中蕴涵的共同价值观、行

为规范，在这些制度文化的支撑下，推动军事人员的快速转型。

一是能力动态考评制度。首先，消除考评中的主观偏差。一是保持中立性，不带任何框框和调子，以能力的客观展示为准则；二是力求全面性，要吸纳正反两面意见，既重视多数人的意见，也考虑少数人的评价；三是注重系统性，避免单项能力突出掩盖了整体能力的缺陷，既要考评，更要核实。其次，避免考评的“空心化”和“雷同化”。着眼建立军事创新的外部制度环境，在考评指标上弱化定性考评，强化定量考评，注重能力指标覆盖面的广泛性、层次性和考评工作的连续性、考评结果的科学性；在考评方式上实现考察标准具体化，明确考评范围，具象考评问题，细化考评材料。最后，建立立体追溯式考评，消除“近因效应”。追溯式考评可以将人才考评从现任单位延伸至前任单位。通过拓展人才考评纵深度，便于较为真实地评价和区分人才的“显绩”与“隐绩”。

二是能力个性激励制度。能力转型既要通过教育来贴近官兵，产生思想上的“同频共振”，更需要发挥政策导向作用，激发行动上的“连锁反应”。有利于创新的个性激励制度是人才能力发展的推手。人的思维通常由个性表现出来，创新思维同个性发展密切相关。后天环境和实践对个性的养成起决定性作用。信息时代，为发展独特、自由的个性创造了物质前提和内在要素，军事人才个性的健康发展在丰富军队集体共性的同时，促进了军队整体智力因素的提升，为军队集中统一和整体作战能力提供智力支持，也有助于人才能力向信息化转型。人才政策制度的制定，必须处理好保持集体共性规范和保护人才个性特色的关系、满足个体需要与满足军队集体需要的关系，尽力保障人才各方面不同需要的满足，从而最大限度地发挥出制度的激励功能。

三是能力管理联网制度。目前，信息化领域，“云计算”的讨论和研究轰轰烈烈。“云计算”借用了量子物理中的“电子云”概念，强调计算的弥漫性、无所不在的分布性和社会性特征，即所谓“无所不在的计算”。“云计算”包含了这样一种思想，把一个无限大组织中的分散力量联合起来,提供给每一个成员使用。借鉴"云计算"等现代信息科学技术,将专业相近的军内外人员专业特长、学历水平、能力素质等分类统计,构建人才"云方阵"。打破岗位、专业限制,将不同部门、不同专家的研究成果、技术资料等有机整合、归档上传至信息资料中心,使人才、信息和技术互通共享,群策群力攻坚克难,科研攻关、技术革新等工作效益大幅提升,在实现人尽其才、才尽其用的基础上,增强整体研究攻关实力。

加快推进新型
军事人才建设

新型战斗人才成长路径探析

国防大学政治学院基层政治工作系教授　吴东莞

战斗人才是“战场有生力量”的主体，是部队战斗力尖刀的刀尖，是一线搏杀的前端。当代军队精干化、一体化、小型化、模块化、多能化的发展特征对战斗人才提出了更多更高要求。研究探讨新型战斗人才成长路径，对于履行强军打赢使命、锻造精锐之师，激励更多一线部队战斗员奋发成才，无疑是非常必要的。

一、在强军兴军能打胜仗的使命激励中精武成才

新时代的战斗人员只有把强军报国作为人生追求，自觉承载责任担当，时刻牢记强军使命，以革命军人特有的忠诚投身强军实践，才能在一切为着能打胜仗的实战化训练中精武成才。

忠党报国、坚定信念，努力精武成才。军人最具力量的武器不是枪弹，而是信念。作为一名革命战士，只有用忠诚于党和人民的信念直面艰难困苦，才能够成就光彩事业和精彩人生。战场是终极考场，打赢是最真忠诚。那些活跃在部队一线的战斗人才，能够始终把为国服役作为第一志愿，把部队需要作为第一选择，把强军打赢作为第一追求。无论是社会的拖拽力，还是市场的诱惑力，都不能动摇他们以部队为先的决心，不能影响他们报效国家的信念。“先立乎其大者，则

其小者弗能夺也。”[①]正是因为他们视党和人民事业高于一切，视使命重于生命，自觉把个人梦融入强军梦，把个人成长进步置于部队建设发展大棋盘中，才得以在献身军营、履行使命中成才出彩。

常怀忧患、时刻思战，努力精武成才。战斗人员形成和展示军事才能的最佳平台是在真刀真枪的战场上。放眼四顾，看看我国周边严峻的安全形势，看看当今动荡不安的多事世界，就可以发现战争其实并不遥远。特别是当前，我国周边地区热点增多、燃点降低，家门口生乱生战的可能性日益增大。兵不思战，国之大难。军装一天在身，就一天不可忘战；钢枪一刻在手，就一刻不能放松。军队存在为打仗，战士生来为战胜。始终聚焦备战打仗，一分一秒都不能耽搁，一丝一毫都不能放松。我军的根本职能决定了革命战士应当时刻牢记保卫国家安全和发展利益的神圣职责，经常保持一种强烈的危机意识和忧患意识，保持“朝食不免胄，夕息常负戈”[②]的进取精神，保持“箭在弦上、引而待发”的戒备状态，保持闻战则喜、敢打必胜的思想作风，把平时当战时，把操场当战场，在常备不懈的日常训练中把技术练精、战术练活、体能练强、作风练实，培育和增强技战术能力和战场适应能力，提高制敌胜敌技能应用水平，成为能打胜仗的战斗人才。

崇尚荣誉、牢记使命，努力精武成才。身为当代中国革命战士，既是沉甸甸的重大责任，也是神圣的崇高荣誉。这责任，让革命战士承载着强军打赢的使命担当；这荣誉，让革命战士产生出奋发成才的无穷动力。革命战士的专业是打仗，事业是打赢。平时，革命战士应当按照实战要求搞训练，并通过训练验证实战，在这个过程中锤炼出过硬的打仗本领，成就一流的战斗才干。心中有使命，浑身是力量。许多优秀战斗人才成长的经历都说明，一个革命军人，只要时刻把荣誉和使命牢记于心，全力以赴投入强军打赢事业，把每次军事训练都当成实战打仗，把

① 《孟子·告子(上)》。

② 陆机：《从军行》。

每项重大任务都当成人生考验，就能够创造辉煌业绩，成为战斗英才。新时代的革命战士，只有崇尚荣誉、牢记使命，努力掌握、专攻精练手中的武器装备，积极投身恶劣气候条件下的装备操作训练，踊跃参加最远距离射击、最复杂障碍驾驶、最激烈战术对抗等高强度、高难度、高险度训练，真正实现武器装备在自己手中运用自如、发挥最大效益，才能成为信息化战争时代的优秀战斗人才。

二、在苦练无坚不摧的过硬本领中超限成才

当前国家安全形势复杂严峻，未来作战将面临强大而凶恶的敌人，要实现“战之必胜”的目标，战斗人才就必须练出“无所畏惧、无坚不摧、无往不胜”的真本领、硬功夫，这就要付出常人难以想象的代价。跑出的骏马飞出的鹰，杀出的威风练出的兵。每个立志成才的战斗人员，都应当全面摔打自己，通过超常苦练，甚至打破人的生理和心理极限，不仅强健基础体能，而且精通多种技能，练出拿手绝活，成为一名优秀的战斗英才。

在重锤打铁猛火铸剑的实战化训练中超限成才。未来信息化战争烈度更强，战斗人员会面临特别艰巨、特别困难、特别关键的特殊任务，同时也要承受更大的精神压力和心理冲击。他们必须特别能战斗、特别能吃苦、特别能坚持，他们必须是由特殊材料“制成”的。为了造就这种特殊材料，必须经过特别严酷的训练和特别严峻的考验，把每次训练都当作打仗，真正实现实战化训练，完全按照作战要求来训练，练精实战技能，练实战法打法。这就需要在平时就着眼最复杂最困难的情况，接受严酷训练，以砥砺血性胆气，强化昂扬锐气，用血性擦亮制胜之刃，用虎气蹚出制胜之路。练就过硬打赢本领，成为优秀战斗人才，没有速成之法，最忌浅尝辄止。在作战部队各项军事训练中，只要横下一条心，吃得苦中苦，就一定能够排除万难，突破极限，练就自身强悍，成就自身才干。想赢与能赢、能战与胜战之间还有多少差距，军人就应当有多少苦练的付出。平时千锤百炼，战时则稳操胜券；平时精武强能，战

时则决战决胜。军事上苦练是革命战士的本分，是成为战斗人才的通则。今天训练不狠心，明天打仗会伤心。过硬的技术战术能力是苦练的结果，战斗人才是在平时无数次激烈“战斗”中拼出来的。

在专注锤炼高难度技术战术动作中超限成才。现在不少部队都按照特种作战要求来训练，要求战斗人才必须有一手或几手绝活，这样才能在紧要关头或关键时刻一招制敌、一剑封喉，达到制服对手、化险为夷的效果。不论在部队的哪个战位、岗位担负何种具体任务，只要安心岗位、心无旁骛、痴迷专业，对自己的工作产生发自肺腑、专心如一的热爱，保持臻于至善、超今冠古的追求，长时间执着地专注破解作战和训练难题，进入冰心一片、物我两忘的境界，坚持不懈从难从严从险苦练武艺本领，把技战术动作练到极致并成为习惯，把天赋的能力发挥到淋漓尽致，把习惯性动作转化成“肌肉记忆”和本能反应，实现人与武器的完美结合，就会有出类拔萃、巧夺天工的卓越，就会有雷打不动、脚踏实地的精进，从而就一定能够练就“高敌一环、多敌一米、快敌一秒、胜敌一招”的真实本领，练出“撼山易，撼解放军难”的锐气和豪气，做到关键时刻或紧要关头“一招制敌、一动控敌、一枪毙敌”，成为创造新理念、掌握新办法、驾驭新装备、拿出新绝招的新型战斗人才。

在挑战“不可能”的极限训练中超限成才。军事活动的挑战性越强，就越能激发立志成才的战斗人员的血性与胆魄。而挑战往往就要突破极限、超越极限，这是实战打仗的需要。因为未来战场情况之复杂险恶，往往是平时训练所无法完全模拟和预知的。平日训之“极限”，才是战时胜之“底线”。古人言：“欲得其中，必求其上；欲得其上，必求上上。”确定较高目标，有可能成为一名合格战斗人才；确定更高目标，才可能成为优秀战斗人才。战争不会网开一面，成为战斗人才必须标准从高、要求从严。突破极限、超越极限，对于新时代战斗人才的成长来说，既是险途，也是“捷径”。成长为一名优秀的战斗人才，就要敢当敢为，挑战极限，力求达到人员和武器装备结合的“临界值”。不论在作战部队的哪个战斗岗位，战斗人员都应当按照“严于实战、高于实战”的要求，多经历危局、难局、险局的摔打，特别是要经受极限训练，紧紧围绕人的生理极限、心理极限和装备性能极限来强化训练，最大限度挖掘人与武器装备的最大潜能。只有直面挑战，经常在不良气象条件、恶劣自然环境、生疏地形地貌、复杂电磁环境下进行适应性训练，才能逼出战斗人员的能力极限，练出战斗人员打赢制胜的卓越才干。

三、在潜心钻研破解难题的开拓进取中创新成才

战争千古无同局。军事领域是竞争和对抗最为激烈的领域，也是变化和意外经常发生的王国。很多东西都可以复制，惟有战争不行。随着装备技术更新换代步伐加快，人与武器装备相结合的难度越来越大、要求越来越高。每个战斗人员不仅应当虚心学习、勤于思考，尽快掌握武器装备操作要领，而且应当解放思想、敢为人先、不断创新，为形成和提升战斗力作贡献。只有这样，才能在未来战争中超越对手、压倒强敌，成为战之必胜的战斗人才。

在破解实战化训练难题中创新成才。在武器装备技术含量得到极大提高的信息化条件下，人对武器装备的完全掌握、人与武器装备的完美结合，是一个艰难而长期的磨合过程。这就需要战斗人员充分发挥主观能动性，创新思维，探求解决问题的办法和克服困难的思路。战斗人员以创新理念和创新思维去破解难题、解决问题的过程实际上就是成才成功的过程。成长为一名优秀战斗人才，不能仅仅满足于完成好“规定动作”，而是应当不断进取进步，努力创新创造。部队中许多战斗人员身上所体现出的批判性思维、旺盛求知欲、丰富想象力、自主意识、独立见解、执着禀性、独特个性，是探索发现作战规律所必需的人格特质，它不仅可以使官兵发现作战训练中的问题并使问题得到有效解决，而且可以产生一些新发现、新创意、新开拓，从而有利于创新型战斗人才的成长进步。创新驱动发展的新时代呼唤创新型战斗人才，创新型战斗人才必将驱动强军战车加速前进。

在探索战斗力新的增长点中创新成才。“军事领域是竞争和对抗最为激烈的领域，也是最具创新活力、最需创新精神的领域。”①军事创新出人才，军事创新也要靠人才。战斗人员要成才出彩，就必须破除守成思维和僵化观念，培养自己对于新事物的敏锐感知，紧盯部队战斗力建设需求，先试先行，寻求提高战斗力的新理念、新思路、新对策、新办法，在探索战斗力新的增长点中贡献自己的智慧，展现自己的才华。战斗人员不论在作战部队何种岗位战位，也不论使用何种武器装备，只要心里装着战斗力，脑中想着打胜仗，脚踏实地，锐意进取，敢为人先，那么都可以通过战法训法创新和技术创新而成才成功。

在超越过去、超越自我的进取中创新成才。战场往往是不对称的，但决定胜负的是持续不断的创新，而不是固守所谓的优势。世界上永远不变的就是变化，战斗人员凭借“一招鲜吃遍天”的时代早已过去。没有创新，即使昔日再强悍的战斗人才也会变得无立锥之地。世界上最好走的路是“套路”。对信息化时代追求打胜仗的军人来说，“套路”是一条危险的路，切忌“不能用过去的眼光来迎接未来的战争”。要保持能打胜仗的状态，就必须努力站在军事前沿、技术前沿，不断突破自我、超越自我，而不能固守优势，更不能死抱传统，必须勇于放弃曾经使自己成功的那一套经验、理念和“套路”，敢于否定过去，对变化保持敏感，对成功保持冷静，不断出新、不断创新、不断刷新，才能超越过去、超越对手，做到“人无我有，人有我精、人精我绝”。当前，军队规模结构和力量编成改革已经基本完成，有的官兵步入新的作战训练领域，探索之路充满艰辛；有的驾驭升级换代的新装备，能力转型迫在眉睫；有的转到新的岗位战位，工作压力陡然增大。战胜这些困难，挺住“重生”之苦，承受“拔节”之痛，必须开拓进取、持续创新、不断超越，才能让步子迈得更大，让转型来得更快，这也正是深化改革时期一名革命战士淬火历练、成长成才的必由之路。

---

① 《习近平关于全面深化改革论述摘编》，中央文献出版社，2014 年，第 112 页。

现代教育技术条件下提升教师素质的思考

国防大学政治学院基层政治工作系教授　李艳华

随着多媒体、人工智能和网络通讯技术的发展，现代教育技术展示了巨大的优势，主要体现在信息组织超文本方式、教学过程交互性、教学信息大容量存储、网络化传输、智能化处理等，不仅促成了教学手段多样化、教学信息丰富性、教学组织形式个性化，而且扩展了教育的时间和空间，使远程教育、职业教育成为可能，同时，也对教师的素质提出了更高的要求。

一、现代教育技术使传统教学模式发生了根本变化

传统教学中教师是教育信息的占有者，学生主要通过教师的课堂讲授来获取知识，这就决定了教师在知识、技能等多方面的权威性。这种教育模式适应了以知识传授为主要特点的传统教学，但这种教育模式极易使学习者只是被动地接受现成知识和已有的结论，不善于进行批判性思维，抑制了创造性的发挥，显然与现代教育提倡的创新能力培养不相适应。

现代教育技术的运用为教师和学生都提供了获取知识的多种方式，因而使教师与学生的知识掌握产生了交叉点，由此影响"教"与"学"的概念，使"教"与"学"的界限相对模糊，更多地表现为协商与探讨。这种教学模式下，教师不以"权威"自居，不把学生看作等待装水的瓶子；

学生不再笃信教师讲的即是真理，不可动摇，不必怀疑，而是可以尝试通过其他方式求解。求解的结果或是对教师讲授内容的补充与完善，或是对教师讲授内容的再认识，从而具备批判思维的意识，克服被动思维习惯。

现代教育技术的运用使教学手段与教学方式更加多样，为在教学中真正激发学生的主动性提供了条件。传统教学注重的是教师的传道、授业、解惑，由于学生知识获得渠道的单一性，因而更重视教师“教”的水平对学生“学”的影响，形成客观上的以“教”为中心。现代教学模式强调在教学中发挥学生的主动性，随着现代教育技术的运用，教学手段更加丰富，教学组织形式更加多样，特别是交互式教学、个别式教学的实现，“教”“学”双方可以实现及时交流，随时沟通。一方面，教师更容易掌握学生的学习情况，了解学生知识掌握程度，开展有针对性的指导；另一方面，更容易调动学生学习的积极性，提高对教学过程的参与程度，从而使教学过程充分发挥“教”与“学”双方面的积极性，形成以教为主导、学为主体的教学模式。

二、现代教育技术条件下教师的职能作用

现代教育技术条件下，在帮助学生建构知识结构的基础上，教师的职能由“教”转变为“导”，教师的角色主要不再是文化知识传播的中介，而是学生学习方法的指导者，这既是现代教育技术支持的结果，也是现代教育理论对教师实现职能的要求。

一是导师。引导，教师的责任首先要通过分析学生的学习兴趣和优长，帮助学生确立适当的学习目标，并确认和协调达到目标的最佳途径。指导，指导学生形成良好的学习习惯，掌握学习策略和发展认知能力，对学生在一定的问题情境中进行探索时碰到的问题或出现信息缺乏的情况适时给予指导与帮助，激发学生的学习动机，培养学习兴趣，充分调动学生的学习积极性。辅导，教师在教学过程中要为学生提供

各种便利，使他们能够很快找到需要的信息并利用这些信息完成学习任务。教导，教师是学生学习、生活中的朋友和榜样，教导学生塑造高尚的品德、完善的人格、健康的心理等符合时代精神的各种优秀品质。

二是课程设计者和开发者。教学手段、方式的多样化对教师而言其积极的作用是，使教师能够依据教学内容和教学对象情况选择适当的教学手段和教学组织形式。教学手段和方式的多样化并不能自然地实现教学质量的提高，而是需要教师恰当地选择和运用，因而教师的课程设计能力显得格外重要。对所有课程来说，教师需要规划课程内容、设计教学方式。

三是研究者。当教师被新技术从繁重的教学工作中解放出来后，减少了很多重复性、机械性劳动，可以有更多的时间和精力从事教育科研，教师的角色也应向“研究型”转换，成为名符其实的教育专家。同时，还要进行教学试验，研究创设不同的学习情境会对学生的学习产生怎样的影响；研究如何利用新技术提高学生高层次思维、解决问题的能力；总结概括不同课程教学中的重点、难点以及学生学习某门课程经常出现的疑点和难点，为设计制作多媒体教材提供资料和数据等。

三、实现教师角色的转变对教师素质的要求

现代教育技术的运用，实现教师角色的转变对教师素质提出了以下要求。

一是新知汲取能力。“新知”既包含某些学科的新动态、新发展，又包括大文化范畴中的新发明、新观念和新见解。教师应保持对新知识的热情，重视知识体系的建构并以系统和深入的思考消化新知，塑造自我。现代教育技术条件下，教师对新知识的接受有时是与学生同时进行的，只是教师在知识的积淀上要优于学生，更容易将零碎的，分散的信息整合起来，形成较为完整系统的知识体系。但这种优势也不是绝对的，前提是教师必须注重新知识的及时补充，否则就很容易处于被

动，难以实现对学生的指导与引导。

二是处理信息能力。现代社会对信息的占有和处理能力是获取知识的重要方式，信息社会的教育某种程度上可称为信息能力的教育。现代社会的教师首先应具备查询信息的能力，能够准确迅速地查询信息并进行分类、存储和检索。同时应具有处理信息的能力，能够对所存储的信息进行价值判断，合理取舍和重新组合之后，为己所用，把信息变成有效的知识，构建起新的知识体系，从而突破书本是知识主要来源的限制，用各种相关资料来丰富教学，扩充教学知识量，开阔学生思路。

三是运用现代教育技术的能力。现代科学技术的发展推动了教育技术的进步，计算机、多媒体等普遍应用于教育教学领域。教师必须掌握现代教育技术和相关学科知识，同时注重将现代教育理论与现代教育技术结合起来，充分发挥现代教育技术的优势，更新教育理念，适应现代教育的需要。

论联合作战指挥人才的联合培养

国防大学政治学院基层政治工作系教授　张培忠

现代战争是体系和体系的对抗，一体化联合作战成为基本作战形式。要健全三位一体的新型军事人才培养体系，特别是要把联合作战指挥人才和参谋人才、新型作战力量人才培养作为重中之重，加快推动建设高素质新型军事人才队伍。培养联合作战指挥人才是一项复杂系统工程，需要全军共同努力。以习主席指示为指导，加强联合作战指挥人才培养，需要探索建立联合培养机制。

一、军地院校联合培养

习主席指出，当前，部队技术构成日益复杂、知识密集程度不断提高，打仗讲究的是一体化联合作战。科学技术对战争形态和作战方式影响日益深刻，没有较高的科技素质和军事技能，连武器装备也操作不了，更别说能打仗、打胜仗了。联合作战指挥人才必须具有扎实的科学文化基础、广博的相关知识、及时更新的前沿科技知识、精通的专业技术水平和熟练的指挥技术操作技能等。军地院校联合培养指挥人才，既能保证人才科技素质提高，又能节省人力物力财力。

一是增强军队吸引力，扩大接收地方高校人才数量。为增强军营吸引力，切实把最优秀的人才招揽到部队，应结合当前军队政策制度改革，增大各种优惠措施力度，增加引进优秀高学历人才进入部队指挥岗位的数量，并通过完善制度，逐步建立起具有法律和制度保障、结构和规模合理、质量和效益较高的联合地方高校培养联合作战指挥人才的机制。部队“要用信任的眼光、欣赏的眼光、发展的眼光”看待他们，加强跟踪培养，搞好传帮带，保护他们的积极性和创造性，宽容其因一时不适应而出现的失误。在提职使用上要平等对待，用其所长，大胆破格使用。要注意倾听他们的呼声，关心他们的生活，热心帮助解决实际困难。

二是鼓励指挥军官到地方大学攻读学位。从以往情况看，部队与地方大学联合办学，存在专业以文科类为主、过分看重文凭、放松教学和考试标准等问题。应根据部队需要和指挥人员实际，从政策制度上进一步提高指挥人员的学习积极性，采取灵活的学习措施，如选派部分指挥人员到地方大学进行短期集训，解决部队急需，还可定期聘请地方高校专家来部队讲学，以提高指挥军官的综合素质。

三是建立顺畅的军校、部队和地方高校交流的渠道。军校、部队应主动帮助地方高校解决军训场地、设施、教练员不足等困难，把他们的事当成自己的事来办；地方高校应逐步开设军事专业课程，加大国防教育、军事教学的力度，并积极到部队送知识、送技术，帮助军校、部队解决实际困难。

四是实现军队院校专业基础课与地方大学的接轨。军队院校的专业基础课尽量采用国家统编权威教材。考试不能过分强调特殊，降低标准，放松要求。积极参加地方高校相同课程的联考、统考，如外语水平考试和计算机等级考试等。

二、诸军兵种联合培养

信息化时代，军队各军种及其新兵种随着武器装备的发展而不断涌现，作战力量的构成越来越复杂。现在，军种发展到 5 个以上，兵种发展到上百种，各种专业分工越来越细，专业技术项目达上千种之多。联合作战指挥人才必须熟悉和精通相应诸军兵种知识，掌握诸军兵种作战的要求、特点和原则,必须是一专多能或多专多能的“全才”“通才”。联合作战指挥人员不能仅仅从书本上了解其他军兵种,必须改变一个人从入伍到退出现役“死守”同一军兵种“从一而终”的现状,使指挥员有尽可能多的在各军兵种院校、部队学习、任职的丰富经历。

一是打破各军兵种独立办学模式。应改变按军兵种甚至是武器装备的类型设院校、按装备型号设专业的状况,因其容易导致“烟囱”林立、重复办学、指技分离、缺少横向交流、办学效益低下等问题,造成学合成或联合的不懂军兵种,学军兵种的不懂合成或联合,学员知识单一,眼界狭窄,跨军兵种的联合素质差,难以适应联合作战指挥的要求。可把各军兵种的中级指挥院校合并成一体化的联合指挥大学,把各军种内部的初级指挥、技术院校合并成立指、技合一的军种综合性大学。

二是加强各军兵种一体化指挥训练。“仗在一起打,兵就得在一起练”。联合作战指挥能力的形成,必须靠平时严格的一体化训练。应改变单一军兵种训练模式,加大一体化联合训练力度。各军兵种指挥人员应提高一体化训练的积极性和主动性,增强参与意识、“主角”意识和联合意识,共同搞好一体化联合训练,在实践中提高联合作战指挥能力。

三是完善指挥人才跨军兵种轮岗交流制度。有多个军兵种工作的经历有利于提高一体化联合指挥的素质能力。跨军兵种轮岗交流,可分为军种之间的轮岗交流和军种内部兵种之间的轮岗交流。军种之间轮岗交流,主要应在各军种高级指挥人员间进行,可使指挥人才掌握不同军种知识,熟悉各参战军种武器装备的战术、技术性能和指数,增长不同军种的指挥能力和经验,从而为提高一体化指挥能力打下基础。军种内部兵种之间的轮岗交流,可在中、初级指挥人才中实施,以解决本兵种指挥员不懂其他兵种战术指挥、一体化指挥能力不强等问题。

三、军政后装联合培养

联合作战融各条战线的斗争为一体,打的是“政治—军事仗”“经济—军事仗”或“军事—外交仗”。所以，对联合作战的时机、打击的目标、毁伤的程度、使用的力量、作战的规模、作战的样式、作战的阶段等问题的运筹，不能单纯从军事角度出发，必须结合政治、经济和外交等因素一并考虑。联合作战本身对政治工作、技术和后勤等保障的依赖度也越来越大，要求也越来越高。因此，联合作战指挥人才必须具有很强的政策策略水平、高度的战略全局观念、精明的经济头脑、开阔的国际视野和较强的外交斗争意识以及精通的国际法、战争法知识等。

我军干部为分成军事、政治、后勤、装备等类干部或指挥、技术类干部，相互之间较难跨越，往往是一个专业干到底，某一类干部的提拔、补充，大部分只从本类干部中考虑，从而导致干部按军、政、后、装、技单线发展，经历、素质、能力单一。虽然近些年来这种状况有所改善，但还没有形成制度体系。应加大交叉任职、螺旋式生长等措施的力度，尽快出台联合作战指挥人才交流轮岗条例，加大军事、政治、后勤、技术岗位之间交叉任职力度，有计划地进行轮换交流。

四、院校部队联合培养

一是军事院校要深化教育教学改革。要深入贯彻习主席在全军院校长集训开班动员会上提出的坚持党对军队绝对领导，为强国兴军服务，立德树人、为战育人，培养德才兼备的高素质、专业化新型军事人才的新时代军事教育方针。要根据联合作战需要“复合型”“综合型”人才的要求，按照军事与政治、军事与技术、文科与理工科交叉培训原则开设课程，突出新技术、新知识、新装备教学。加强基础课程，拓宽专业覆盖面，尽快建立与未来联合作战相适应的新一代教材体系。加强联合作战课程，开设与联合作战相关度高的基础理论与技能课程。基础课要融入更多高新技术含量，突出计算机应用技术和网络技术教学。专业课要以新装备教学为主。军事专业课要学习研究信息战、网络战等理论、战法和训法，加大指技合训规模。要强化实践性课程，拓宽非正式课程，进一步加强案例、实验、实习、演习、现场(地)教学、作战模拟等实践性课程，提高学员组训能力、指挥打仗能力和解决问题能力。

二是部队要搞好对指挥人才的继续培养。要搞好传、帮、带，促使指挥人才尽快把在院校学到的知识转化为实际工作的能力。要抓好指挥员的继续教育，积极帮助各级作战指挥人员更新知识、增长才干。要加强部队与机关之间的轮岗交流。机关人员在任现职期间应定期到部队担任一定职务，积累部队工作经验；部队干部也要定期到机关任职。

三是加强作战部队与院校之间干部的轮岗交流。如军校教员可短时间离岗，参加部队大型演习、演练等训练活动，也可到执行重大多样化任务的部队锻炼、见习。选拔优秀的、有发展潜力的教员到作战部队任职发展。部队优秀的指挥和技术人才可选调为院校教官，为以后再次到部队任职加油、充电。加强以军官职业化为核心的一系列制度建设，使部队与院校之间的轮岗交流成为常态。

四是院校与部队的教育训练要一体化。传统上，院校与部队的教育训练是两个不同的体系，构成了指挥人才教育训练两个完全不同的阶段。科学技术的飞速发展为二者提供了有机结合的突破口，如现代化的网络教学手段和模拟仿真技术，可以作为连接二者的桥梁。院校的教学资源可以通过网络与部队共享，部队进行的各种训练，院校可以通过网络直接参与。

军校教员要做尊法学法守法用法的排头兵

国防大学政治学院基层政治工作系教授　张　鑫
国防大学政治学院基层政治工作系副教授　邹海宁

党的十九大报告为中华民族的伟大复兴绘就了宏伟蓝图，确立了全面推进依法治国战略布局。党的二十大报告进一步强调，全面依法治国是国家治理的一场深刻革命，关系党和国家长治久安。必须更好发挥法治固根本、稳预期、利长远的保障作用，在法治轨道上全面建设社会主义现代化国家。依法治军是依法治国的重要组成部分，军校教员是依法治军的宣传者、推动者、实践者，带头尊法学法守法用法是其应有之责。发挥军校教员在依法治军中的示范引路作用，应注重以下在“四个方面”聚焦用力。

一、主动尊法，在敬畏法律法规上聚焦用力

尊法即对法律的尊崇和敬畏。中央军委主席习近平指出，依法治军关键是依法治官、依法治权。军校是培养军队各级干部的重要阵地，军校教员担负着教育引领军队各级领导干部自觉尊法的重要职责。尊法是学法守法用法的前提和基础，习主席把尊法放到了学法用法守法之前，是对尊法重要性的进一步强调。尊法即尊崇法治，是人们对法律法规发自内心的认可、崇尚和遵守，就是要让法治信仰、法治理念、法治思维在我们的内心深处占有重要位置，从内心深处敬畏法律法规。

1. 敬畏法律的神圣。国无法不治、民无法不立、军无法不强，国家和军队的法律法规是治国强军最重要最基本的规矩。党的十八届四中全会要求各级领导干部要对法律怀有敬畏之心，强调依法治军在于法之必行。军法如刀，刀刀“见血”方能令行禁止。军校教员作为依法治军的排头兵，不仅要模范遵守国家和军队的法律法规，更重要的是要高度信任、信赖法律法规，自觉培育自己的“尚法”理念和法治信仰。这样才能对学员言传身教，引导学员树立权由法定、法依权使的法治观，时刻把法律法规作为最高崇尚的标准，牢记法律红线不可逾越、法律底线不可触碰，带头遵守法律敬畏法律。

2. 敬畏法律的威严。作为军校教员是有责任维护法律的权威的，应从工作中反思自己对法律的敬畏够不够，有没有以自己的实际行动影响到学员，让学员敬畏法律的威严，心中高悬法律的明镜，手中紧握法律的戒尺，知晓为官做事的尺度，清醒认识违法的后果。让学员头顶常悬“达摩克利斯之剑”[①]，牢牢守住红线铁律，深刻理解“畏法度者乐”这句话的真正含义，带头敬畏法律的威严。

3. 敬畏法律的公正。公平正义是法律的首要价值和最高价值，是人类社会长期以来孜孜不倦的共同追求，也是衡量社会文明与进步的重要标准。随着经济的发展、社会的进步，依法治国和依法治军的不断推进，法治思维和法治理念正逐步在广大官兵的心中确立，官兵对法律公正的要求愈加强烈。军队是社会的一个缩影，军校教员作为依法治军的排头兵，有着一定的影响力，一不小心就会成为违规违纪的说情者、保护伞，或自己成为寻求法外照顾的个别人。这些现象严重背离了立法的初衷，违背了法律公正精神。军校教员要主动与这些违法行为作斗争，摆正自身位置，牢固树立法律面前人人平等的观念，把敬畏法律的公正性深刻脑中，固化自己尊法的言行，带头尊法，引领广大学员

① 人民日报评论员：《领导干部要做尊法学法守法用法的模范——三论学习贯彻习近平在省部级专题研讨班重要讲话》,《人民日报》2015 年 2 月 9 日。

敬畏法律的公正性。

二、带头学法，在培塑法治思维上聚焦用力

熟知法度方能循规蹈矩。学法、懂法是守法、用法的前提，方知事有可为，有不可为。军校教员不懂法律法规，就是不称职，就是新的“文盲”[①]。这就要求军校教员必须认清自己所肩负着的重要历史责任，要做学法的模范，带头学习法律，了解法律，丰富法律知识，不断提升法律意识和法治素质，进而树立法治理念，使法治思维植根心底。

1. *厘清学习内容*。我国的法律体系博大精深，即使是专业的法律工作者也很难完全穷尽其内容。军校教员受所学专业所限，能够掌握的法律知识往往有限。但是，要根据自己的教学需要，有侧重地学习那些应知应会法律法规和相关理论。首先，要认真学习有关依法治军的重要论述，系统学习中国特色社会主义法治理论，理解掌握党和国家依法治国和依法治军的方略，准确把握党和国家推进法治的思维理念和立场方法。其次，要掌握宪法、刑法、民法等基本的、重要的、常识性的法律，对这些法律、法规不仅要熟知内容，还应知晓法理，以及立法相关精神，尽可能地扩大自己的法学知识面。最后，要精通与所担负教学的专业领域密切相关的军事法规，不仅要熟知、熟记和熟练运用，还应能精准解读具体内容和相关要义。

2. *抓住学习关键*。军校教员对于法律的学习也应善于抓关键。首先，站位点要高。作为依法治军的宣传者、推动者、实践者，军校教员对法律的学习不能仅仅局限在对法律条文的学习掌握上，而是要在弘扬法治精神的站位点上学习法律，准确定位自己在依法治军中的角色，从而进一步认清学习的目的和意义。其次，针对性要强。学习法律的

① 李昆明：《高悬达摩克利斯之剑——论依法治军从严治军的文化支撑》，《解放军报》2015年5月28日。

过程是一个发现自身问题解决自身问题的过程。军校教员要善于在学习过程中反思自身与法治要求不相适应的问题和短板，找准自身的差距和问题所在，针对差距和问题固强补弱，提升学习的效益。最后，指向性要明。军校教员学习法律的指向性要明确，要把学习法律的过程不仅作为提升法治素养和法治意识的过程，更重要的是要把学习法律的过程作为强化法治理念、培塑法治思维、铸牢法治信仰的过程。

3. *掌握学习方法*。军校教员教学任务繁重，专题学习法律法规的时间难保证，因此在学习法律法规上要结合工作不拘形式，注重从依法治军的实践中学习提高。注重向实践学。从推行法治的实践中学习法治无异于在战争中学习战争，这是我党和我军的优良传统，更是行之有效的学习方法，更直接、更直观有效。注重向广大官兵学。军校教员要注重到基层部队，置身广大官兵中，深入官兵，拜官兵为师，了解依法治军的各种情况，使学习更接地气。注重向身边人学。作为教书育人者，军校教员在知识结构和素养上有长短，谦虚真诚学习身边的人和事，更易在比较中找出短板，更便于随时请教。注重向专业人员学。当前，军校有大批法学专家和法律专业人才，非法学专业的军校教员可以充分利用身边资源，找这些专业人员结对子、当导师、做顾问，是较科学的学习模式，在学习中也更专业、更直接。学习方法决定学习效果，军校教员更应注重学习方法，掌握学习技巧，提升学习效益，才能不断提升自身的法律素养。

三、严格守法，在打造示范效应上聚焦用力

“风成于上，俗化于下”，这句古训至今仍值得我们学习借鉴。军校教员的行为，影响力大、辐射面广，广大学员看在眼里、记在心上，并且会在言行中效法。因此，军校教员在守法上要为广大学员做出榜样，以上率下，喊响“看我的”，发挥标杆作用，打造示范效应。

1. *做带头守法的楷模*。孔子曰，“其身正，不令而行；其身不正，虽令不从”。军校教员天天与广大学员打交道，他们的一言一行皆会对广

大学员产生示范性的影响。所以军校教员要做守法的楷模，为广大学员做榜样，严格依法律己，带头遵纪守法。时刻牢记法律红线不可逾越、法律底线不可触碰。将守法的意识内化于心，外化于行。做到党纪政纪军纪日日不忘，认真遵守，法律法规天天铭记，绝不逾越。不断强化守法意识，养成守法习惯，坚持不懈将守法贯穿到教学和生活的方方面面，将守法变成自觉自愿和自然而然的行为。用法律规范自己的一言一行、一举一动，在校园中营造守法的风气、提倡守法追求、引领守法的潮向，让广大学员学有榜样，赶有目标。

2. 做捍卫法律的卫士。习近平主席强调，领导干部都要牢固树立宪法法律至上、法律面前人人平等、权由法定、权依法使等基本法治观念，对各种危害法治、破坏法治、践踏法治的行为要挺身而出、坚决斗争。这就要求军校教员不仅要带头引领学员遵守法律，还应勇于捍卫法律。在依法治军的进程中，难免会遇到危害法治、破坏法治、践踏法治的人和事，同这样不法行为作斗争是军校教员职责所在。面对这些问题时，自身首先要“过得硬”，要果断表明立场，不仅要敢于说“不”，还要敢于“亮剑”。同时，教育学员在“执法”和“护法”过程中，不讲情、不手软、不回避、不推诿，勇于负责、敢于担当。时刻不忘自己的在依法治军中的责任，与不法行为作坚决斗争，扬正气、压邪气，自觉捍卫法律的尊严。

3. 做弘扬法律的先锋。法国大革命先驱者卢梭说，一切法律之中最重要的法律，既不是刻在大理石上，也不是刻在铜表上，而是铭刻在公民的内心里。这句话给我们的启示是，让守法意识根置于广大官兵的内心深处，是依法治军的关键。在依法治军的实践中，宣传弘扬法律本来就是军校教员的责任所在。因此，军校教员不仅自己要严格守法，还要积极主动弘扬法治精神，宣传守法观念，引领广大学员严格守法，认真做好一个普法宣传员，并以此作为自己的职能使命。引导学员在工作实践中，注重将法律的宣传渗透到各项工作中，发挥自身的专业优势和影响力，带头守法、讲法、论法，为法治的信仰植根于军营文化、法治的精神融入官兵的血脉贡献力量。

陆军合成营指挥人才培养初探

国防大学政治学院基层政治工作系副教授　张进明
国防大学政治学院基层政治工作系副教授　程　虹

随着军队规模结构和力量编成改革的落地落位，陆军合成营这支新型力量结构应运而生。而陆军合成营指挥人才的培养，也对院校教育提出了崭新的现实课题。特别是在当下推进国防和军队现代化建设、构建中国特色现代作战体系、提高军事人员现代化水平、把我军全面建成世界一流军队的目标进程中，加强合成营指挥人才的培养显得尤为紧迫和重要。

一、确立陆军合成营指挥人才核心能力构成

合成营作为陆军合同战斗或联合战斗的基本战术单元，其指挥人才在未来独立遂行战斗任务中，肩负着直接组织计划和协调控制作战行动、直至取得作战胜利的重大使命和职责，这对合成营指挥人才的能力素质提出了更高要求。而精湛、高超的作战指挥能力，是合成营指挥人才能力素质的核心能力。这一核心能力主要包括以下三个方面。

1. 很强的联合作战意识。随着联合作战向战术方向发展，要求陆军合成营指挥人才，必须要确立体系作战、信息主导、合力制胜、战场互联、协调行动的理念和意识，并以联合为“灵魂”和“主线”，有效解决好作战要素如何“联”、作战力量如何“用”等关键问题，还要处理好正确分

析作战形势、正确判断作战情况、科学制定作战方案等重大问题，更要统领整个作战中的各种力量、各个战场、各个作战阶段、各种作战行动，运用系统集成的方法进行科学构思和总体设计，达成力量上的联合、行动上的联合以及各个战场、各个作战阶段的衔接，使整个作战在目的性、整体性和连贯上高度一致，最大限度地形成和发挥整体威力。

2. 扎实的合同战术素养。陆军合成营作为高度合成的战术分队，是合同战斗的基本战术单位，要求其指挥人才必须具备厚实的合同战术素养。要有丰富的合同战术理论知识。掌握本级战术理论、合同作战知识和军兵种知识，将本级的战术指挥、战法运用和战斗协同搞清楚，熟知所属战斗力量的特点和运用。要有强烈的协调作战指挥意识。通过指挥基础技能训练和专业指挥技能训练，锻炼领会意图、判断情况、分析形势、定下决心、兵力运用和指挥控制的能力。要有高超的合同战斗指挥能力。加强多兵种合成技能训练，增加合同作战背景下协同作战指挥训练内容，打牢协同作战指挥基础，提高协同作战指挥能力。

3. 过硬的分队指挥技能。信息化条件下的局部战争，具有小行动、大背景、小战斗、大影响的特征，运用小分队、小力量单独遂行作战任务的时机将更加频繁。这就要求合成营指挥人才还必须具备很强的组织和指挥分队作战能力。要具备信息收集处理能力。能够熟练操控指挥信息系统并通过多种方法、多种渠道采集信息，善于分析处理、迅速选择和高效运用信息。要具备准确理解上级作战意图能力。能够身处局部而胸怀全局，一切战斗行动的筹划设计、组织实施都要符合上级作战意图，服从联合作战的全局需要。要具备快速决策能力。在现代战争作战节奏快、攻防转换频繁、战场情况瞬息万变的情况下，要善于快速谋划决策，提高决策的效率和精确性。要具备组织谋划能力。能够根据上级命令和本级决心，对所属作战力量的作战准备和实施，作出周密部署和计划安排。要具备指挥控制能力。能够根据作战行动的具体情况，科学分析、精确判断、果断决策，并及时协调作战行动，有效掌控作战进程，实现作战效益的最大化。

二、把握陆军合成营指挥人才培养基本原则

作为合成营指挥人才培养主渠道的军队院校，必须认真把握我军现代化建设发展方向，依据信息化条件下新型军事人才培养标准，确立陆军合成营指挥人才培养的基本原则。

1. 瞄准一流，引领发展。党的十九大报告提出了要推进军事人员现代化、全面建成世界一流军队的目标要求。陆军合成营指挥人才，作为联合指挥军事人才成长的基础和源泉，对其培养必须以“一流”为根本价值追求，以军事人员现代化为目标导向，以信息主导、需求牵引、联合共育为核心要义，立足当前部队建设实际，着眼信息化条件下作战样式、作战手段和武器装备等新发展，着眼合成营力量编组、指挥流程和作战运用等新变化，确立高起点的教学目标，树立更先进的教学理念，构建更科学的教学体系，建立更完善的教学设施。努力使院校成为引领部队作战理论创新、新型军事人才培养和训练模式改革的重要基地。

2. 聚焦作战，能力为本。院校教育是军事人才培养的主阵地、主渠道，培养军事人才所具备的决战胜战能力是军事教育的核心价值指向。陆军合成营作为现代战争的基本作战单元，其指挥人才在遂行战斗任务中，担负着直接谋划决策、组织协调、指挥控制作战行动的重大职责，对他们能力的培养必须始终瞄准战场、聚焦作战，把提升岗位任职能力摆在核心地位并作为教学的最终目的。要适应未来战争和部队建设发展需要，针对合成营岗位要求和作战任务特点，科学搭建合成营指挥人才能力素质模型，并以此确立培养模式，牵引课程结构、组训方式、教学内容和方法手段的改革创新。

3. 基于体系，信息主导。现代战争是基于信息系统的体系作战，各种作战要素、作战单元、作战系统相互支撑、相互融合。信息已融入作战决策和行动的各个环节，成为战争胜负的关键因素。陆军合成营

是以信息系统为支撑、以体系联动为重点的新型陆战单元，在遂行作战任务中，具有战斗行动整体联合性强、需要实时掌握情报信息多、指挥控制信息化程度高等特点。这就要求院校培养的合成营指挥人才，必须具备较强的信息获取和认知、信息选择和运用的能力。把学习信息化知识、运用信息化系统、掌握信息化装备、研练信息化战法、增强信息化素养作为教育训练的重要内容，并借助现代教育技术，革新教育训练手段，优化教育训练环境，促进人才培养向信息化深度转变和发展。

4. 坚持开放，联合育人。当今世界是全球化、开放性的世界，任何国家和军队的教育都是和世界教育发展紧密联系、开放融合的。军队院校要培养思维理念先进、眼光视野宽阔、面向未来战场的合成营指挥人才，就必须强化联合开放的育人思想。要充分借助国内外、军内外人才培养的先进理念、优秀成果和优质资源，实施联合人才培养设计、联合课程体系构建、联合教学训练保障、联合师资队伍建设，努力形成机关、部队、院校相结合，个体训练、多机构训练、联合训练相衔接，岗位实践、实战锻炼相渗透，多渠道、多环节、全方位的合作办学、资源共享的整体运行机制。

三、构建陆军合成营指挥人才培养教学体系

依据合成营指挥人才能力素质和培养的原则要求，遵循军事教育教学的基本规律，构建整体联动、有序衔接、重点突出、互为支撑的合成营指挥人才培养教学体系。

1. 构建以战为主、战建一体的课程内容体系。一是构建作战指挥类课程内容。主要包括本级作战指挥层级的战役战术、作战指挥、作战保障、后装保障、战时政工、作战对手研究等课程，突出合成营体系编成内各种作战、保障、支援力量的作战运用，以及信息系统、情报侦察、攻防战斗、火力运用的教学研究，并充实联合作战行动和新型作战力量运用等内容。二是构建部队建设类课程内容。主要包括政治理论和部队

训、管、后、装等课程，突出合成营思想政治领导、战术训练理论、军官编组作业、人员和装备管理以及具体工作实践中重难点问题的研究和教学。三是构建素质拓展类课程内容。主要包括战略思维、国家安全、国际关系、军事思想、现代科技、人文历史等课程，以拓宽学员知识视野，培养学员军事职业素养、人文科技素养和战略思维素养。

2. 构建基于运用、强化能力的方法手段体系。一是开展战例研讨。要围绕合成营未来作战模式和作战对手来精选战例、开展研讨。通过对典型战例的战术思想、战法技法、兵力运用的解剖和分析，来加强信息化条件下合成营作战筹划、指挥控制、战斗行动、战法运用、支援保障等问题的研究。二是组织想定作业。一方面，要抓好基本课题的想定教学，加强学员作战指挥基本程序、内容和方法的训练；另一方面，要抓好专项课题想定教学，加强学员在特定作战对手、特定作战环境下的作战指挥能力训练，以满足不同战略方向学员岗位任职的特殊需求。三是强化综合演练。要紧贴合成营担负的作战任务设置演练课题，按照作战各环节设计演练内容，突出基于信息系统的全要素演练、全员额编组，着力提升学员指挥打仗能力。

3. 构建立足全域、配套完善的条件保障体系。要针对当前院校训练保障存在的“场地少”“类型单”“硬件缺”“软件弱”等不足，加大投入、创造条件、拓展途径，加强教学训练保障条件建设。一是整合军事指挥院校和部队训练机构的教育训练资源，建立布局合理、规模适当、设施完备、综合集成、信息化程度较高的大型陆军合同训练中心和兵种专业训练中心。二是推进模拟训练场地建设，在院校和部队比较集中的地区，建设大中型城市巷战、山地丛林作战、高海拔地区作战、沙漠戈壁地区作战的模拟化训练场地，训练学员对各种地形条件下的作战适应能力。三是加强装备保障条件建设，将最新型号武器装备配发院校，优先保障教学需要；自主研发“合成营战术模拟仿真系统”“合成营指挥训练辅助系统”等，为学员进行战术训练、指挥训练提供先进平台。

4. 构建晓于实战、为战教战的师资力量体系。要优化师资力量结构。突出抓好专职教员选拔，设定任教资格标准，注重从军兵种优秀毕业生、部队优秀指挥员和参谋人员以及军委机关中选拔专职教员。与作战直接相关且应用性实践性强的教学岗位，要注重选调部队优秀教官来担任。走开高中级优秀指挥员到院校讲课的路子和聘用退役军官军士担任教员的路子。要加强教战能力培养。院校除采取集中培训、岗位练兵、教学比武等方式来加强教员业务能力培养外，还要有计划安排教员到有关军事院校进修深造，参加部队重大演习和训练活动；选派指挥专业教学急需的、有发展潜力的教员，到外军院校学习或出国考察访问。

5. *构建深度融合、多方互动的联合训练体系。*一是加强陆军军兵种院校之间的联合训练，特别要与陆军合成营编成、装备、作战任务密切相关的军兵种任职教育院校，联合开展军兵种主战武器装备教学和军兵种作战运用教学。二是加强与部队的联教联训联考，在相关兵种训练机构建立教学实践基地，组织学员进行现地教学和实装教学；邀请部队优秀军事领导干部，就部队作战训练和建设发展的重难点问题作专题报告，开展研讨交流。三是充分利用地方优质资源开展教学训练，组织学员到地方红色教育基地、改革开放纪念地、重要人物纪念馆、大型国企、兵工企业等开展现地教学；邀请地方专家学者和党政机关领导，作形势政策报告和社会热点问题讲座，开阔学员视野，促进理论与实践结合。

适应现代化军事人才队伍培养需要建设创新型教员队伍

国防大学政治学院基层政治工作系教授　张蕾蕾

人才是强军兴军的第一资源，建设一流军队必须要有一流的军事人才。党的十九大报告把包括军事人员现代化在内的“四个现代化”，作为国防和军队整体布局重要有机组成部分提出来，反映了我们党积极适应世情国情军情发展变迁大势，加快推进军事人员现代化建设的战略考量和时代担当。而人才培养的关键在院校，院校教育的关键在教员。随着院校编制体制改革的顺利完成，人才培养模式也需要实现现代化转型。在此过程中，必须牢固树立“教育者先受教育”的理念，更高起点、更加有效地推进创新型教员队伍的建设。

一、创新型教员队伍素质结构的基本特征

教员的知识能力和素质结构既直接决定着院校的办学水平和人才培养质量，也不断随着教育功能和属性的改变而改变。人才培养模式的现代化转型提出了建设创新型教员队伍的迫切要求。军校创新型教员除应具备一般教师必须具备的基本素质外，还必须具备如下能力素质。

全新的教育理念。其中切实确立起以学员为主体的观念最为重要。认识到学员不是被动地接受教育，而是具有用主观能动性的学习

主体;相信学员的潜力和发展潜能,自觉认识到学员是具有一定知识结构基础的成年人,教育活动要以尊重学员为基础;认识到教育的着力点在于挖掘学员潜能,使每一个学员各方面的素质都能得到全面发展。

多元的知识结构。能掌握现代教育理论,特别是教育新观念和军校学员身心发展规律;学习和掌握素质教育和创新教育的原理和方法,并有意识地运用到教育教学实践活动中;掌握现代教育技术手段;知识专博统一,有广泛的管理学、心理学等其他学科知识。

丰富的拓展能力。具有确认和发现信息的能力、信息选择和简化的能力、信息分析和分类的能力、处理和保存信息并应用新技术的能力(如可以熟练使用各新媒体工具),从而获取新知识,扩充新知识,避免知识老化,适应知识以几何级数增长的现代教育的需要。

娴熟的教学艺术。掌握有利于培养学员创新精神和创造能力的教学技巧,注意启发学员思考,鼓励学员自己去发现问题、提出假设并亲自实践;与学员平等交流沟通,形成师生、学员间相互合作;鼓励学员积极发表见解和独立进行问题分析与评价。

扎实的教学科研能力。教员具有较高的理论水平和精深的专业知识,是胜任军队院校教育工作的重要条件。教员要针对人才培养需要,不断学习新的理论知识,及时吸纳科技发展的前沿知识和科学研究的最新成果,认真分析世界范围内局部战争的新特点,突出新理论、新技术、新装备、新战法的教学。

总之,创新型教员应该成为具有创新能力、创新技法、创新思维的专业人才,不泥古、不守旧、不盲从,锐意创新、开拓进取,真正把教育看成是一项富有创造性的工作,在不断探索教育教学规律的基础上,最大限度地提高现代化军事人才培养的质量和效益。

二、创新型教员队伍素质建构的主体作用

强军兴军,人才为本。没有素质过硬、能力卓越、浩浩荡荡的现代

化军事人才作支撑，强军伟业难以实现。院校作为人才培养的主渠道，越来越受到高度重视；教员作为“未来军官之师”、人才培养的直接实施者备受关注、责任重大，必须适应现代化军事人才培养要求，积极主动作为，注重强化“四种意识”。

1. *以服务“打赢”为己任，强化“首位”意识*。随着军事斗争准备和现代化建设深入推进，军队的人才队伍需求越来越紧迫，高素质新型军事人才不足、人才适应关键岗位的核心能力不足等矛盾越来越突出。习主席指出，“我军现代化水平与国家安全需求相比差距还很大，与世界先进军事水平相比差距还很大”“我军打现代化战争能力不够，各级干部指挥现代化战争能力不够”。这“两个差距很大”“两个能力不够”的问题依然是横亘在强军征程上的“泸定桥”。我军面临十分严峻的挑战，既要完成“追赶”的“补差”任务，还要完成“跨越”的“争先”任务，任重而道远，而人才建设则是其中最根本、最突出、最紧迫的任务。能不能培养出打赢未来战争需要的高素质人才，教员的责任重大，教员应增强培养人才的紧迫感和使命感，急“打赢”之所急，知“打赢”之所需，按照未来战争需求竭尽全力为“打赢”培养人才。

2. *以造就“英才”为牵引，强化“精品”意识*。问题是时代的声音，重大问题更是时代强烈的呼唤。习主席指出，“我们中国共产党人干革命、搞建设、抓改革，从来都是为了解决中国的现实问题”，他多次强调“要更加强化问题导向，注重解决实际问题”。习主席提出军事人员现代化这一命题，正是在适应时代需要、回答时代问题过程中提出并不断发展的。与世界军事强国相比，我军在人才上的差距十分明显。人才素质的滞后，已成为推进中国特色军事变革的瓶颈。因此，教员必须以高度负责的精神，殚精竭虑育“英才”，精益求精出“精品”，努力培养一大批适应未来战争需要的高素质人才。

3. *以启迪“思维”为基点，强化“创新”意识*。军事人员现代化培养的重要目标之一是培养学员的创新能力，而创新能力的培养，是一个长期的渗透过程。当人们处于知识浓度高、创新气氛浓的环境中，通过相互接触和渗透，低水平就可以向高水平靠拢。不管是科学领域的“人才链”现象，还是战争年代的“将才团”现象，都是这种规律的表现。教员在营造学员中的这种创新环境方面，既有重要责任，更有突出优势，必须积极作为。

4. *以驾驭“未来”为着眼，强化“超前”意识。*人才强则事业强，人才兴则军队兴。党的十八大以来，习主席洞察时代风云变幻，就人才队伍建设的重要性和紧迫性问题，反复强调加强高素质干部队伍建设，大规模培养高素质新型军事人才，是实现强军目标的战略性要求。以习主席的重要论述为指引，全军部队加强人才队伍建设，构筑军事人才高地，成效显著。一批创新团队快速崛起，一批新型指挥员百炼成钢，一批信息化尖兵开始唱主角，一批专家型军士走上关键岗位，一批高素质新型军事人才脱颖而出。高素质新型军事人才方阵的这种集团式发展，为有效推动强军实践提供了有力支撑。但必须看到，当今时代世界新军事革命发展速度之快、范围之广、程度之深、影响之大，实为罕见。军队现代化建设正加紧战略转型，思想观念、组织形态、作战理论发生了重大变革和重塑。这些都给人才培养提出了更高的要求和更现实的挑战。教员必须具有超前意识，善于借鉴发达国家军队人才培养的成功经验，以超前发展的观念开启人才培养的新思路，真正按照未来战争需要去培养人才，着眼未来的发展变化，筹划今天的教育，培养明天的人才，把握未来战争的主动权。

三、创新型教员队伍素质培育的体制机制

军队院校体制编制改革的顺利完成，为创新型教员队伍的建设奠定了良好的基础。能否抓住当前有利的条件，进一步完善创新型教员队伍素质培育的体制机制，是推进现代化军事人才队伍建设的关键所在。具体而言，需要着力构建以下三项机制。

1. *广学博采“走出去”，构建形式多样的教员培养机制。*只有“走

出去”,与部队、地方、外军教育机构广泛交流,才能开阔视野,广学博采,提高创新能力。“走出去”的方式主要有以下几种:一是离职进修。具体是指有计划地选派教员离职到相关院校学习深造。可采取校内进修、其他军校进修、地方高等院校进修和国外进修等多种方式相结合进行,有利于教员不断完善自身的知识结构,使之朝着综合性和创新型的方向发展。二是在职自修。由于教员离职进修要受诸多条件的限制,因此多数教员需要在教学实践中逐步培养提高。各院校应经常组织教学观摩,通过公开课、示范课、教学竞赛等形式,使教员学他之长,补己之短。三是部队调研。军校任职教育的教员应经常深入部队调查研究,了解部队的实际情况,掌握部队面临的具体任务,研究部队出现的新问题。经常性地深入部队调研,一方面可以丰富教员的军事知识和专业知识;另一方面教员通过深入到部队基层,观摩部队训练、演习,获取一手资料,吸纳部队各种先进经验,充实教学内容,使之更具指导性和前沿性,教学才能更贴近部队实际。四是部队代职。院校中有部分教员来自地方院校或仅仅经历了学历教育,缺乏部队的实际工作经验。因此,各院校应有计划地安排这部分教员到部队代职从事具体工作,锻炼教员军政素质,熟悉部队实际情况,积累实践经验,增强教学的针对性。

2. 兼收并蓄“请进来”,建立教员的引进和交流机制。一方面,可以利用全军的人才资源优势选拔教员。院校既可以通过集训学习、学术交流、训练演习等途径发现人才,选拔教员,也可由部队首长推荐,将本单位学识较高、军政素质突出、工作经验丰富的干部,选调到教员岗位上来,这就可以充分发挥“外力”的作用,弥补院校专业教员的不足。另一方面,建立军校教员与部队干部的岗位交流机制。通过院校教员与部队干部定期的岗位交流,不仅为部队输送了人才,而且也为院校输送了适合从事任职教育的教员,借助“外面”的智力优势,保证院校跟上新军事变革的步伐,适应现代化军事人才培养的要求。

3. 注重“强内力”,完善教员的考核激励机制。由于受各种因素制约，目前我军院校教员“走出去”“请进来”的比例还十分有限，一时难以满足现代化军事人才培养的需要，因此，客观上要求多数教员必须注重“强内力”，在教学实践中不断提升自己。一是以考核激励为牵引，使教员化压力为动力，教其所长、攻其所专，在教学科研的良性互动中，促进教员创新能力不断提高。二是加强考核管理，完善考核制度。科学设置各种奖项激励教员积极参加教学和科研活动的同时，努力营造拴心留人的环境，从而使教员安心、用心教学工作，促进创新型教员队伍建设。

论联合作战指挥人才现代化“三维”素质建设

国防大学政治学院基层政治工作系副教授　黄拥军

全面把握军事人才现代化素质建设发展的正确方向，是在继承我军优良传统基础上推动军队转型发展的战略课题。现代化联合作战指挥人才不仅需要掌握各军兵种的指挥知识和技能，更需要高瞻远瞩的政治定力与战略素养，不断拓展其政治、经济、科技、外交、文化、网络、社会舆论等多方面的素质空间。习主席明确提出要培养“有灵魂、有本事、有血性、有品德”的新时代革命军人，从政治信仰、专业能力、精神特质和道德情操等方面为联合作战指挥人才培养指明了方向。强化“科学真理、信念人格与军人血性”因素高度融合，锻造一支能够担当强军重任的高素质专业化新型军事人才队伍，正是形成我军新型核心能力的要旨所在，也是打造世界一流军队的关键因素。

一、蓄气铸魂，发扬优良传统的核心优势

蓄气铸魂是我军传统优势，也是联合作战指挥员必须具备的首要素质。“气”胜于“钢”，正体现于我军坚定信念和崇高人格——有信念就有目标一致的方向，有人格就有凝聚力量的保证，这也正是我军凝聚力和战斗力的核心优势。

（一）我军英勇之“气”寻根

韩德彩与美军双料王牌飞行员费切尔的一番对话，揭示了我军信念与人格力量来源之“谜”。费切尔问：“打下我这样的王牌飞行员给你多少奖金?”韩德彩答“5万万”，“5万万美金?”费切尔惊呆了，“不”韩德彩自豪地说，“是5万万颗心”。军队打胜仗，人民是靠山。党群关系、军民关系才是决定我党我军前途命运的“阿喀琉斯之踵”。毛泽东曾指出：“这个军队之所以有力量，是因为所有参加这个军队的人，都具有自觉的纪律；他们不是为着少数人的或狭隘集团的私利，而是为着广大人民群众的利益，为着全民族的利益而结合、而战斗的。紧紧地和中国人民站在一起，全心全意地为中国人民服务，就是这个军队唯一的宗旨。在这个宗旨下面，这个军队具有一往无前的精神，它要压倒一切敌人，而决不被敌人所屈服。不论在任何艰难困苦的场合，只要还有一个人，这个人就要继续战斗下去。”①所以说，无私无畏为人民而战，正是人民子弟兵的传统优势和力量根源。

（二）魂之所系，所向无敌

习主席明确指出，我军之所以能够战胜各种艰难困苦、不断从胜利走向胜利，最根本的就是坚定不移听党话、跟党走。这是我军的军魂和命根子，永远不能变，永远不能丢。正是在党的引领下，这支军队牢牢记取民族屈辱和创伤，深深懂得“什么才能拯救、发展和强盛中国”，在夯实信念基础上认清“为谁扛枪、为谁打仗”，才不至于沦为个别野心家和狭隘私利集团的工具，也最终拥有不变的灵魂与宗旨，获得生生不息的力量之源。在历次战争中，这支军队所具有的崇高情感、高度自觉和坚韧品质，更彰显出无坚不摧、无往不胜的铮铮风骨。在未来信息化战争中，我们无论如何都不能丢掉“全心全意为人民服务”的宗旨和“党对

① 《毛泽东选集》第3卷，人民出版社，1991年，第1039页。

军队绝对领导”的军魂的传统优势。

（三）正本清源，重铸精髓

在深化改革背景下，如何保持和发扬传统优势面临着严峻挑战。2014年10月，具有里程碑意义的全军政治工作会议寻根溯源、重返古田召开，习主席在会上强调指出，加强和改进新形势下我军政治工作，当前最紧要的是把理想信念、党性原则、战斗力标准、政治工作威信这四个带根本性的东西在全军牢固立起来。这昭示着我党不忘初心、正本清源的决心意志和我军传承红色基因、发扬传统优势的新启航。因此，应坚持把真理的力量与人格的力量统一起来，言行一致、表里如一，砥砺品格、修养党性，时刻防止“大帽子底下开小差”，自始至终发挥好表率作用，用人格的力量彰显真理的力量，用自身的模范行动感召广大官兵，只有这样才能把“蓄气铸魂”的工作做好、做实，重新铸牢我军英勇之气的精髓。

二、锻铁成钢，铸就无畏生死的军人血性

黑格尔曾说，“和平是一个民族最大的腐蚀剂”。重铸血性是和平环境下联合作战指挥员迫切需要锤炼的重要素质。在世界新旧经济秩序和政治格局交替演化的进程中，大国关系进入全方位角力新阶段。我们应清醒认识到，人类始终未能告别冷战思维、零和博弈、弱肉强食的价值逻辑和“丛林法则”，“铸剑为犁”仍只是美好愿望，战争依旧是人类挥之不去的历史阴霾。

（一）唯有“金刚钻”才能揽得“瓷器活”

残酷的战争有自己的法则。拿破仑曾说，“世界上只有两种力量，那就是利剑和精神。从长远说，精神总能征服利剑”。战争从来都是物质力量和精神力量的综合较量，而军人的勇气和血性向来都是胜利的

根本保证。怎样的军人才算有血性？简单说就是“一不怕苦、二不怕死”，激发“剑锋所指，所向披靡”的昂扬斗志，这正是我军从小到大、由弱变强的精神法宝。陈毅元帅曾说“军队需要有一批‘二杆子’，才能打好仗”——“二杆子”正是一个真正军人无畏生死、勇敢血性的形象称谓。如果平时总习惯用“四平八稳、温良恭顺”来替换“敢闯敢试、桀骜难驯”的人，战时一旦遇上劲敌和恶战，没了“金刚钻”，谁揽“瓷器活”？现代战争并没有因为注入了文明和人道色彩而变得柔情仁慈，相反会变得更加残酷、血腥和激烈，打造“金刚钻”级的勇猛将士也绝不是冷兵器时代的专利。

（二）勇毅强军才能铸就神州之盾

勇毅之军历来被视为国家竞争的不二利器。古今中外大小国家无不把勇毅强军作为维系国防的第一要务。一部民族史，令人记忆深刻的多是英雄史。正因无数中华儿女英勇无畏、血染疆场、焦土抗争，最终取得抗日战争的伟大胜利。重温历史应当铭记：勇气与血性才是支撑中华民族屹立于世界民族之林的真谛。

（三）应对挑战锻造民族脊梁

中国共产党之所以无愧为中国的脊梁，就在于她亲手缔造了一支信念坚定、英勇无畏、所向披靡的人民军队。我军发展壮大的历程，就是一批批英勇将士用鲜血和生命书写的光辉篇章——从强渡大渡河17勇士到飞夺泸定桥22勇士，从狼牙山五壮士到董存瑞、黄继光、邱少云，军人的勇毅与血性承载着太多的命运转机，也创造着无数的军事奇迹。在历史关头血脉贲张、挺身而出、迎险而上的勇毅军人之所以是一个民族和国家“最可爱的人”，正在于其肩负国家和民族的安危和命运。所以说，今天探索构建战斗精神培育长效机制，关键是如何应对新的形势和环境带来的变化和挑战，一如继往地培养各级指战员英勇顽强、无畏生死、有我无敌、敢打必胜的军人血性，从而锻造好中华民族的钢铁脊梁！

三、集智补短，塑造锐意创新的科技本领

随着数字化地球、物联网、云计算、大数据、人工智能为代表的现代信息科技飞速发展，“谋略之智”越来越难以驾驭“科技之智”。要锻造一支现代信息化战争的胜利之师，迫切需要培养一支掌握现代信息科技和指挥技能，具有真才实学、勇于开拓创新的联合作战指挥人才队伍，弥补我军传统弱项和代差。

（一）不忘落后挨打的历史教训

中国古代历朝重道轻器的观念根深蒂固，“奇技淫巧”和能工巧匠难登大雅之堂。在军事上表现为重谋略，轻技术。“半部《论语》治天下”，科举取士只考“四书五经”，不考科学技术，这种政策导向，使得人才教育理念重人文而轻科技。毛泽东曾指出：“没有文化的军队是愚蠢的军队，而愚蠢的军队是不能战胜敌人的。”改革开放以来，邓小平提出“科学技术是第一生产力”论断，激荡起整个国家和军队不断加快科技发展步伐。当前我国正值赶超世界一流的机遇期，时不我待，科技强国强军的目标和梦想，也寄托于我们每一名当代军人的自强不息。

（二）确立向科技本领要战斗力的观念

武器装备内含的科技因素历来是改变战争样式的重要推手。随着世界新军事革命的加速推进，军事电子信息技术快速发展，太空和网络攻防技术成为军事竞争的新高地，纳米技术、临近空间技术、高超声速技术不断取得突破，新概念武器向实战化方向发展，武器装备远程精确化、智能化、一体化、隐身化、无人化趋势更加明显，智能化战争已现端倪。从战斗力要素构成上看，新军事革命要求军事思想更新、体制编制创新、人员素质换代。美军《2020年联合构想》指出，“只有物质上的优

势是不够的，更重要的是理论、体制编制、训练、教育与领导者的进步和培养能够有效利用新技术的人才”。军事人才科技本领的较量迫使各国军事人才建设理念必须发生重大转变，也将赋予“智勇双全”以更高的内涵。

（三）弥补核心能力的短板

改革开放 40 多年来，我军人才建设无论学历层次还是科技素质都取得了长足进步。但囿于信息化建设发展滞后，人才信息科技素质的迭代更新缓慢，多数中高级干部特别是指挥军官不熟悉信息技术、不习惯网络指挥系统。2013 年，习主席指出，军队打现代化战争能力不够、各级干部指挥现代化战争能力不够，说到底是人才队伍能力素质不够。高素质新型军事人才不足、人才适应关键岗位的核心能力不足等矛盾越来越突出。这种状况堪忧。这“两个不够”和“两个不足”指明了未来我军人才建设的努力方向。要想在未来信息化战争中争取主动和优势，必须牢固树立人才资源决定军事变革成败的思想，坚持把塑造广大官兵锐意创新的科学素质和驾驭信息化武器系统核心能力作为人才建设的主导方向。特别是联合作战指挥员应带头从系统学习现代科技知识抓起，以掌握科学方法、树立科学思想、崇尚科学精神为指向，在全军不断激发学习科学的欲望，培育尊重科学的态度，引领探索科学的行为，力求在各领域取得科技创新成效，使科技强军在各个领域遍地开花、结出硕果。

新时代军事人员现代化迫切要求强化军士人才队伍建设

国防大学政治学院基层政治工作系副教授　胡全民

习主席指出，强军兴军，要在得人。党的十九大报告进一步提出“全面推进军事人员现代化”的战略目标，充分说明了军事人员现代化的急中之急、重中之重。其中，军士人才队伍的现代化是我军军事人员现代化的重要环节，必须引起高度的重视。

一、必须认清新时代军士队伍在军事人员现代化中的地位作用

1. 军士队伍已成为我军兵员构成的主体。经过几次调整改革，军士队伍已经成为国防和军队建设一支不可或缺的重要力量。随着中高级军士编配比例的扩大，从专业岗位覆盖面看，全军建制班班长几乎全部编配为军士，相当多的原先干部岗位也转由军士担任。随着部队调整改革的落地，我军不同军兵种的数千种专业岗位由军士担任，复杂技术岗位高级军士的比例比以前也有较大幅度的提高。

2. 军士队伍的职责使命在不断拓展。经过多年的军士制度调整改革，全军越来越多的一般性、保障性、操作性的军官岗位改由军士担任，各级领导机关过去由军官担任的保密、档案、财会、机要等工作也改由军士从事，这对于优化军队人员编成结构、整合利用人才资源发挥了

重要作用。我军现代化建设和军事斗争准备深入推进、武器装备和新型作战力量快速发展，对拓宽人才培养渠道、改进人才培养模式提出了新的要求。将来军士队伍的职责范围还可能进一步拓展，军士队伍在执行任务中扮演的角色、发挥的作用越来越重要。打赢未来信息化战争离不开一支高素质的、现代化的军士人才队伍，必须把提高军士人才队伍整体素质和现代化水平摆到重要位置，以军士队伍的现代化推动士兵主体的现代化。

3. 军士队伍的改革发展方向日趋职业化。从20世纪末以志愿兵制度为基础的军士制度出台以来，我军军士制度改革不断在深化。近年来，我军军士队伍向职业化方向迈进的步伐进一步加大，如调整完善了军士的服役管理和工资待遇等制度，使军士制度能够更好地与国家劳动用工制度相衔接；进一步健全了随军、住房、保险、医疗、退役安置和退休移交制度，完善了相关保障措施，较好地解决了广大军士的后顾之忧。新时代我军的军士制度改革必将进一步深化，更加适应国家和军队改革发展新形势，更加符合国防和军队现代化建设的新要求。一系列新的制度政策的出台，对我军军士队伍在向职业化、专业化、科学化、规范化、现代化的道路上稳定健康的发展，必将产生积极影响。

二、提高军士队伍科技素养和管理素质是军士队伍现代化的基础

1. 军事人员现代化的基础是军士。近年来，信息化装备越来越多列装部队，武器系统嵌入越来越多的信息化技术，这对官兵的科技素养提出了更高要求。一线军士，能否运用科技知识解决实践中遇到的相关技术问题，是现代化信息化装备能否发挥真正效能的根本，也是检验战时能否实现人机最佳结合、体现最强战斗力的重要标准。因此，军士队伍这个最直接与信息化高技术装备打交道的军事人员主体，提高科技素养和基本操作技能已成为不容忽视的当务之急，必须要作为一项

基础性工作来抓紧抓好。就部队军士人才队伍建设的现状来看，这支队伍建设仍然是个薄弱环节，并没有引起各级的高度重视。要针对军士担负的职责任务，有计划有步骤地安排好既适应部队建设又符合自身发展的科技知识的学习，不能再仅仅满足于整体素质还不错，能较好发挥骨干作用；不能再仅仅把他们看作一个单位建设的“中间”力量，而是要当作出色完成各项任务的“中坚”力量。

2. 军士队伍的整体素质距军事人员现代化尚存差距。从我军军士人才队伍的现况看，军士能力素质与建设信息化军队、打赢信息化战争的目标要求还有一定差距，主要表现在“四个不相适应”：一是知识水平与部队信息化建设要求不相适应。尽管随着近年来军士制度的改革，军士队伍的学历层次有所提高，但整体看还不够，在理论水平和应知应会能力等方面与军队信息化建设和军事人才现代化要求还有较大差距，操作和维护信息化装备的行家里手相对不足，更缺乏“高手”“尖子”。二是技术能力与未来信息化战争要求不相适应。未来信息化战争将是“信息无所不至”“战场无所不在”。随着我军信息化武器装备和新型作战力量的快速发展，需要的不再是机械化战争时“一般技能型”军人，而更多的则是适应信息化战争的“高端智能型”军人，这就对我军军士人才培育工作提出了更新更高要求。要彻底转变军士人才培育观念，增强军士人才队伍建设的紧迫感和责任感，消除重指挥类军士、轻专业类军士，重一线岗位军士、轻服务保障军士的片面认识，拓展军士队伍现代化的发展路径，紧密结合信息化战争需要，有计划、分层次、分对象地加强培养和锻造，使军士人才既能掌握专业知识技能，又具有较高的信息技术素质和创新能力。三是信息素质与未来信息化战争要求不相适应。军士队伍虽然不是一线指挥人员，但大多处在不同的重要岗位，在未来信息化战争中依然存在大量的信息运用，同样需要培养较强的信息素质和信息能力。各级领导要更新观念，瞄准信息前沿，带头夯实推动部队信息化建设和官兵信息素质培养的根基。军士队伍要依托信息化武器装备，主动学习和掌握信息化知识和技能，尽快补齐信息化素质的“短板”，打造“学习型”“信息型”军士人才队伍，提高应对信息化战争所应具备的信息素养与能力。四是管理素质与依法从严治军要求不相适应。军士队伍中虽然多数为技术骨干，但大多数的班长骨干是军士，对他们除了有较强的技术能力要求外，还要有较强的管理带兵能力，这也是军事人员现代化的客观要求和应有之义。但现实情况存在军士班长知兵爱兵意识淡化，管理带兵能力偏弱的问题。管理的正规化是军队现代化的重要保证，军士队伍的依法从严管理素质和能力的现代化必须进一步加强。

3. *增强培育军士队伍科技素质的紧迫感和责任感。*武器是战争的重要因素，但是决定战争胜负的是人。离开了人，任何先进的武器装备都难以发挥其应有的效能。习主席强调指出，在战争制胜问题上，人是决定因素。无论时代条件如何发展，战争形态如何演变，这一条永远不会变。“我们说武器装备越来越重要，并不意味着人就不起决定性作用了，而是人的因素、武器因素结合得越来越紧密。”因此，在未来高智能信息化武器装备对抗的战争中，如何立于不败之地，提高军事人员现代化程度是关键和核心。而作为军队基础主体的军士队伍的现代化程度高低显得尤为重要。要在部队尽快掀起军士学科技、用科技、练技术、强能力的高潮，通过造势使学科技、用科技在部队蔚然成风。针对专业军士队伍进行能够体现科技知识含量的岗位大练兵，完善考评激励机制，在法规制度范围内用活机制，加大奖励力度，切实与他们的切身利益挂钩，激发军士学科技、用科技的积极性和自觉性；广泛开展技术革新活动，充分发扬军事民主，以训练改革和装备技术革新催生技术尖子、革新能手；鼓励冒尖，对涌现出的“技术尖子”“小能人”敢于大胆使用，给他们的聪明才智创造充分施展的空间，以少带多，形成浓厚的学科技、用科技的氛围；要适应信息化时代特点，善于合理利用网络平台，大力传播科学精神、加强高科技知识的学习交流，开设网络“比武擂台”，结合单位武器装备技术特点开设网络科技之窗，普及科技知识。

三、构建完备的培训体系确保军士队伍培养质量

1. 整合培训资源，健全培训体系。实现军事人员现代化，教育是关键，要抓住、抓好这个关键，就要构建起完备的培训体系和科学合理的人才培养模式。习主席强调指出，“要构建军队院校教育、部队训练实践、军事职业教育三位一体人才培养模式”。必须切实按照习主席的指示要求，通过完善的培养模式不断提升军士人才队伍的现代化水平。一是明确培训机构的职能区分。军士的培训，特别是技术军士的培训，要按照军队深化调整改革后的编制体制，严格培训机构的职能和目标区分。以军士学校为“龙头”，以大单位训练机构为主体，以部队自训为辅助，建立“专业岗位齐全、任务区分合理、学历层次适宜、教学质量优良”的军士训练体系。院校应以培训中高级军士为主，培训复杂专业初级军士为辅，以学历教育与非学历教育相结合，以长训与短训、岗前培训和进修相结合，并根据军士的专业层次特点，在军士学校实施中等和高等职业技能教育。大单位的训练机构，应以培训初级军士和具有相应专业基础和高中以上文化程度的第二年度义务兵为主，培训专工及保障部队通用装备的义务兵为辅，同时担负起部队专业技术人员专业知识更新培训、新装备使用与维修短训、岗前培训和进修等在职训练任务。部队实践训练应以培训义务兵技术骨干及军士在职训练为主。结合担负的训练任务，按照新的军事训练与考核大纲，利用自身的技术分队和技术骨干，有计划地进行军士的业务能力技术培训。二是要明确培训内容与方法。军士培训，应把握好岗前(预选前)培训与升级培训相结合、培训与考核晋升相结合的原则，根据不同的培训层次、培训对象和专业复杂程度，确定不同的培训内容、时间和目标。初级晋升中级培训，要在进一步提高技能的基础上，增加相近专业课程，逐步具备一专多能和一定的施教能力。中级晋升高级培训，要突出智能训练和技术保障组织指挥能力培养，提高学术研究和技术革新能力，并向本科学

历拓展。三是全面推行任职资格培训。扎实搞好军士职业技能鉴定工作，全面推开军士任职资格制度进程，军士首次选取或拟任新职务前必须经过相应的培训，且应获得相应等级的资格证书，逐步形成制度完善、运行规范、专业齐全的技能人才评价体系。

2. 坚持军民融合，拓宽培训渠道。习主席特别重视军民融合工作，多次强调搞好军民融合工作的重要性。在国防和军队现代化建设中更好地进行军地人才的融合，是新时代的要求。但军士队伍培训的军民融合路子还有待进一步拓展。一方面，坚持军民融合、军地共育的培养思路，在搞好自主培养的同时，广泛利用地方资源和技术优势，主动邀请地方专家来部队讲学授课，对军士骨干进行面对面帮带和手把手辅导；另一方面，地方人才是军事人员现代化的有力补充，军士人才队伍建设可以运用“借地育才”“借才引智”等模式，开辟军士职业教育新渠道，可以尝试选派优秀军士骨干到相关厂家、科研机构学习，搞好技术“嫁接”和“移植”，注入创新活力。通过有效运用丰富的社会人力资源，加快军士人才队伍现代化步伐，缩短军士人才队伍现代化周期，用最低的成本获得最大效益。

加快构建新时代军队院校“晓于实战”师资队伍的思考

国防大学政治学院基层政治工作系讲师　赵　波

习主席明确指出,“院校教育必须与时俱进,坚持面向战场、面向部队,围绕实战搞教学、着眼打赢育人才,使培养的学员符合部队建设和未来战争的需要”。适应打赢信息化战争的需求,依托我军“三位一体”军事人才培养体系,在重塑新型军队院校体制的基础上,加快构建新时代懂战教战善战的师资队伍,是建设世界一流军队、培养高素质军事人才的必要之举。研究完善以履行教官职责为必要经历的干部成长路径,全面重构现役教员、特聘教官、文职教员相结合的“晓于实战”新时代新型师资队伍,对于全面提升军队院校培养教育的质量水平,为实现强军目标输送能打胜仗的高素质人才具有重要意义。

一、近年军校师资队伍调整改革取得的主要成果

“名师必晓于实战”,理想的军校教育需要按照战斗力标准要求建设一支符合我军人力资源制度目标指向,聚焦打赢、教战研战的师资队伍,切实做到打仗需要什么就教什么、练什么。然而,和平时期,我军各级各类干部的属地化明显、流动性不足,反映到军校师资队伍上,执教固定地域几十年,长期脱离部队训练实践,导致教学内容滞后、实践性不强、经历单一、阅历缺乏等问题比较突出。为解决上述问题,我军推

行了教官制，作为院校教育向部队靠拢、向实战聚焦的实际举措，受到学员的普遍欢迎。一是加强了教学内容的“军味”。教官具有丰富的部队实践经验，善于用部队急需解决的重大现实问题作牵引，实现教学内容“面向部队、服务部队、贴近部队”的要求，激发了学员学习的动力和热情。教学内容进一步贴合部队需求，大大提高了人才培养质量。二是提高了院校科研水平。部队教官加入院校科研团队，提升了院校教学科研的部队指向性，教官参与完成了一大批实用性较强的科研成果。三是提升了指挥军官的能力素质。军校教官选聘制度，大大拓展了联合作战指挥军官的培养途径。部队教官实践能力强与在职教员理论功底深的优势得以充分互补。对广大教官来说，在丰富经历阅历、提升理论层次、完善表达能力等方面，取得了较为明显的效果。四是增强了教员队伍的“战味”。教官制的实施，让部分善战教战的优秀教官充实到教员队伍中，一定程度上改善了任职教育学用脱节的弊端。

二、军队院校师资队伍调整改革以来亟待解决的主要问题

教官制实施过程中暴露出一些亟待解决的机制性问题，如选聘教官级别分布不够合理，教官来源广泛度与人岗匹配度不够合理等。从全军院校来看，教官级别选配、来源分布、聘任数量等方面都存在诸多不足。目前院校选调的营连级军官较多，他们的优势是年龄较轻，发展潜力大。劣势是部队经历阅历相对较少，对部队重难点现实问题体会思考不深入；还有少量团以上军官，他们的特点是实践经验较为丰富，对部队管理和训练质量最有发言权，困境是较难适应专业技术干部晋升政策，发展路径受限。这些军官被选调进院校，的确可以迅速增强军队院校师资队伍的“战味”，不过，一旦他们转为稳定型教员后，一定年限后仍会脱离部队实际。总体来看，全军院校师资队伍结构不尽合理、经历相对单一、素质不够全面的现状仍然十分严重。深化国防和军队改革，使军校体制编制迎来了新生，多数院校利用教学大讨论的契机，

修订人才培养方案、重构教学内容、更新教材体系，努力提高人才培养质量。但是，核心教育主体——师资队伍结构变化并不大，在一定程度上影响了人才培养质量的提高。

习主席提出要把我军院校建设成世界一流水平，因此，为完成我军院校的建设目标，彻底重构军校师资队伍已迫在眉睫。应充分总结吸收教官制度实施以来的有益经验，将重构军校师资队伍与修订现役军官法相结合，在“三位一体”的军事人才培养模式中，为全军院校建设一支以现役教员、特聘教官、文职教员相结合的“晓于实战”师资队伍，从而加快世界一流军队院校建设的步伐。

三、构建现役教员、特聘教官、文职教员相结合的新时代师资队伍

构建实力雄厚、来源丰富、结构合理的师资队伍是军队院校培育高质量新型人才的关键。深化军事人力资源制度改革，必须坚持面向部队、面向战场、面向未来，大力加强以现役教员、特聘教官、文职教员相结合的“晓于实战”的师资队伍，集聚全军人才与智慧，合力培育能打胜仗的新型高素质联合作战指挥人才。

（一）规范以教官经历、部队实践为必要条件的干部成长路径

推开院校教员与部队干部交流机制，逐步把院校工作经历作为指挥军官晋升中高级职务的必要条件。这种军官任免条件，有助于盘活全军干部资源，充分调动选调单位和受聘教官的积极性，也有利于教官充分利用自身实践经验丰富的优势，发挥好“推进院校转型的参谋作用、组织实践性教学的骨干作用、开展应用性学术科研的助手作用和培养战斗作风的示范作用”，努力把部队的实践经验运用到院校转型、教学科研和人才培养的过程中去。对现役教员和文职教员也应明确部队实践的要求，以增强教学的针对性。通过明确部队军官教官经历、院校

教员部队实践的要求,激发全军干部交流的积极性与主动性,有助于增强各级各类干部的综合素质,提高我军打赢现代化战争的能力、指挥现代化战争的能力。

(二)从课程设置着眼,逐步构建以教官专题课为主体的应用型课程体系

目前军队院校的人才培养课程专题设置,一般可归为理论、应用、拓展三大类。理论性强是传统军队院校的优势所在。以课程设置为龙头构建应用型为主体的课程体系,让应用型课程成为教官专项,具有较大的可行性。以应用型课程体系设置为牵引,各级各类院校必须进行针对性教学改革,从课程设置、教学计划、授课专题、教学模式等方面进行全面重构,最终形成面向战场的以新型师资队伍为核心的教学体系。

(三)构建现役教员、特聘教官、文职教员相结合的“晓于实战”的新型师资队伍

按照世界一流军队院校师资队伍的建设要求,应构建现役教员、特聘教官、文职教员相结合的新型师资队伍。

1. 现役教员。现役教员作为我军传统师资队伍中的中坚力量,为国防教育付出了大量汗水,虽然存在与部队实践结合不紧的弊端,但也为我军储备了相当多的高级人才。现役教员主要承担三类工作:一是负责讲授应用型课程中的理论导引部分;二是承担理论类课程中军事特色明显的专题,如《军事战略》等;三是负责对新聘教官进行帮带和助教。

2. 特聘教官。结合我军干部成长和部队训练实际,参考世界其他国家军队院校的教官编配规律,建议在教官选聘上采取驻校型和流动型两种方式。驻校型是指教官选聘到院校,工作生活在院校,以完成教官课时量并经鉴定合格为教官离校标准,不以时限为依据。流动型是指教官选聘合格后,授课时临时来校,授课结束返回原单位,任期内须

完成一定数量的教官课时，授课任务可分布于多所院校。外军军官、地方党政领导、地方专家学者、其他优秀人才，可作为特聘教官的补充，承担相应合适的课程。

3. 军队文职教员。作为军改后军队院校科研单位的重要新生力量，素质全面，充满活力。他们主要承担两类课程：一是基础理论专题课；二是以人文修养为主的拓展类课程。

（四）创新与新型师资队伍相配套的各种机制

以课程板块为依据，经过部队调研和充分论证，确定教学专题设置，再区分专业和层次、参考任职经历等要素来确定教员的工作。

1. 教员的遴选机制。建议现役教员、文职教员采用竞争上岗的方式，让有能力承担相应课程的教员上岗。建议依托军委训练管理部强军网开设教官选课窗口，按照军队指挥、政治工作、后勤工作、装备工作等专业进行分类设计，每年定期发布教官专题（包括教学内容、教学要求、教学条件、教学对象等），不同院校的同一专题可以合并提交。通过一定时间的运行，逐步形成结构合理、相对稳定、具有各个院校自身特色的相对固定的教官需求计划。通过个人自荐、单位推荐、网上面试、口试答辩等程序，确定教官人选。在院校教学组的协助下，教官根据选题进行备课，通过试讲—修改—验收等流程，确定教官授课时间。

2. 培训管理机制。建议由军委训练管理部组织军事教育学相关网络课程，以教育理论、授课技巧、课件制作等实用性内容为主。对于特聘教官来说，可以省去院校教育培训环节，提高工作效率。学习相关内容，可以改善教官知识和能力结构，尽快帮助他们适应岗位需要。全军各院校应提前一年把教官需求数量、专业范围、军兵种要求等信息数据上传教官人才库，系统自动匹配。可依托干部工作信息化系统，对任期内鉴定为优秀的教官，区分军兵种、专业特长、知识结构、经历阅历等要素，建立教官人才库，每年进行动态更新。从而使教官队伍的管理、培训、使用、晋升等工作纳入法制化信息化轨道。

3. 考核机制。完善教官考核机制,可对教官的教学录像随机抽查,对教官授课任务进行等级评定。可为优秀教官颁发证章、优秀教官津贴,并将优秀课程上传到指定网站,供全军学习。对在任职期间履职尽责较差或违反纪律的极少数教官,由其原单位依据有关规定做出相应处理。

提高教员队伍信息技术能力的几点思考

国防大学政治学院基层政治工作系副教授　马红丽

为贯彻党的十九大精神，实现党在新时代的强军目标，习主席强调军队院校要“全面提高教学科研水平和人才培养质量，加快建设具有我军特色的世界一流大学”“为实现中国梦、强军梦提供强有力的人才和科技支持”。随着新军事变革的深入推进，信息技术能力成为部队现代化人才建设的基本要求。院校教育是我军人才培养的主渠道，“地位重要、使命光荣，必须勇担重任、走在前列”①。教员队伍是军队院校教育的主导者，是建设具有我军特色的世界一流大学的人才保障，因此，提高教员队伍信息技术能力，对于提高人才培养质量，促进军事人员现代化具有十分重要的现实意义。

一、提高教员队伍信息技术能力的必要性

首先，提高教员队伍信息技术能力是推动军队院校信息化发展的需要。推动军队院校信息化是建设“具有我军特色的世界一流大学”的重要条件，是军队院校现代化的重要组成部分。当前，世界新军事革命深入发展，战争形态加速由机械化向信息化演变。军队院校是培养信

① 王士彬：《习近平向军事科学院、国防大学、国防科技大学授军旗致训词出席座谈会并发表重要讲话》，《解放军报》2017 年 7 月 20 日。

息化条件下新型高素质人才的摇篮，必然要挑起培养信息化军事人才的重任。要强化只有在信息化环境下，才能培养出真正合格的新型军事人才的理念，从时代前沿出发，高度重视信息技术对教育的影响和作用，率先构建信息化环境，为培养信息化军事人才创造条件。而教员队伍的信息技术能力直接关系到信息化条件下新型军事人才的培养，是影响军队院校信息化发展的决定因素。如果教员对信息化建设尤其是对教育信息化的思想认识和技术水平跟不上，投入再多的硬件建设也是徒劳。

其次，提高教员队伍信息技术能力是提高教学信息化的需要。教育现代化离不开教学信息化。在军队院校现代化建设过程中，教学信息化也呈现出开放性、多元性、动态性的特点。要实现习主席“加快建设具有我军特色的世界一流大学”的目标，就必须紧跟军队建设现代化的步伐，紧贴部队现代化建设实际，依托教学信息化，不断优化教学思想，丰富教学内容，完善教学方法。教学信息化的基本特点是数字化、网络化、智能化和多媒体化。因此，教员作为教学活动的主导者，必须更新观念，坚持面向战场、面向部队，不断更新教学内容。要学会借助网络，紧跟军事科技发展前沿，掌握军事科技发展动态，围绕实战搞教学，着眼打赢育人才。只有从多种渠道、多种途径搜集教学信息，并转化成教学成果和教学内容，才能实现教学现代化和信息化，让教学内容不落后于军事科技发展，使培养出的学员符合部队建设和未来战争的需要。

3. 提高教员队伍信息技术能力是促进学科建设的需要。以院校体制改革为标志，军队院校迈开了向新型院校转型的步伐。军队院校为提高办学水平和教学质量，出台了一系列政策措施，其中之一就是要加快重点学科工程建设。在重点学科工程建设当中，网络课程建设是一项非常重要的内容。数字化教学资源开发、网站建设、实验室组建等，都需要借助计算机专业教员和教育技术专业人员的帮助，才能完成重点学科工程的申报立项和学科网络化建设。加之重点学科网站的更新和维护是一个动态性、专业性和长期性的工作，因此，提高教员队伍，尤其是重点学科教员的信息技术能力，使其能够对课程网站进行设计、更新和维护，对数字化教学资源进行自主开发和管理，才能够加速提高院校重点学科建设的质量效益。

二、教员队伍应具备的主要信息技术能力

1. 信息的搜集和筛选能力。现代教学活动中，教员不仅仅是知识的传授者，还是课程的设计者、教学信息的采集者。信息获取包括信息的发现、搜集与检索。无论是在浩如烟海的传统文献中，还是在错综复杂的网络信息中，不掌握必要的检索工具、搜索方法，查找信息无异于大海捞针，甚至一无所获。因此，要求教员必须具备较强的信息获取和筛选能力，掌握常用的网络检索工具，不断提高获取信息的广度、深度和纯度。但是，在网络自媒体高度发达的今天，互联网上的信息日益庞杂，教员要能够根据课程和学科需要，从中辨别和筛选出来源可靠的信息，为我所用。此外，对于数字图书馆、中国知识资源总库(CNKI)、万方数据资源系统、维普中文科技期刊全文数据库等科学正规的信息资源，要具备相应的检索能力。

2. 信息的处理和加工能力。信息处理是指信息的接收、存储、转化、传送和发布等。优秀的教学内容，往往具有信息量大、紧跟学科理论发展前沿、紧贴部队实际的特点。因此，要备好一堂融合信息技术、课件图文并茂、兼具理论性与实践性的优质课，离不开多媒体技术和手段的运用。比如，制作精美的课件，通常是把文本、图片、影像、声音融为一体，能够有效帮助教员抓住学员的注意力，提升授课的感染力，成为提高教学质量的助推器。因此，教员必须要具备一定的信息处理能力，掌握常用的文本、图片、声音、视频工具软件，把现代多媒体技术应用在教学中，营造出具有时代感的教学环境，最大限度地提高教学质量。

3. *网络应用和操控能力*。随着军队院校现代化建设前进的步伐，军队院校数字化校园建设越来越快。教育信息化使院校的信息环境，特别是学习环境得到很好的改善。信息化校园是新的教育与学习平台，在这个平台上，传统的教学模式发生着根本性的改变。因此，军校教员必须认清信息化教学的重要性，自觉融入现代化教育和数字化校园建设中，在传统授课方式的基础上，掌握信息化条件下教学活动的新特点新规律，实现教与学模式的新变革。在信息化教学环境中，特别是网络条件下，教员将面临比以往更多的操控困难，如在多媒体教室中如何利用教学系统掌控教学过程；在案例教学中如何熟练运用信息化教学设备；在对抗模拟演练时如何保证信息系统的正确运用；在讨论交流时如何引导学员有效利用信息资源和信息平台等。因此，良好的网络应用和操控能力是保证信息化教学正常实施的重要条件。

三、多渠道提升教员队伍的信息技术能力

1. *各种形式短期培训*。集中短期培训是一种普遍提升教员队伍信息技术能力的方法。可以利用院校现有的信息技术师资力量，在课余时间集中学习。这种方法适用于快速普及推广某一技术，比如课件制作、图片处理、网页制作、网站维护与管理等。对于信息技术的学习可以采用基于任务的学习、基于课题的学习等多种形式。培训实施时，要根据教员基础差异，分组教学和训练。青年教员信息技术基础相对较好，而中老年教员基础则相对较弱，组织培训时，最好能够根据原有基础差异适当分组，分开上课和练习。

2. *教员之间结对互助*。短期集中培训的基础上，为了巩固培训效果，可以组织“结对子”互助。“结对子”有三种类型：一是让水平相近的教员结成“互助对子”，两人既可以互相帮助，又可以相互督促，共同提高；二是让不同水平的教员结成“帮扶对子”，让信息技术水平较高的教员帮助较低的教员，在帮扶中共同进步；三是指派计算机专业或者教

育技术专业的教员作为指导老师，其他教员可以随时请教这些专业技术教员。也可以在教学科研活动中，让计算机或教育技术专业教员参与一些课题项目组，作为教学科研团队中的一员，在实践中带领其他教员不断提高信息技术能力。

3. 多种途径自学提高。在组织集中培训的基础上，要引导广大教员利用网络上的教学视频资源或在线视频教程，多种途径进行自学。

提高教员队伍的信息技术能力不能一蹴而就，而是需要外因与内因的相互作用。外因需要各级领导重视，积极组织相关培训，给广大教员提供学习提高的机会；内因就是要依靠广大教员自身的努力，只有在实践中反复应用，不断学习，才能做到熟能生巧，逐步提高。

发挥军队院校“主渠道”作用 培养造就高素质军队政工人才

国防大学政治学院基层政治工作系副教授　李　鹏

实现军事人员现代化是党的十九大明确的战略任务。军队院校教育作为培养军事人才、提高官兵素质的主渠道，是军队建设发展的基石。作为培养军队政工人才的政治院校，只有深入贯彻习近平强军思想，深化教学改革，努力提高人才输出质量，才能为现代化转型重塑标定新方向，为决胜未来战场提供新引擎。

一、优化军队政工人才培养目标设计

按照习主席“面向战场、面向部队，围绕实战搞教学、着眼打赢育人才”的指示要求，进一步优化对政工人才培养目标的设计。

（一）准确把握军队政工人才的基本内涵

所谓军队政工人才，是指在我军中具有良好的全面素质，系统地掌握马克思主义理论、军队政治工作和军事专业等方面的专业知识和能力，以主要精力从事军队政治工作，并以创造性劳动为部队全面建设作出积极贡献的人员。军队政工人才主要包括政治指挥人才（以政治主官队伍为主）、主要从事军队政治工作的政治机关人才（以政治机关首长、政治部门业务人员为主）及军队政治工作专业教研人才（以院校相关专业教员为主）。军队政工人才作为军队政治工作的主体，其素质的高低直接决定了军队政治工作作用发挥的好坏，它在贯彻党的政治路线、实现党对军队绝对领导、履行军队历史使命、完成各项任务中具有重要的作用。科学理解军队政工人才的内涵，应着重把握以下三点：一是军队政工人才必须具备良好的内在素质，在思想政治、科学文化、军事专业和身体心理素质等方面全面发展，具有系统的马克思主义理论、军队政治工作和军事专业等方面复合的知识结构和综合能力，这是军队政工人才做好军队政治工作、发挥作用的基本前提。二是军队政工人才要善于把主、客观条件结合起来，在军队政治工作实践中进行创造性的劳动，这既是军队全面建设的内在动力，也是军队思想政治建设创新发展的力量源泉。三是军队政工人才应为部队全面建设特别是思想政治建设作出突出的贡献，这是衡量政工人才价值大小的客观尺度。

（二）科学设计军队政工人才培养目标

任职教育的培养对象在知识、能力、素质结构上呈现出复杂性、多层次性特点，不同任职岗位对政工人才的能力素质要求不同，即便是同一任职岗位的培训对象，由于不同班次的生源条件不同（包括专业基础、实践经验、工作经历、年龄结构、岗位职务和学习动机等），其能力素质也参差不齐。确定培养目标不能主观臆断，必须通过深入细致的调查和研究，在摸清部队不同层次、不同类型政工人才任职岗位能力需求的基础上，科学确定任职教育应达到的培养水平和程度，防止脱离任职岗位能力需求实际，不适当提高或降低培养目标的现象。因此，在确立政工人才“政治强、懂军事、能打仗、业务精、善创新、作风实”的总的培养目标的基础上，注重不同层次政工人才培养的特殊性，有针对性地细化培养目标，实现培养目标的系统化、标准化和精确化。在系统化上，要统筹各级各类政工人才的培养需求和素质要求，确定不同类型、不同岗位、不同级别政工人才培养的总目标和分目标；在标准化上，规范各级各类政工人才具体的知识、能力、素质结构与标准，使政工人才培养有章可循；在精确化上，要明确政工人才具体岗位的素质能力标准，根据岗位职责细化量化核心素质能力的构成、组成和具体内容。

（三）修订完善军队政工人才培养方案

人才培养方案是否科学、规范、完善，将直接影响到人才培养的质量和效益。修订完善政工人才培养方案，一要运用先进教育理论，贯彻最新教学理念，切实把院校调整改革提出的一系列新思想新观点新举措落到实处。二要遵循政工人才核心素质能力模型提出的目标要求，对各级各类政工人才培养执行标准要分门别类、突出重点。比如，政治指挥人才要注重围绕联合作战逐级培养联合指挥和政治领导能力，政治机关人才要注重围绕建设新型信息化政治机关培养谋划协调和高效执行能力等。三要体现政工人才培养需求和政治工作岗位不同特点，在学科分类、课程设置、学时安排上科学分层、准确对接、区分适度，不搞一刀切、一锅煮，确保人才培养方案切实可行、务实有效。四要在听取部队对培养目标的意见和建议的基础上完善培养方案。邀请部队人员参与人才培养方案的制订，将院校与部队衔接的起点前移。

二、创新教学课程和内容体系

按照培养高素质军队政工人才的目标要求，科学确定课程的类别和课时比例关系，培养目标需要设置什么样的课程，就设置什么样的课程。

（一）构建政工人才培训核心课程体系

以研究解决重大理论和现实问题为课程设置的基本着眼点，以课题式、专题式课程为基本形式，策划开设运用多学科理论和知识分析解决现实问题的综合性课程，教学内容总体上覆盖科学理论、业务能力、联合作战、思维视野、人文修养五个方面。根据不同课程在整个课程体系中的不同地位和作用，以及不同班次教学对象个性化学习需求，按照必修课、选修课、自修课、讲座课和实践课五种类型安排课程。一要坚持把党的创新理论、党史军史革命传统教学作为铸魂课，不断坚定军队政工人才的政治信仰；坚持把军事高科技和信息化知识、联合作战政治工作课程作为必修课，使课堂与战场对接，不断提升政工人才的军政指挥素养和能力；坚持把军队政治工作专业课作为素质能力课，使政工人才核心素质能力的生成建立在深厚的政治理论功底和扎实的政治工作业务基础之上。二要摒弃“大而全”课程设置模式，真正确立因需设课、因岗设课的“少而精”课程建设思路，使核心课程真正起到核心支撑作用。三要以研究解决军队政治工作热点难点问题为中心，以提升政工人才岗位任职能力为导向，精心遴选设置实用、管用的课程，形成问题中心、能力本位的核心课程体系。

（二）形成教学内容适时更新常态化

教学内容是任职教育的核心要素，是政工人才能力素质生成和提高的主要依托。任职教育要求教学内容必须具有时代性、前沿性、应用性、针对性、创新性。部队建设在不断发展，学员的需求也在不断变化，院校教学内容也要不断优化。一是教学内容必须始终紧跟党的创新理论步伐，做到党的创新理论每发展一步，课堂教学就跟进一步，使最新理论成果在第一时间实现“三进入”（进课堂、进教材、进头脑）。二是要把学员入学时带来的部队政治工作中的重点难点问题和重要经验，及时转化为教员授课内容，当学员毕业离校时，能够带着解决疑难问题的答案走、带着破解矛盾的方法走、带着创新工作的思路走。三是制定教学计划要及时征求部队和学员的意见，适时调整更新教学内容，邀请部队人员参与教材的编写、审查，确保教学内容紧贴部队实际。同时，通过组织教员参加部队军事演习、深入部队调研、与部队联合召开政治工作理论研讨会等途径，及时把部队的新鲜经验充实到教学内容中来，把部队遇到的难点、热点问题作为科研攻关的重点课题，实现教学科研与部队实际的交流互补，教学内容改革与知识创新的有机结合。

（三）重点突出课程和教学内容的实用性

人才培养目标能否实现，增强教学内容的实用性是关键。一是课程设置要体现政治工作岗位需求，重点处理好理论讲授和实际应用的关系，使学员学成之后既能开展基本理论的研究，又能解决政治工作实际问题。二是内容传授要围绕任职能力提升，重点在打牢基础、精讲理论、多练技能、强化应用上下功夫，使学员能够具备胜任工作岗位的理论水平和业务能力。三是能力训练要注重综合素质培养，重点发展学员的学习能力、实践能力和创新能力，使学员回到部队既能胜任第一任职或现有岗位，又能保持一定的发展后劲和潜力，从而实现培养目标与任职岗位对接、教学内容与部队需求衔接。

三、改进教学方法手段和组织形式

政工人才培养必须根据不同培训对象、不同课程专题，坚持教员主导、学员主体，以有利于政工人才能力生成为标准抓好教学组织实施环节。

（一）强化研究式教学

当前，一些单位还在运用传统的以讲为主、我讲你听的单向灌输式教学方法，这种教学呆板、程式单一，课堂气氛沉闷，学员研究思考问题的积极性、主动性和创造性没有得到充分的调动，尤其是一些政治理论课采取满堂灌的方式，导致学员的读书时间少、交流时间少、反馈调节少，开展研讨交流往往比较费劲。当然，政治理论教学进行理论灌输是必要的，但要反对填鸭式的满堂灌，提倡精讲式、要义式的灌输，切实做到讲精、讲活、讲实、讲新。为此，要坚持研讨式、案例式、演讲式和辩论式等教学方法，将授课、小组讨论、个人自学、课堂答疑、互动研讨、案例剖析、情景模拟、想定作业等方法有机地结合起来，使课堂聚焦研究现实问题、回答解决学员思想困惑，使学员在剖析个案、归纳提炼中加深对所学理论的运用和转化。

（二）注重实践性教学

军队政治工作最关键的还是要解决实际问题，除了基本的理论灌输外，实践性、情境性教学应当成为政工人才培养最经常、最直接的教学方法。日常教学中，要加强政工人才的专项能力训练，使之掌握政治工作的基本方法和业务技能；要广泛开展现地教学，使学员在现场体验、现地求证中促进基本理论向实际能力的转化；要加大想定作业力度，通过想定情况的构设，使学员在虚设的战场环境中，熟悉战时政治工作的程序、方法和内容，使学员熟练应对政治工作中可能出现的各种实际问题；要探索完善联合作战政治工作综合演练模式，积极开发和利用作战实验室、计算机模拟训练系统开展网上训练、网上演习，加大实地演练的力度，在逼真、翔实的战场环境下，通过联合演练来全面锻炼联合作战政工人才的能力和素质。

（三）创新教学组织形式

着眼发挥学员在教学中的主体作用，坚持理论联系实际、教学相长、学学相长，充分调动学员自主学习研究问题的积极性创造性，大胆创新教学组织形式尤为必要。一是按军兵种混合交叉原则，将学员分成小班实施教学，开展课题研讨、案例教学、想定作业等教学活动。二是成立教学组并充分发挥教学指导组的作用，全程负责课题研究、案例教学、研讨交流、第二课堂等实践性教学活动。三是注重利用部队人才和教育资源，通过论坛、讲座、交流会等形式，让有一定部队经历的学员介绍工作经验、感受和体会，讲解部队建设中的现实问题。四是改进教学考核评价方式，对学员的考核注重考理解、考思维、考能力、考应用、考创新,单科独立考核与多科综合考核相结合,闭卷、开卷、答辩、论文、想定作业等多种考核形式相结合,课终考核与随机考核相结合,正确引导教员的教和学员的学。

依法参与维和行动是非现役文职人员现代化的实践需要

国防大学政治学院基层政治工作系副教授　蔺春来

文职人员是构成我军人员队伍的重要力量，从军事人员现代化的角度看，文职人员的现代化也是军事人员现代化的重要内容。军事人员现代化素质的培养离不开军事实践历练，参与联合国维和行动也是提升军事人员综合素质的重要实践方式。随着我军职能使命的不断拓展，我军在联合国维和行动中发挥的作用越来越重要，大量官兵也在执行维和任务中得到了实践锻炼，有效提升了官兵的综合能力和现代化水平，这无疑也给文职人员现代化提供了难得的实践历练机遇。

一、文职人员参与维和行动是军事人员现代化的实践要求

推进军事人员的现代化需要完善的法规制度保障。从目前立法实践看，虽然相关的法规制度尚没有明确文职人员是否可以参与联合国维和行动，但无论从遂行任务还是从历练人员的角度看，文职人员参与联合国维和行动的可能性和必要性都现实存在。探索文职人员参与联合国维和行动的法律适用既是完善文职人员法规制度的实际需要，同时也是推进文职人员现代化的现实之举。

从目前实践看，我军参与联合国维和行动时，各类军事任务都由

现役军人执行。2017 年 9 月，我国组建的 8 000 人规模的维和待命部队也全部由现役军人组成[①]，目前尚没有派出文职人员执行维和军事保障任务的先例。但基于具体维和任务的复杂性和专业性，未来维和行动中可能需要的小语种翻译、专业法律顾问、特殊医疗和工程技术等领域维和待命部队所不具备的专业人员仍可能从其他部队抽调。随着我军文职人员编配比例的增加，原由军人承担的部分工作将转由文职人员承担，若维和任务需要的专业技术工作只有文职人员才能胜任，则派出文职人员参与维和行动也将成为现实。文职人员参与维和行动不但可以提升我军遂行任务的综合能力，同时也有利于提升文职人员的实践阅历和能力素质，有利于我军人才队伍整体素质的提升。但不具备军人身份的文职人员在境外执行军事任务时将涉及复杂的国际法和国内法关系，相关法律应当如何适用就值得关注。

从现行法规看，文职人员参与联合国维和行动并没有法律障碍。《中国人民解放军文职人员条例》(以下简称《文职条例》)第 40 条明确规定："根据需要，军队可以派遣文职人员出境执行任务。"可见，立法并未对文职人员职责履行地点做出限制性规定。随着我军职能任务的不断拓展，承担的国际维和、护航、国际救援和联合军演等境外任务的增多，作为军队人力资源重要组成部分的文职人员出境执行任务也将常态化。实践中，文职人员执行境外非战争军事行动已经有了成功的先例。例如，海军"和平方舟"号医院船在执行海外人道主义医疗救助、海外联合救援演练等任务中，就有许多非现役文职医护人员参加。相对于人道主义医疗救助行动，维和行动涉及的法律关系虽然更为复杂，但本质上也属于境外非战争军事行动的一种。从维和行动性质看，"维和行动虽然有军人参与，但本质上是一种外交活动，而不是介入武装冲突

① 《中国军队完成 8 000 人规模联合国维和待命部队注册》(2017 年 9 月 28 日)，新华网，http://www.xinhuanet.com/mil/2017-09/28/c_129714129.htm，最后浏览日期：2020 年 11 月 20 日。

的行动”[1]，维和行动并不排斥特定情况下的武力使用，但主要是运用和平方式开展工作，由文职人员承担维和任务并不存在能力不足障碍或国际法障碍。国外军队已有文职人员随出兵国部队执行维和任务的实践。例如，埃塞俄比亚派往联合国非盟达尔富尔混合任务团的出兵国部队中，承担后勤保障任务的就有非现役人员，这也说明军人和文职人员混合编成共同执行维和军事任务具备实可能性。

现役军人主要以参谋军官、军事观察员和建制分队等形式参与联合国维和行动，文职人员通常是与现役军人混合编成，以建制分队的形式执行维和任务。维和行动中，多国人员协同配合在域外国际环境下开展工作，涉及的国内和国际法律关系较多。由于文职人员不具备现役军人身份，国际法上不受武装冲突法和规范军人行为的国际惯例约束，同时也不具有军人在武装冲突中应有的权利和法律地位。国内法上，文职人员虽然承担军事职责但并非处于服现役状态，国家、军队与现役军人之间的法律也不能完全适用于文职人员，因此文职人员虽然可以参与维和行动，但行动中文职身份和军事职责之间的法律关系较为复杂，国际法与国内法的适用都会遇到新情况。由于文职制度是新事物，国防法、兵役法等国家基本法立法时这一制度尚未建立，文职人员身份属性和职责履行等方面的法律规定尚不健全，这需要进一步完善相关法律法规才能更好地保障文职人员完成维和任务。

二、文职人员可以参与武力行动以外的所有维和行动

虽然文职人员参与维和行动主要从事非武力性的支援和保障工作，但鉴于维和行动的复杂性以及武器技术的发展，诸如操作攻击型无人机、远程遥控武器等在后方安全营地就可以完成的工作，都可以构成

---

① 盛红生：《联合国维持和平行动法律问题研究》，军事谊文出版社，1998年，第150页。

武力的使用，而这些工作都可以由文职人员完成。维和行动中武力的使用并不是传统意义上的作战行动，“维和人员即使使用武力，也不能被视为战斗员”[1]，武力使用通常都是紧急状态下的自卫或保护平民，也可能需要文职人员直接参与武力行动。国内立法已充分考虑到文职人员必要时直接参与作战行为的可能性，并明确了文职人员“根据需要，参加军事训练和非战争军事行动，承担相应的作战支援保障任务，依法服现役”[2]的法定义务，从立法本意看，法律不但要求文职人员直接参与非战争军事行动，同时还预设了可转为现役的法律准备，如果必要，文职人员可以转为现役身份直接参与作战行动。

但维和行动中，如果文职人员直接参与作战行动，显然有违维和行动惯例和武装冲突法的相关规定，很容易使武力使用行为处于非法状态而得不到国际法的有效保护。维和行动中武力的使用极为敏感，由军人使用武力尚存在诸多的理论和实践争议，如果文职人员也可以使用武力，显然会造成武力使用范围扩大的错觉，很难得到理论和实践的广泛认可。和军人相比，不具备现役军人身份的文职人员显然属于武装冲突法意义上的民事人员。根据维和行动中武力使用的原则、惯例以及武装冲突法的具体规定，维和行动中民事人员不具备持有武器和直接参与武力行动的权利，无权与军人遂行同样的使用武力任务，民事人员的安全由军人提供保护。因此，立法应当缩减文职人员在维和行动中的职责权限，明确规定文职人员不得直接或间接参与具体的武力使用行动。这样规定虽然对文职人员的行为权限进行了一定限制，但并未明显限制文职人员的行动范围。因为在具体的维和行动中，武力的使用毕竟仅在紧急的情况下出现，并非是维和行动的常态，因此，对文职人员参与武力行动的限制并不明显影响文职人员维和的日常工作，更不会对文职人员的专业性工作活动构成明显限制，但依然可以使

① 肖凤城：《维和行动中武装冲突法的适用》，《西安政治学院学报》2001 年第 5 期。

② 参见《中国人民解放军文职人员条例》第十条第七款。

文职人员在各自的技术专业范围内拓展视野、增加阅历，得到实践的历练。

三、文职人员参与维和行动应适用与军人同样的激励制度和司法管辖制度

维和行动的复杂性和危险性不亚于作战行动。参与维和行动的文职人员和军人一样都随时面临武装袭击、疾病、恶劣自然环境所带来的各种风险。为了激励维和人员更好地履行职责，联合国和各出兵国都建立了相关的荣誉褒奖制度。但现有制度都是以褒奖军人为主，对文职人员的激励机制尚不健全。例如，根据联合国现行的相关规定，和平荣誉勋章只颁发给参与维和行动的军事人员和民事警察，文职人员不具备军职身份难以获得联合国的勋章荣誉褒奖。《文职条例》第 8 条仅原则性规定了“对作出突出贡献的文职人员，按照国家和军队有关规定给予表彰和奖励，授予相应荣誉”，但具体根据哪些规定并未明确。褒扬和奖励应当根据行为而不是身份属性确定，文职人员在维和行动中承担着与军人相同或相似的职责，面临着同样的风险，如果文职人员无法受到和军人一样的荣誉褒奖，显然有违军事法治的公平，不利于激励文职人员更好地履行职责。

文职人员是军队的组成部分，维和行动中也和军人一样代表着国家和军队形象。为便利于身份识别和管理，文职人员在维和行动中应当按照规定着文职人员服装并佩戴可供识别的我军标志，同时也应佩戴联合国标志和维和人员的蓝盔或蓝帽。当然，这需要事前与联合国、维和东道国充分协商并在维和备忘录、部队地位协定中明确后才能实现。

从联合国维和任务团对维和军人的内部管理角度看，维和任务团通常都编有连、排规模的宪兵部队，负责维护日常军事秩序、执行军事法纪命令、调查处理维和军人的违纪行为和处置涉及军人的各种纠纷。

文职人员虽然不具备军人身份，但在维和期间都是和军人一起成建制地承担军事任务，遵守同样的工作规定，身份证件、驾驶证件也应按军人标准分类管理，为了更好地发挥成建制军事分队的整体效能，提高管理效率，文职人员在服从维和分队内部管理的同时，也应当与维和军人一样接受宪兵的执法监督，服从维和宪兵对违纪行为的纠正和处罚，配合宪兵做好调查、询问等工作。被维和东道国司法机关盘查、扣押时，有权要求宪兵按军人的相关规定协助交涉处理。如果认为宪兵侵犯自身的合法权益时，有权利提出申辩、要求重新调查等要求。如果文职人员违反职责或者违背职业要求给维和行动、国家和军队利益或他人权益造成严重损害时，我国刑法也应予管辖。这既符合《联合国维和部队地位的示范性协议》关于维和人员享有司法豁免权的具体规定，也是维护国家法治尊严的现实需要。《中华人民共和国刑法》第七条第二款规定："中华人民共和国国家工作人员和军人在中华人民共和国领域外犯本法规定之罪的，适用本法。"因此只要以国家基本法的形式明确文职人员的"国家工作人员"身份，或明确文职人员出境执行任务时以"国家工作人员"论，即可使文职人员和军人的域外刑事管辖相一致，解决文职人员维和时的刑事管辖问题。

从联合国维和行动训练改革看新时代“军事力量走出去”人才培养模式创新

国防大学政治学院基层政治工作系副教授　丁　盛

联合国维和行动是当前我军在多边合作机制下参与时间最长的一项海外军事任务。在维和培训领域，我军积极学习国外经验，主动融入多边合作机制，取得了丰硕成果。这些经验和做法，为我们深入贯彻新时代军事教育方针，构建适应“军事力量走出去”的人才培养模式提供了有益的借鉴和参考。

一、联合国维和训练发展历程回顾

联合国对维和行动训练工作高度重视，认为经过专业培训、高素质且多元化的维和人员是维和行动在错综复杂的国际环境和危机四伏的地区局势中获得成功的关键。1994 年 12 月 9 日，联合国大会通过决议，提出安理会和各成员国负有培训维和人员的责任和义务。[①] 为了加强和提高维和人员遂行任务的能力，从联合国总部到各出兵国，建立了种类繁多、功能各异的维和行动培训和研究机构。其中，比较著名的英国的维和行动国际教官培训，挪威、瑞典和芬兰北欧三国的维和培训

① General Assembly Resolution A/RES/49/37: Comprehensive Review Of The Whole Question Of Peacekeeping Operation In All Their Aspects [EB/OL]. http://www. un. org/documents/ga/res/49/.

专业机构，培养了大批维和专业人才。

2000年3月，安南授权的专家小组提交了《联合国和平行动专家小组报告》(亦称《卜拉西米报告》)指出，人的因素是维和行动成败的关键，维和部队的短板就是缺乏训练和装备，一些国家的维和训练很不正规、缺乏系统性。此后，联合国训练部门进行了大刀阔斧的改革，制定了标准化训练模块，统一规范了各出兵、出警国的维和训练内容。

2009年，联合国《新伙伴关系的议程：开辟维和行动新视野》报告提出，必须建立一个系统全面、以能力为驱动的训练体系，积极探索筹措全球资源、保障行动实施的新途径、新方法、新措施，并欢迎有能力的伙伴国和国际组织积极参与到这一进程中。在这一政策指引下，目前已有44个国家的122个官方和民间培训机构与联合国训练部门建立了合作关系，从事维和行动培训活动。①

二、联合国维和训练的基本特点

联合国维和行动在应对国际紧张局势，促进跨文化交流、消除分歧误解等方面有着独到的经验，形成了标准化、实战化、国际化的训练模式。

（一）训练体系标准化

2008年，联合国维和行动部发布了《联合国维和行动：原则与方针》，该文件是指导联合国在新形势下有效开展维和行动的纲领性文件，阐明了维和行动的基本原则、核心职能，维和行动取得成功的关键性影响因素以及主要的经验和教训②，体现了当代维和行动的最新理

① List of Peacekeeping Training Institutions & List of Peacekeeping Training Institutions and Training Courses Offered [EB/OL]. http://pbpu.un.org/.

② 联合国维持和平行动：原则和方针[EB/OL]. http://pbpu.unlb.org/pbps/Library/Capstone_Doctrine_ENG.pdf

论研究成果，为高效、有序组织参与维和行动的军事人员、警察和文职人员的训练提供了政策基础。同时，新成立的维和行动部综合训练服务处通过制定训练大纲和训练标准，编写标准化培训材料，组织国际教官集训，开展专业技能资质认证等方式，形成了包括部署前培训、到任培训、在岗培训三个阶段组成的标准化训练流程，促进了维和训练水平的整体提升。

（二）训练内容实战化

联合国维持和平行动人员培训以实战为牵引，为实战而服务，紧紧围绕当前维和行动的军事需求设计培训科目。2017 年，维和行动部综合训练服务处新颁布的训练指导手册将培训内容分为两大类：一类是“部署前培训核心模块（CPTM）”，培训内容分为维和行动综述、维和行动任务授权、个人行为规范准则三个相对独立的模块，涵盖了维和行动基本原则和指导方针、维和行动任务授权、任务区指挥体系、国际人道法、人道主义保护行动、保护妇女与儿童、性别平等、行为纪律、军民协作、平民保护、疾病预防、安全与人身防护等 25 个专题。另一类为“专业训练模块（STM）”，专门针对不同类型维和人员量身定制特殊技能培训课程，分别推出针对军事观察员、参谋军官、维和警察、步兵分队等不同对象的课程。每个模块包括预防地雷、危机管控、媒体关系、平息暴乱、情报支援、军民协作、后勤保障等不同内容单元，配有标准化的教案、案例研讨，步兵分队训练模块还专门针对刚果（金）、南苏丹等任务区的具体情况设计了量身定制的演练方案。

（三）训练资源国际化

首先，高水平、国际化的专业教官队伍为联合国维和行动训练水平的提高发挥了重要作用。其成员包括退役的联合国任务区司令、维和行动高级军事顾问、知名学者等在内的一批高端人才，是维和行动各个领域的专家，为维和行动训练的发展提供了重要的智力支持。其次，国际化的协作体系为开发适应不同语言文化的通用性培训内容提供了便利。通过与各国维和培训中心及国际性组织合作，维和行动训练部门先后推出了英、法、中、俄、阿拉伯语等不同语言教材，维和行动特别委员会在提交给联合国维和行动部的年度工作特别报告中，还将这些合作的成功案例推荐给各出兵、出警国，向正在各维和任务区执行任务的军事、警察、民事等各类人员推广相关课程。[①]

三、联合国维和训练的新发展

近年来，随着国际局势的深刻变化和维和行动实践的不断发展，联合国维和行动训练工作的组织模式、方式手段也呈现出一些新的发展趋势。

（一）创新合作机制

由于维和行动本身就是在实践中探索前行，维和理论一直处于发展完善过程中，各出兵国的文化、政治形态迥异，训练水平、承训能力参差不齐，对维和行动的认识存在差异。2015 年 6 月，联合国发布名为《团结起来共谋和平》的报告，提出鼓励会员国建立协作关系，形成全球维和行动训练资源的互通、互享、互补关系。以美国和平行动培训学院为代表的一批非政府组织以此为契机成为联合国维和行动培训的中坚力量，相关培训课程已经成为联合国维和人才资质认证的一个重要依据。我国于 2015 年 9 月在联合国维和峰会上庄重承诺，加入新的联合国维和能力待命机制，加大维和人员培训规模，开启了我军参与联合国维和行动的历史新篇章。

---

① UN document A/68/19 – A/70/19, Report of the Special Committee on Peacekeeping Operations [EB/OL]. 2014 – 2016, New York. http://www.un.org/ga/search/view_doc.asp? symbol=A/70/19

（二）完善培训内容

冷战结束后，随着世界格局的新变化，维和行动重点从国家间冲突转向国家内部冲突，维和行动不仅要履行军事职能，还需承担起巩固或改革政治体制、恢复和维持法律与秩序、保护人权和人道主义救援等多种民事职能；军事职能也在原有基础上增加了解除武装、复原部队和重新安置武装人员等任务。为适应新形势下复合型维和行动对各类高层次维和人才选拔和培养的需要，联合国维和行动训练部门积极推动相关机构，在《联合国维和行动：原则与方针》的框架体系下，通过各种合作方式开发多元化的培训课程。

（三）拓展信息服务

参与联合国维和行动出兵较多的国家大都是第三世界国家，他们既是亟需维和培训的重要目标客户，同时又拥有大量长期在一线工作、实践经验丰富的维和人才。这些国家由于自身经济、技术、军事实力的限制，在满足联合国维和行动训练要求方面存在不少困难。移动互联网在广大第三世界国家快速普及，经济、便捷的网络沟通使远程互动教学模式在非洲、美洲的不发达国家成为可能。联合国维和训练部门开设了专门网站，开发了网络信息安全、性别平等、海外人身安全与自我防护等系列网络课程，向各国维和人员免费提供相关资料的下载和学习机会。

四、对新时代“军事力量走出去”人才培养模式创新的启示

近年来，伴随国家利益的拓展，中国军队走出国门遂行护航维和、国际救援、海外撤侨、联合演习等多样化军事任务成为新常态，对军事人员能力素质和专业技能提出了新的要求。如何紧贴使命任务，适应参与全球治理需要，创新军事人才培养模式，日益成为全面推进我军军

事人员现代化建设的一个重要新兴领域。

（一）适应参与全球治理需要，创新军事人才培养合作方式

随着近年来我国参与国际军事合作的领域和规模不断扩大，要求我们在这一历史进程中，适应参与全球治理的需要，着眼新时代中国特色大国外交战略布局，主动构建面向未来的国际军事远程教育机制，通过国际交流合作促进“三位一体”新型军事人才培养体系创新。联合国的经验做法给我们提供了一个发挥专业研究机构特长，挖掘军事人员实战经验，动员各种资源将理论研究与战地实践相结合的新思路。例如，维和行动训练部门推出国家远程学习计划、国际组织远程学习计划、大学和联合国参与者计划，免费提供给参与维和行动的各种非政府组织、政府间国际组织、民间志愿组织和有志于参与联合国工作和研究的大学等机构作为学习、研究的补充材料，从而使感兴趣的学者和参与方有机会接触到维和行动的第一手资料，扩大了课程的影响力。

（二）军事人才的培养必须和军事需求紧密结合、快速高效

实战是催生军事人才培养变革的“触发器”。2013 年，联合国维和行动特别委员会在年度特别报告中指出，应加强对非洲、美洲及加勒比地区的维和行动理论培训，和平行动培训学院等培训机构于当年就推出了非洲维和人员在线学习项目、拉丁美洲和加勒比地区维和人员在线学习项目。2014 年，“埃博拉病毒”在非洲爆发后，他们又迅速推出了国际救援的相关培训课程，这些教材后来被许多不发达国家的培训机构所采纳。党的十九大报告指出，军队建设要深入贯彻新发展理念，更加注重聚焦实战，更加注重创新驱动，更加注重体系建设，更加注重集约高效，更加注重军民融合，不断提高人民军队建设质量和效益。因此，只有在人才培养导向、培养周期等方面与军事需求紧密结合，才能实现建设世界一流军队的宏伟目标。

（三）用实战锻造部队核心作战能力，打造与国际接轨的海外行动指挥体系

一方面，积极参与联合国维和行动是和平时期锤炼摔打部队、提高我军完成多样化军事任务能力的有效途径。近年来，随着我国更加广泛地参加联合国框架下的国际合作，维和行动联合演习也逐渐成为实战化军事训练的一项重要内容，为我军适应未来战场环境提供了参考。另一方面，要想在未来战争中取得胜利，必须最大限度地了解和掌握世界各国军队的建设和发展趋势。在维和任务区，必须适应维和部队联合作战指挥机制，将司政后装的职能任务对接到外军指挥体系，只有主动加强对外军事交流与合作，熟悉和掌握其作战理念、指挥体系、指挥流程，才能适应海外执行任务的需要，更加深入地学习借鉴外军有益经验，有选择地引进先进的战术战法和技术装备，促进我军现代化建设。

军队任职教育院校教员队伍建设思考

国防大学政治学院基层政治工作系讲师　顾尚月

军事人员现代化是军队现代化的核心和关键，是实现新时代强军目标、建成世界一流军队的战略驱动。院校教育是军事人才培养的基本途径，加强军队任职教育院校教员队伍建设，对于促进军事人员现代化具有重要意义。

一、适应任职教育注重岗位任职的现实需求，实现教员思想观念上的转型

观念是行动的先导。在教学中，教学内容的安排和教学方法的选择，通常是由教员的教育观念、教学水平等因素决定的。教员的教育观念是否正确，直接影响着课堂教学效率与人才培养质量。所以说，观念既是教学行为的先导，也是教员素质的重要组成部分。由于任职教育注重培养岗位任职能力，强调人才的岗位适应性，因此，适应任职教育注重岗位任职的现实需求，实现任职教育的全面转型，必须把转变教员队伍的教育观念放在首位。

深刻理解任职教育的内涵。我军的任职教育可定义为：按照军事职业岗位的需要，给予军队受教育者以岗位任职所需的知识、技能和态度的教育。军官任职教育有三层含义：首先，任职教育属于职业教育，必须突出岗位需要；其次，任职教育属于高等职业教育，必须立足于本

科后起点，突出岗位任职能力培养；第三，任职教育属于军事教育，必须强化军事特色。

确立与任职教育相适应的教育理念。针对任职教育培训目标明确、对象多元、周期较短等特点，要树立和强化“以岗为本、理论够用、实践为重、贴近实际、强化能力”的任职教育理念。切实以任职必备的知识、能力、素养需求为牵引，按照“需要什么就教什么，缺什么就补什么”的原则设置教学内容，确立教学重点，设计教学过程。加强实践性教学环节，注重理论联系实际，精讲多练，积极拓展第二课堂活动，促进学员在实践中强素质、长才干。

克服思想上存在的模糊认识。当前，对于任职教育的教学工作性质和特点，一部分教员在思想上还存在一些模糊认识。有的认为进行任职教育的军校不是大学，充其量是一个教导队，只进行一些简单的基础的军事训练和教学；有的认为任职教育培训期短、理论性差、操作性强，搞不出什么名堂，没什么出息。第十五次全军院校会议明确指出，任职教育具有高等教育、大学后教育、承认教育和军事职业教育的属性。可以说，任职教育对教员的教学质量提出了更高的要求，教员必须认真研究部队、研究教学、研究自己的专业。如果拿不出货真价实的教学和研究成果，讲不出独到的观点和见解，满足不了学员更高的期望和要求，势必造成教学工作的被动，或早或晚是要被淘汰的。

二、适应培养和提高学员任职能力的需求，实现教员在教学内容、方法和手段上的转型

教育对象能否具备任职的素质要求，核心在于教学内容是否具有很强的针对性和应用性，教学方法和手段能否适应教学要求，并且通过教学方法手段将教学内容转化为教育对象的任职能力。因而，任职教育的核心是针对教育对象特点突出内容特色，优化教育方法和手段。

充分完善任职教育所需的教学内容。任职教育的教学内容是任职

教育按纲施训的基本要求和前提。根据任职教育需要，对课程内容体系进行系统筛选、充分调整和整体优化，充分完善以综合性、实用性和前瞻性为标准的教学内容。

积极创新任职教育所需的教学方法。教学方法关系到教学训练的效果。为此，要针对任职教育培训对象的高学历、高起点和高层次特点，牢固树立“以学为中心”的教育理念，彻底摒弃填鸭式、保姆式的知识传授模式，积极推广启发式、讨论式、研究式、案例式等适合任职教育的教学方法。

充分开发和运用信息技术教学手段。要达成教学训练的效果，还必须着力强化以信息技术为核心的现代化教育技术的开发和运用，努力提升教学手段的技术含量。充分利用现代教学技术发展的成果，广泛运用多媒体、多载体、多技术的教学手段，大力推广多媒体教学、计算机辅助教学和网络教学等。

三、适应任职教育岗位指向性和实践性特点，实现教员队伍来源和培养渠道的转型

任职教育的岗位指向性和实践性，对教员队伍的知识、能力和素质提出了更高的要求。必须采取有效措施，拓宽教员队伍的来源和培养渠道，锻造一支与任职教育要求相适应的师资队伍。

从部队选调高素质指挥军官充实教员队伍。进行军事职业教育，需要大批具有部队工作经历、经验丰富、理论水平较高的指挥军官上台执教。为此，担负任职教育的各院校应根据各学科建设需要及管理干部状况，每年定期从部队选调一批具有多年部队用兵、带兵、训兵、管兵实践经验，各方面综合素质优秀的指挥军官来充实教员队伍，并让他们逐步成为师资队伍的主体。这一举措更有利于提高教学的针对性、适用性和实践性，是教学内容更加贴近部队实际、贴近遂行任务的需要。

加强教员到部队代职锻炼和调查研究。目前，院校的教员大多数

是院校毕业后直接进入教员队伍的，他们没有部队任职经历，即使是从部队调入的教员，多数也是长时间未下过部队，对部队缺乏深入细致的了解，对部队工作岗位特点、规律把握不准。因此，让他们承担军事职业教育的课堂教学，很容易成为"纸上谈兵"。所以，院校应当积极与部队协调，进一步走教员到部队代职、调研的路子，积极参加部队演习、演练等重大活动，及时了解部队建设的动态，加深对学员未来任职岗位的认知和理解，以此来促进任职教育教学质量的提高。

扩大培养途径，改善教员的知识结构和学历层次。教员队伍的专业水平直接关系能否培养出胜任本职工作岗位的指挥人才。广大教员适应教学职能的转变、全面提高整体素质，当务之急是加强本级培训，利用院校自身的力量，组织教员集训，分析新形势，掌握新情况，学习新理论和新知识，培养新技能。应加大教员进修力度，每年选送优秀的年轻教员攻读硕士、博士研究生，到兄弟院校学习，到国外留学深造，加快教员知识更新速度，改善教员的知识结构和学历层次。

采取多种措施全方位激励教员。建立健全竞争机制，采取切实有效的措施引导和激励教员全身心投入教学。如对教员的授课水平和科研能力进行考核和评比，对未通过者，当年不安排授课任务，不能参加评优评先；在教员的专业技术评审中，综合考虑教学成果、教学质量、学术科研水平，实行教学综合考评结果不称职一票否决制。大力开展"当名师、上名课、出名作"活动，建立专项基金，培养和造就一批在全军有影响和知名度的名师。广泛开展"优质示范课评比演示"活动，提高教员队伍的授课水平，推出精品课程。提供资金支持，鼓励教员编写教材、研究课题和进行科技革新活动，以此拉动教员队伍能力素质提高。

推进新时代基层军官素质能力现代化

国防大学政治学院基层政治工作系讲师　许奎鉴

习主席指出，治军之道，要在得人。军事人员现代化是实现国防和军队现代化的核心，是全面推进军事理论现代化、军队组织形态现代化、武器装备现代化的关键。基层军官作为军事人员的重要组成，处在强军实践第一线，是军队新质战斗力形成的主体。着力推进基层军官素质能力现代化，对于全面推进新时代军事人员现代化具有基础性根本性作用。

一、新时代基层军官素质能力现代化的内涵

1. *以提升政治素质为首要的思想意识现代化。*思想意识现代化是指思想观念、价值取向和精神态度的现代化，首要是提升政治素质。基层军官要确立正确的世界观、人生观、价值观，牢固确立“四个意识”，切实增强“四个自信”，具有较强的政治敏锐性和鉴别力。要切实提升政治能力，积极培养基层官兵的军魂意识、主体意识、打仗意识和法治意识，自觉抵制西方意识形态领域的渗透，坚决听党指挥、维护核心，主动向党中央、习主席看齐。

2. *以锤炼军人品德为基石的道德修养现代化。*道德修养是道德认识和道德行为水平的综合反映，是坚持根本宗旨、站稳党性立场的基础。基层军官必须自觉锤炼品德，培养道德判断力，提升道德责任感，

引领基层风气建设。必须追求高尚的道德情操，不断加强自身内在修养，规范外在表现，树立良好形象和高尚的精神风貌。必须提高道德实践能力，勇做道德模范，做好基层官兵的“引路人”，成为基层战士的良师益友和旗帜标杆。

3. *以拓展军事技能为核心的专业能力现代化*。专业能力现代化是基层军官的立身之本，是打赢未来高科技全体系智能化战争的现实挑战。基层军官必须以军事技能为核心，实现军事理论、军事指挥、军事训练和教育管理素质能力全面现代化。必须深入研究现代战争制胜机理，着重提升信息化条件下的联合协同素质和能够胜任本职的指挥本领。必须适应军队全面现代化发展，着重提升适应新式武器装备的战斗技能和组训能力。必须加强基层管理自主创新，着重提升新时代科学管理、依法管理水平。

4. *以强化信息素养为重点的科技素养现代化*。科学技术是军事发展中最活跃、最具革命性的因素之一，深刻影响世界军事发展走向。信息化时代，网络信息化系统就是军队的中枢神经系统，每个基层单位、战斗平台乃至每名官兵都是信息链路中的节点，都是战斗力实现的重要环节。基层军官必须自觉提升以信息素养为重点的科技素养，运用科学思想、科技知识、科学方法创造性开展工作，过好信息关、网络关，推进生成信息化条件下的军队基层新质战斗力。

5. *以增强创新意识为根本的思维方式现代化*。破除封闭、僵化、落后的固有思维方式，大力增强创新意识，建立具有系统性、开放性、前瞻性的现代思维，是基层军官履行新使命、新职能的必要条件。要紧密结合基层实践，以唯物辩证法为指导，以系统思维大力推进基层建设模式变革，提升自主建设效能；以开放思维大力推进基层管理革命，提升管理对战斗力的贡献率；以前瞻思维大力推进基层人才培养方法革新，抢占现代作战制胜先机的关键。

6. *以培育打仗血性为关键的体质心理现代化*。面对未来战争，基层军官不仅要有适应复杂艰苦环境的强悍体魄，更要有承受残酷毁伤后果的强大心理素质。要以军人血性培育为关键，通过实战化的军事训练、战备演练，磨炼自身的体质和意志。要培养直面强敌、无惧险阻、一往无前的英雄气概，要培养为祖国和人民奉献一切直至付出生命的革命斗志，要培养敢打必胜、不怕牺牲、舍我其谁的使命担当，真正成为未来战场上无坚不摧的精兵和尖刀。

二、新时代基层军官素质能力现代化的特征

1. 素质能力培育的实践性。注重实践是我党我军干部队伍建设的光荣传统，在实践中锻炼是干部成长的一条普遍规律。基层的强军实践既是军官素质能力培育的直接路径，更是其素质能力现代化的价值旨归。习主席指出，我军基层建设在使命任务要求、建设内涵、日常运行状态、部队组织形态、官兵成分结构、外部社会环境等方面正面临许多新情况新变化。基层建设在战斗堡垒作用、练兵备战、思想教育、部队管理、作风建设和工作指导等方面有不少跟不上的地方。广大基层军官必须坚持实践出真知、实践出才干的原则，紧紧盯住基层建设“六种新变化”和“六个跟不上”等突出问题，在有力践行强军目标中提升素质能力，以自身素质能力提升推进基层强军实践。

2. 素质能力构成的综合性。军队基层建设是一个系统工程，要求基层军官必须具备全面抓建的素质能力。习主席指出，要锻造听党话、跟党走的过硬基层，锻造能打仗、打胜仗的过硬基层，锻造法纪严、风气正的过硬基层。这为新时代军队基层建设提出了明确标准，也为基层军官素质能力现代化提出了明确要求。基层军官必须瞄准“三个过硬”，着力提升政治素质，加强政治引领能力，做好用新时代中国特色社会主义思想和新时代党的强军思想武装官兵工作。着力提升军事素质，积极探索基层战斗力生成规律和运用特点，提高基层建设质量和用兵效能。着力提升管理素质，全面落实依法治军、从严治军方针，严格管理部队，提升基层管理专业化、精细化水平。

3. 素质能力成长的结构性。基层军官是军事人员整体结构的基础,是现代化军事人才队伍的重要力量。大力加强基层军官素质能力开发,是推进军事人才结构系统性战略升级的内在要求。要确立系统化发展规划,着眼形成新质战斗力,把基层军官素质能力发展规划纳入军事人才整体布局,形成顺畅的人才培养链路。要确立方阵化组合思路,在满足第一任职需要的基础上,注重基层军官素质能力的横向拓展,从专业定终身向一专多能转变,形成骨干人才、基础人才和后备人才比例合理的军队基层人才方阵。要确立多维度培养思路,注重基层军官素质能力纵向发展,按照一定的类别和层次,提供相应的人才提升渠道,推进基层军官从战斗人才向指挥人才、参谋人才、保障人才和领导人才等多个方向发展。

4. 素质能力转型的动态性。随着未来战争形态的变化、我军改革的深化和社会不断的发展,基层军官素质能力将不断面临转型升级的时代挑战。未来高技术条件下信息化全体系战争,具有信息主导、全域作战、体系协同的特点,每一作战单元、每一武器平台都将是体系中的关键一环,迫切需要推进一线指战员素质能力转型,提升本级指挥、遂行作战和密切协同的技能。随着我军组织变革不断深入,备战打仗的目标指向更加鲜明,迫切需要基层军官找准工作重心,围绕战斗力生成、维持和提升推进基层建设。社会多元价值观的影响、全媒体网络虚拟社会的冲击以及官兵思想心理的变化,提升了基层管理的难度和风险,迫切需要基层管理者树立科学理念,转变思维方式,全面推进管理革新,为履行新职能新使命新任务奠定扎实基础。

三、新时代基层军官素质能力现代化的基本路径

1. 提升基层军官培养模式效能。严格落实习主席关于构建军队院校教育、部队训练实践、军事职业教育“三位一体”模式的重要指示,始终坚持面向战场、面向部队、面向未来的原则,深入分析基层军官素

质能力生成、发展、转化的内在规律，实现院校教育、部队训练与军事职业教育齐头并进、相辅相成。

军队院校教育要紧贴部队需要，深入研究新时代基层建设实际，研究建立科学的基层军官素质能力模型，合理设置课程，持续更新完善，突出素质能力教育培养的基础性、全面性和发展性。部队要突出实践训练，既要注重在常态化战备工作、实战化军事训练和经常化演习演练中锻炼干部，又要注重基层军官模块化培养，依据作战、政工、管理、保障等不同领域的要素，突破建制界限，提升训练的专业性、精准性和系统性。军事职业教育要充分发挥支持作用，分专业、分层次建好各类网络课程、微课、慕课，形成科学完备的课程体系和严格有效的考核机制，满足基层军官素质拓展和学历提升需求。

2. 完善基层军官选拔任用机制。着眼积极应对世界新军事革命挑战和有效提升部队战斗力的客观需要，盯住新型军事力量体系构建，坚持以素质能力全面现代化为标准，建立完善科学规范的选拔任用机制，树立德才兼备的用人导向，深度挖掘基层军官发展成才的内在动力。

要建立动态科学的标准体系，发挥指向作用。根据现代战争和部队建设的发展趋势，在现有各类军队基层人才建设指标的基础上，进一步完善定性与定量相结合的指标体系，形成定时动态更新制度，使其真正成为基层军官素质能力发展的参照系。要改革现有考核方式，发挥导向作用。既要注重现实表现和工作业绩的考核，也要注重全面素质和潜能的评估，主动挖掘发现隐藏在基层军官中的各类人才，为各级选拔使用提供科学依据。要突破传统的任用制度，发挥定向作用。明确军官任职资格、任职交流岗位和晋升培训条件，规范任用标准和程序，建立人才竞争择优机制，打破论资排辈的陈规陋习。关键领域、新型力量及担任重要专项任务的单位，要加大人才定向培养和选拔任用力度，拓宽基层人才升级发展途径。

3. 强化基层军官管理体系功能。立足军队长远发展、基层功能发挥和干部成长需求，突出顶层设计，加强整体统筹，建立统分结合、信息联动、法治规范的管理调控机制，实现规划预测、数据分析、管理监控等功能的有机融合，实现基层人才精准投向，有力掌控基层军官现代化进程。

要加强职业生涯管理。按照分类建设、分类管理、分类发展的原则，明晰基层军官职业成长路径、素质能力要求、核心要素和上升渠道，引导基层军官合理确定奋斗目标，科学规划自身发展，主动提升素质能力。要加强组织管理，完善党委统揽、机关主抓、部门配合、部队联动的工作机制，提高干部考核、评议、选拔、任用的透明度，主动接受群众监督，保证干部管理责任主体明确、协调配合紧密、任务落实到位。要加强信息管理，完善军事人员信息网络建设，规范基层军官信息项目内容，突出素质能力测评功能，建立实时精确、信息共享的管理机制，提升干部工作的科学化信息化水平。

4. *发挥基层军官保障政策效应*。牢固树立基层过硬军队才能过硬，青年官兵过硬军队才有未来的理念。在政策制度上向基层建设用力，在福利保障上向基层军官倾斜，真正把“基层第一”落到实处。打破基层军官的发展禁锢，解决基层军官的后顾之忧，激发基层军官全面提升素质能力、全力投身强军实践的积极性和创造性。

要完善基层军官职业化的制度保障。以专业化建设为核心，对基层军官成长发展作出系统的制度安排，把基层军官的专业发展和军队转型建设有机结合起来，确保综合素质高、专业能力强的基层军官有稳定持续的进步空间。要完善基层军官队伍建设的机制保障。贯彻以人为本理念，加大人才开发力度，拓展融合式培养途径，为基层军官学历提升创造条件。尊重基层军官、支持基层军官、服务基层军官，主动为基层军官担当作为解压松绑，营造干事创业的良好环境。要完善基层军官福利待遇的政策保障。把惠及基层军官的政策措施落到实处，有力提升基层军官工资福利，严格保证基层军官自身权益和家属待遇，着力解决基层军官的现实困难。明晰基层军官的社会定位，提高基层军官职业声望，吸引优秀人才不断进入基层军官队伍。

推进文职人员现代化路径探析

国防大学政治学院政治机关工作系讲师　屈胜喜

2017年以来，新的《中国人民解放军文职人员条例》及一系列配套法规文件的颁布实施，对我军文职人员制度进行了体系性重塑，为建设高素质新型文职人员队伍提供了重要制度保障。在此基础上，还需要在文职人员引进、培养、使用、管理等方面不断创新思路方法，进一步破解矛盾问题，大力推进文职人员现代化，以达到全面推进军事人员现代化的目标要求。

一、把革新工作理念作为首要前提

通过深化国防和军队改革，文职人员与军官、军士、义务兵共同成为军队人员构成的基本类别，这是对文职人员身份的基本定位。以此为逻辑起点，用人单位须及时改变旧有思维习惯，以新的理念新的思路抓建文职人员队伍。

在身份定位上，切实落实好"文职人员是军队人员的组成部分"的科学定位，坚持文职人员与现役军人政治上同等对待，在任务分配、入党立功、评先评优等方面一视同仁，让文职人员尽享军队人员的地位荣誉。充分认识到"文职人员是军事人力资源新型力量"的深刻内涵，坚持党管人才原则，把文职人员作为一支基本力量列入党委重要议事日程，纳入军队人才建设体系，与现役军人通盘谋划、同步推进，确保文职人员人才资源深度开发、建设水平整体跃升。

在作用发挥上，文职人员在各方面工作中发挥了重要作用。这次改革，我军在军事人才培养、技术创新、资源管理和勤务保障等领域广泛编配文职人员，既有利于官兵集中精力提高军事职业素养，也有利于提高文职人员队伍建设标准和专业水平，从整体上推进军事人员现代化。用人单位要切实珍惜、合理使用文职人员人力资源，赋予其应当承担的工作任务，强化唱主角挑大梁理念，充分发挥好他们在所在领域的生力军作用，使文职人员成为军队人才特别是科技创新人才的重要力量支撑。

在力量运用上，根据需要参加军事训练和非战争军事行动，承担相应的作战支援保障任务，是文职人员应当履行的义务之一。战场上，作战支援保障力量与指挥、参谋、战斗等群体互为依托和支撑，都是战斗力“链条”中不可或缺的一环。对此，不可再有“文职人员不穿军装不扛枪，打起仗来轮不上”的习惯思维，而是要牢固树立“备战打仗也是文职人员的主业”的思想观念。用人单位要突出备战打仗指向，注重激发文职人员服务打赢的动力，加强多样化军事任务实践和战时力量运用研究，通过实备实训摔打磨砺骨干人才，确保随时拉得出、用得上。

二、把推进军民融合作为重要途径

此次文职人员政策制度改革，重要考量之一在于贯彻军民融合发展战略，打破军地人才流动的体制壁垒和政策障碍，积极推进军队人才和地方人才兼容发展，促进国家人力资源优势转化为军队人才优势。因此，在推进文职人员现代化的过程中，要看到军队文职人员制度是军民融合发展战略在军事人力资源领域的重要实现形式，坚持应融则融、能融尽融。尤其是在文职人员引进和培养方面，积极搭建融合的平台，不断拓宽融合的范围。

加强军地协同，实施更加积极的文职人员引进政策，确保引进层次和质量。引进是文职人员队伍建设的首道关口，必须坚持高标准，确保高起点。在文职人员招录聘用的渠道中，就数量规模而言，面向社会公开招考的文职人员占据主体，而高校毕业生又是重要组成部分。对此，要积极建立与地方知名高校的对口协作关系，逐步建立人才引进基地。通过建立健全便捷、长效的高校毕业生引进机制，把更多“双一流”建设高校及建设学科的毕业生集结到军旗下，提升优秀人才质量。就引进层次而言，直接引进适用于选拔高层次人才和特殊专业人才，含金量最高。对此，要积极探索创新团队引进、行业组织引进、核心人才带动引进、海外留学人才引进、智力引进等灵活多样的形式，着力打造重点学科、重点项目、重点实验室等引才平台，着力简化招聘流程、完善激励机制，延揽更多顶尖人才为军队服务。

强化军地联合，建立更加开放的文职人员培养体系，确保培养效果和水平。针对文职人员岗位军地通用性强的特点，坚持军地联动，整合军地资源，优化文职人员培养体系。一是突出技术技能联合培养。坚持“走出去”与“请进来”相结合，通过选派文职人员见习进修、聘请技术顾问、建立导师带教关系、开展项目联合攻关等多种方式，与地方科研院所、生产厂家建立共育机制，着力提升文职人员专业技术和专业技能水平。二是加强学历提升依托培养。充分利用地方高校丰富的学历教育资源，建议将文职人员在职攻读学历纳入国家教育体系，畅通文职人员赴地方高校提升学历渠道，确保文职人员在不影响正常工作的前提下升级学历、强化素质。三是统一军地人才培养标准。做好军地评价标准的政策衔接和体系对接，尤其是在专业技术资格评定、职业技能鉴定等方面，加强沟通合作，促进等同认可。

三、把加强岗位管理作为重点举措

岗位管理以岗位为核心，是包括基于岗位设置之上的招录聘用、培训考核、激励奖惩、晋升退出等的一整套人力资源管理过程。作为现代人力资源开发管理一项重要制度，岗位管理在地方企事业单位已实践多年，能够有效促使人员能力与所在岗位的责、权、利紧密结合，形成良性竞争机制，增强岗位活力。推进文职人员现代化，要结合军队单位特点实施岗位管理，推动文职人员瞄准岗位要求提升能力，通过岗位锻炼强化素质。

构建岗位素质标准体系。扎实做好各类文职人员岗位分析，并以此为基础，构建清晰明确的岗位素质标准体系。岗位素质标准主要通过相应任职资格要求体现，任职资格要求可以从教育背景、工作经历、职业资格、专业技能、专业知识等方面予以规范，也可以包括责任感、进取心、价值观等个性特征方面的要求，以及表达能力、组织能力、协调能力等能力素质方面的要求。岗位素质标准体系应着眼实现文职人员现代化战略目标，区分岗位类别、岗位等级、岗位任务等构建，相关描述要具体、可衡量，确保针对性实效性。据此，文职人员能够明确自身发展方向，提高成长进步的主动性。

注重岗位实践历练提高。实践锻炼是人才成长的必由之路，也是人才培养的有效方法。文职人员只有立足本职岗位加强实践锻炼，才能锻造过硬本领。坚持职业发展牵引，科学制定文职人员成长成才规划，使其清晰掌握职业发展路径节点，牢固树立岗位成才意识，自觉在研究新领域、解决新矛盾中掌握新技能。坚持本职岗位历练，有针对性做好岗前培训，加强帮带指导，促进文职人员尽快适应岗位要求；大力培育热爱岗位、热情奉献、勇挑重担的职业精神，广泛开展岗位练兵和技能竞赛活动，促进文职人员真抓实干精益求精。坚持大项任务锤炼，支持文职人员参与重点项目建设、重大课题研究和关键技术攻关，有计划安排文职人员参加重大军事任务和非战争军事行动，使文职人员在大项工作和实战化训练中增进职业认同，积累丰富经验，锻炼思维能力。

发挥岗位评价激励作用。坚持绩效激励，加大对文职人员岗位履职情况考核力度，对照岗位素质标准体系，从工作实绩出发实施科学评价。注重做好考评反馈工作,制定岗位履职改进计划。构建能者上庸者下的竞争机制,对承担不了岗位职责的文职人员及时予以淘汰。健全奖惩激励机制,加大对履职尽责、在本职岗位作出突出贡献的文职人员宣传力度,不断激发文职人员干事创业热情动力。

四、把完善待遇保障作为必要支持

建立健全相对优厚的待遇保障机制,有助于不断增进文职人员职业吸引力,可以有效保证文职人员队伍稳定性,进一步激发文职人员奋斗热情,亦是推进文职人员现代化过程中的重要支撑因素。这次文职人员政策制度改革,按照军地衔接且具有比较优势的思路,建立了统一的文职人员工资制度,对住房保障、社会保险、福利抚恤等制度作了全面调整优化,体现出文职人员从事军事活动的特殊价值贡献。当然,完善待遇保障是个动态过程,要随着经济社会发展和部队建设需要而发展。

确保现行待遇保障对接落实。系统梳理、认真研究现行待遇保障政策,对相关规定逐条明确。推动规定待遇落地见效,积极协调办理安置落户和保障关系接转,确保工资、住房、保险、医疗、服装等及时到位。关心关爱文职人员,主动靠前排忧解难,在协调解决家属就业、子女入学问题上加大与地方政府协调力度,与现役军人一致对待。尤其对于转改的文职人员,更应在落实待遇上不打折扣,使其依法充分享受各项权益,减少转改外拉力。

健全文职人员进出扶持政策。在高层次人才和特殊专业人才引进上予以政策倾斜。外国军队文职人员福利待遇普遍略低于同级现役军人,但美国专业技术类文职人员的总体待遇却高于同级指挥军官,特别是聘用专家等特殊人才的待遇更为优厚,各类津贴、补助构成其工资的主要部分。我军在直接引进文职人员时应考虑设立专项经费支持,并根据其实际贡献等因素给予经费补助,充分彰显人才价值。对退出的文职人员予以政策扶持,明确文职人员退休时的相关待遇保障,协调为退出的文职人员提供就业便利条件,进一步增强其安全感。

完善战时文职人员保障体系。文职人员参加作战支援保障任务时,为鼓舞其斗志、增强其战斗力,应在继承和发扬我军思想政治工作优势的基础上,完善相关待遇保障。待遇保障对于力量动员和士气激励有重要作用,战时文职人员应享有与同级军官相同的待遇保障,这也是世界各国军队的通行做法。此外,还需制定文职人员抚恤优待办法,保证参战文职人员的合法权益得到应有的重视和维护。

陆军飞行人员队伍现代化建设问题研究

国防大学政治学院硕士研究生　辛　亮

党的十九大报告指出，要坚持走中国特色强军之路，全面推进国防和军队现代化。国防和军队建设要适应世界新军事革命发展趋势和国家安全需求，同国家现代化进程相一致，全面推进军事理论现代化、军队组织形态现代化、军事人员现代化、武器装备现代化。“人才是实现民族振兴、赢得国际竞争主动的战略资源。”[①]全面推进军事人员现代化，是实现军队现代化的核心和关键。陆军航空兵作为陆军新型作战力量的代表，是陆军实现“机动作战、立体攻防”战略要求的关键力量。飞行人员是陆军航空兵军事人员的主体，加快推进陆军飞行人员队伍现代化建设，是落实人才强军战略，推动陆军转型建设和陆航兵种发展的重要举措。

一、突出顶层设计规划，确立飞行人员建设体系框架

顶层设计突出的是从系统、整体的角度认识、分析和解决问题的理念。正所谓“不谋全局者，不足谋一域”，陆军飞行人员队伍现代化建设是一项涉及整个陆军航空兵部队建设、关乎陆军转型发展和改革强军

① 习近平：《决胜全面建成小康社会 夺取新时代中国特色社会主义伟大胜利——在中国共产党第十九次全国代表大会上的报告》，人民出版社，2017 年，第 64 页。

目标实现的大工程，结构复杂、体系庞大。在涉及整体规划布局、制度体系建设等系统性问题中，必须从全局角度出发，加强宏观设计和整体规划，确立陆军飞行人员队伍现代化建设的体系框架。

（一）完善飞行人员岗位类别布局

指挥岗位要区分战役指挥和战术指挥，地面指挥、空中指挥和空地联合指挥等不同的层次等级，以及空中突击、空地打击、有人无人协同等作战样式类别；参谋岗位在作战、训练、领航、情报等传统类别的基础上增加战场协调、电子对抗、网络攻防等专业设置；战斗岗位在空地打击、空中侦查、空中投送的基础上增设空中突击、空情判读、空中电子对抗、无人机操控等专业。以此为框架，进一步明确岗位职责，明晰岗位人才成长路径，推行岗位能力资格认证和持证上岗制度，使人才岗位类别布局更加突出打仗功能，更加凸显专业水准。此外，还要适时建立重要领域、重点方向的专项岗位职能拓展计划，保障精英作战分队、优秀科研团队、各领域专家智囊等人才群体建设，满足特种作战、海外维和、科研试飞、灾难救援等特殊性任务的人才需求，为保留行业专家和未来型人才在岗位编制上提供一定弹性空间。

（二）建立飞行人员分类评价机制

着眼建立通用与专业相结合的评价标准体系，以陆军军官基本能力标准和飞行人员基本技能标准为基础，按照不同岗位类别建立能力评价模型；在科学论证基础上，合理设置评价指标，采取定量与定性相结合的方式，突出对各类飞行人员政治素养、专业水平、任务成效、实际贡献等方面的综合考察评定；积极探索推行多元化的评价方式，以党管飞行人员原则为统领，逐步建立完善行业专家评价、实绩纪实评价机制和任务派出机构、任务协同对象的反馈评价机制；同时，合理设置评价节点，将考评渗透到学习、训练、演习、任务的各个环节，增强评价的目的性和针对性。特别是要遵循飞行人员成长规律，科学选定评价周期，更加关注飞行人员成长过程，客观评价飞行人员在特定时期、特定任务中的综合表现，不以一时得失、一事成败取人。

（三）完善飞行人员激励制度体系

搭建由精神激励和物质激励共同构成的奖励体系，形成积极向上的合力。精神激励主要本着肯定突出贡献、记录特殊履历、引领前进方向的目的，可以采用树立先进典型、颁发证书证章、开展社会宣扬等方式进行。物质激励方面，要着重探索除奖金外的其他奖励形式，重点开发以进修送学、优先晋升、自主择岗、重大任务参与等形式构成的，具有中长期效果的职业发展激励方式，促进人才增值。严格规范奖励标准，对各项激励的实施条件进行明确，切实维护激励政策的严肃性。在实施原则的把握上，要向作战任务倾斜，积极肯定战斗飞行、持续安全飞行、特殊任务飞行、特殊环境飞行以及演习比武等方面的实际贡献；要向长期的系统工程倾斜，对诸如科研试飞、轮战轮训这样前人栽树后人乘凉的长期性任务，要建立奖励追溯制度，鼓励功成不必在我的奉献精神和全局观念。

（四）构建飞行人员体系开发格局

加紧构建陆军飞行人员队伍"三位一体"培养体系。发挥院校育人优势，打牢飞行人员生长基础。通过院校学历教育，着力提高飞行人员的理论认知水平和学用转化能力，强化对未来战争的认知和制胜机理的把握。立足部队训练实践，搭建飞行人员成才平台。在实战锤炼中打牢战斗技能基础，激发战斗精神，提升信息化条件下体系作战意识，不断夯实飞行作战的能力。健全职业教育体系，拓展飞行人员发展空间。强化组织筹划的科学性，把对飞行人员的培养纳入新型军事人才培养的整体规划中，由兵种主管部门负责主抓军事职业教育在相关领域内的领导管理和政策制定，进一步突出军事职业教育的"军种特色、专业领域特色和素质拓展特色”[①]，进一步明确军队院校教育、部队训练实践和军事职业教育各方在飞行人员培养中的具体职能。在此基础上，由业务部门牵头，对飞行人员职业教育开展的任务要求、方法步骤、资源配置、时间保证等方面作出细化的明确规定，建立飞行人员学习档案，实现职业教育的全程记录，通过综合考评、岗位资格认证等方式对职业教育的具体效果进行科学评价。

三、运用现代信息技术，提升飞行人员科学管理水平

习主席讲，“用人得当，首先要知人。知人不深、识人不准，往往会出现用人不当、用人失误。”[②]挖掘利用人才数据，进行定量与定性相结合的分析运用，是客观知人、正确识人的基础。当前，大数据开发运用在提升国家治理的现代化水平上已得到高度重视，充分运用现代信息技术，开发飞行人员数据资源，拓展人才数据应用领域，大力加强人才数据模型建设，是实现飞行人员队伍管理和服务科学化、精准化、高效化的有效途径和迫切需要。

（一）开发飞行人员数据资源

获取飞行人员队伍建设相关数据，建立飞行人员数据库，是飞行人员数据开发应用的基础。长期以来，由于数据意识的缺乏，我军在数据保存与开发方面存在很大的差距。因此，做好人才数据建设基础性工作，必须从获取相关数据开始。在我们开发飞行人员数据的过程中，既需要牢固建立数据意识、加强组织领导，促使涉及人才建设的各个部门协调合作，广泛取得与之相关的教育情况、训练情况、思想情况、家庭情况等各类数据，也需要加强职能机构建设，成立专门的数据管理部门，

---

① 《发展军事职业教育是实现强军目标的战略路径——总政干部部领导就加快发展我军军事职业教育答记者问》，《解放军报》2014 年 6 月 4 日。

② 《习近平谈治国理政》，外文出版社，2014 年，第 418 页。

引进大数据管理人才，增加大数据建设投入，实现对海量数据的精准加工、有效筛选、集中存储与科学管理。

（二）构建飞行人员能力素质模型

获取人才数据是“知人”的基础，如果要做到“识人”就必须对人才数据进行正确的解读。“知人”的数据与“识人”的结果之间是靠一定的模型联系起来的。这个模型是否科学准确，是我们能否通过客观数据真实刻画人才的前提。在实践过程中，素质模型因具体应用方向的不同，有很多种建构的方法，包括行为事件访谈法、问卷调查法、工作分析法等。例如，我们可以利用行为事件访谈法（BEI 访谈法，Behavioral Event Interview），从优秀飞行人才个体中确定效标，通过行为事件的访谈获得效标的相关数据，在分析数据的基础上建立初步的模型，以及对模型进行验证，建立一个相对客观、完整的飞行人员能力素质模型。

（三）拓展飞行人员数据应用

获取飞行人员相关数据，建立飞行人员能力素质模型，最终目的是客观描述飞行人员，为实现陆军飞行人员队伍现代化建设的精准科学管理与服务提供有效支持。飞行人员大数据在新型飞行人员培养、评价、选拔、预测、调配，以及人才效益监控等方面有着广阔的应用空间。此外，还可以建立飞行人员的效益模型，分析其边际效用临界点，在人才的引进和退出方面发挥作用；建立飞行部队人才结构模型，对未来的人才需求进行预测。大数据应用是一种科学先进的手段，在新型飞行人员队伍的精确管理和服务中能够发挥巨大作用，但是我们仍需要注意的是，数据分析并不能完全代替各级组织对人才队伍建设的定性把握，只有二者充分结合各取所长，才能最大限度促进陆军新型飞行人员队伍健康发展。

四、贯彻融合发展战略，拓展飞行人员育用支撑平台

陆军飞行人员队伍现代化建设是我军发展新型作战力量、推动陆军转型的重要举措，是一项依托经济和国防建设的系统性工程。我们必须站在全局的高度，从军队内部协调、军民融合发展等多个维度寻求发展的途径。

（一）畅通“军兵种一体”联合渠道

未来战争中，兵种协同与军种联合是必然趋势，军兵种飞行人员的培养亟需打通阻碍关节，建立沟通渠道。从军种层面来看，多军种都装备有直升机和无人机，相关飞行人员可以通过开展联合对抗训练、联合协同演练、联合指挥作业，增进了解、相互借鉴，促进联合作战能力的生成。陆军内部要加强陆航与各地面作战兵种的联系，密切飞行人员与兄弟部队间的“朋友圈”，派遣飞行指挥军官和参谋军官到地面部队参与训练组织筹划，了解作战协同对象的战法运用和战术风格；选拔地面作战部队的优秀基层指挥军官和特战队员学习直升机驾驶和无人机操控，丰富陆军飞行人员的专业构成。陆航兵种内部要树立一盘棋思想，打破人才培养使用的小圈子，开展广泛的人才交流和经验分享，探索建立组织选人与飞行人员自主竞岗的双向选择制度，激发飞行人员成长动力，给飞行人员提供在不同地域环境、不同任务区域服役的机会，提升飞行人员完成多样化任务能力，促进陆航部队人才素质结构上的优化。

（二）拓宽“军警民一体”融合路径

近年来，随着低空领域的开放和地方通航事业的发展，直升机飞行和无人机操控在民用、警用领域速度兴起，在飞行人员队伍建设方面，军、警、民有着极大的融合发展空间。人才培养方面，军队可以适当向警用和通用航空开放一定的训练资源，代培一定数量的飞行学员，进一

步完善“推荐函”制度，畅通陆军退役飞行员支援地方航空建设的渠道，积极落实军营开放制度，培养公众特别是青少年对飞行事业的兴趣。地方也可以为军队加强飞行人员储备。在人才使用方面，军警民三方在海上维权、应急力量建设以及维护国家海外利益等领域可以建立积极的协调机制，加强联合演练和联合行动，在维护国家利益和人民安全中发挥重要作用。

（三）打造“产学研一体”发展体系

“产学研合作是企业、院校、科研院所按照利益共享、风险共担、优势互补、共同发展的原则，发挥各自在资源、功能、平台等方面的优势，共同开展科技创新的活动。”①作为最终用户，军队飞行人员建设也要积极参与其中，共担利益和风险。我们要改变旧有模式，探索将人才培养的环节向前延伸，与先进装备的研发和制造接轨，尝试在与产学研机构的合作中培养人才，在合作中发现人才的新模式。适时选派优秀飞行人员参与先进装备的需求论证和研发制造过程，一方面及时提出用户需求，缩短装备的设计和改进周期；另一方面尽早地接触先进理论知识，边学习、边接装、边改装，缩短新型装备战斗力生成的周期。产学研各机构也要在装备列装后的一定时期内全程介入、伴随保障，搞好部队用户的使用培训工作，不断加强与飞行人员的交流，及时获得反馈信息，不断对装备进行改进完善。

五、开发知识管理平台，构筑培育一流人才竞争优势

陆军航空兵是知识和技术密集型的兵种，在运行过程中蕴含了大量的知识流，推进知识管理，适应未来信息化、智能化、无人化作战环境，对促进陆军新型飞行人员建设，构筑飞行人员队伍竞争优势有着十

① 承文：《创新型企业知识管理》，机械工业出版社，2014年，第69页。

分重要的战略意义。

（一）完善知识信息平台建设

如何获取与准确表达这些隐性的知识是建立信息知识平台的难点所在。一方面，我们可以借鉴外军先进经验，对各种新的作战理念、成功的战术技巧和战略经验进行收集、分析和整理，形成可供军队参考的文字资料，对每一次任务的绩效表现进行总结，形成改正缺点、保持优势的具体方法，不断进行积累；另一方面，要传承我军飞行部队的优良传统，将技术通报、事故通报、经验通报等一些成熟的隐性知识积累和传递方式向知识管理系统整合，进一步探索“师承制”、评教评学、议军议训，以及教学法研究等形式对隐性知识的深度挖掘。在广泛获取知识的基础上，应投入更大的精力重点做好知识加工工作，组织专门力量对获取的知识信息进行统一的鉴别分类和科学的标准化处理，去粗取精、去伪存真，减少各自为政的无序发展和重复劳动，形成可靠的知识经验供飞行人员学习借鉴和参考运用。

（二）强化知识管理运行保障

从组织层面来看，陆军机关要负责知识管理的集中领导，对涉及飞行的关键知识领域及其发展方向进行统一识别和规划；组建知识管理体系中的各级机构，对战略规划制定、信息资源获取、系统架构运行、信息网络建设维护，以及经费物资保障等方面工作实施具体管理；建立自下而上的多级管理体系，推动单个人员、单个集体所掌握的知识向群体知识、组织知识层面转化升级。从制度层面来看，要建立有效的激励机制，鼓励全员参与到知识信息平台的充实与维护工作中，鼓励优秀飞行人员和优秀飞行群体积极主动分享自己的成功经验，奖励掌握核心知识、作出突出贡献的飞行人员；建立科学的测评机制，对飞行部队、飞行人员参与知识管理的积极程度和取得的实际效果进行评估，及时发现运行过程中存在的问题，完善知识的退出与更新机制，不断对知识管理体系进行科学优化与充实提升。从技术保障层面来看,要充分运用人工智能、大数据、云计算等先进技术作为支撑,提高知识搜寻、数据挖掘的现代化程度;创建知识仓库和知识地图,开发知识门户、知识检索引擎和群件技术,提升知识信息平台的用户体验;建立知识管理的元数据,切实提高知识管理运行水平。

(三)推动知识创新和实际运用

我们要大力建设崇尚学习的兵种文化和学习型陆航部队,努力将知识管理系统拓展为知识学习与应用系统。进一步扩充发展知识信息平台,涵盖基础技能、联合作战、信息处理、创新思维、社会科学以及应急救生、心理品质训练等方面的知识,既能够为院校教育和部队训练实践提供智力支持,也可以嵌入军事职业教育,充实教育内容、丰富教育手段。组建各类知识项目团队,针对新的训练大纲、新的战法运用、新的装备使用、新的技术应用开展集体攻关,创造新的成果,生产新的知识。比如,可以打造知识共享和知识创造平台,鼓励飞行人员利用网络开展研讨式的交流,激发知识创造的灵感。知识管理系统既是知识的汇集地也是知识的创造场,飞行人员通过该系统获取有效知识、生成军事能力,支持任务完成,系统也通过飞行人员的任务实施进而获得知识反馈,在这样一个良性的循环中,知识系统不断建立完善,飞行人员的竞争优势也得到不断巩固加强。特别是随着机器学习与人工智能技术的兴起,还可以将其引入知识挖掘和处理,减轻人工作业的工作量,不断提升知识管理效益。

新型航空机务人员队伍建设刍议

93719部队政治工作处　范　斌

当前，随着空军部队革命化现代化正规化建设脚步的加快，各级航空兵部队担负的任务呈现出日趋多元、快反、高频、强度大等特点，对航空机务人员的能力素质提出了更高的要求。作为空军战斗力的重要组成部分，如何适应新形势任务的发展需要，加强新型航空机务人员队伍建设，具有十分重要的意义。

一、科学准入，优化院校教育链条供需

习近平强调指出，要科学设置各类人才成长路径，努力在重要领域和关键环节实现突破。院校作为航空机务人员的主要输送渠道，势必需要适应战争发展态势，遵循新体制下的飞行训练规律，培养出符合现代飞行训练要求的新型航空机务人员队伍。

1. 深化教学内容改革。当前，空军机务保障人员大多数来源于几所工程类院校。在军队改革不断深化过程中，其部分教学内容显得老化陈旧，在武器装备及军事变革不断发展的今天，有些教材甚至沿用了数十年没有重新编写，明显滞后于信息化建设发展进程、滞后于保障模式创新发展。因此，深化教学改革，一方面，应本着“未来仗怎么打、课程就怎么设置”的原则，坚持以基本岗位任职、能力素质提升和问题研究为牵引，做到教为战、学为战、研为战，对培养目标和课程体系进行科

学定位和调整更新；另一方面，应及时将前沿理论和实践成果纳入教学内容。着眼战争形态、作战样式和军事装备发展趋势，加大新理论、新观念、新知识、新装备、新技能教学比重。

2. *加强院校与基地嵌入式融合*。要把院校培训与实践锻炼有机结合起来，实现理论与实践、课堂与战场训练场的有效对接。但是，从实践情况看，由于缺乏统筹协调和配套保障机制，院校实践性教学受到很大制约。航空机务官兵到部队后往往还需要分专业进行为期3—12个月的带教培训才能正式单放上岗，不仅培养周期过长造成人力资源浪费，且传统的“师傅带徒弟”的方式还受到带教人员本身素质的影响。所以我军在航空机务人才培养的初级阶段可以借鉴美军院校与基地嵌入式培养的模式，由院校承担学员的综合素质培养，从职业发展的角度规划和布局教学内容，由训练基地承担装备保障专业领域的教育与训练，这样，既有利于航空机务人员的全面发展和能力素质的生成，也实现了院校、基地训练与部队作战训练的无缝对接。

3. *新装备要向院校倾斜*。习近平强调，我军现代化建设和军事斗争准备深入推进，武器装备和新型作战力量快速发展，对拓宽人才培养渠道、改进人才培养模式提出了新的要求。近年来，空军各型国产新装备集中交付部队，战斗力大幅提升，但维修保障力量却始终滞后于飞行训练要求。综其原因，其中不容忽视的就是受到“新装备不舍得交给院校”的观念掣肘。要改变以往人才建设靠“装备倒逼”的被动局面，增强人才建设的前瞻性。一方面，要树立坚持院校与部队装备同步发展、院校适度超前的观念，使新装备优先配发院校，装备补充更新优先考虑院校；另一方面，可以大量使用模拟教学，模拟训练器材满足检查、维护、拆卸和安装、系统测试、故障隔离等实际操作练习，覆盖从简单到高度复杂的维修过程，模拟器的高仿真性也可以充分保证教学目的和教学效果的实现。

二、深训精训，专业引领瞄准岗位升级

当代航空技术复杂化使航空装备保障专业高度细化，作战单位各类专业高度分化又高度综合，赋予了专业化新的内涵和更高要求。

1. 明责专攻。通过专业领域划分合理配置人力资源，有利于明确各类机务人员岗位任职资格和实施科学管理。推进航空机务人员建设指标体系向突出胜任岗位能力要求的专业资质转变。可以参考民航维修人员执照管理规则，一方面将维修人员分为管理人员、放行人员、维修人员和支援人员四类，改变以往以干部、军士身份划分工作岗位的简单做法，建立起以能力素质满足工作需求为重点的上岗工作机制；另一方面按照部队机务人员定岗情况，筛选出关键岗位和重要人员，参照民航做法研究制定岗位定期培训和持证上岗考核措施办法。

2. 深学精训。以美军的机务军士为例，其从初级军士成长为一名军种总军士长要经过20年时间，先后经过11次基地、院校培训。我军虽然也实行了逐级培训制度，但相比美军而言，逐级培训体系较为简单，层次划分不够细致。新型航空机务人员要坚持按需培训、训用一致，科学确定机务人员培训计划。一是着眼实现“培训—使用—再培训—再使用”良性循环，应对现行培训体系作进一步调整完善，逐步实现机务人员每晋升一级，必须经过相应培训一次的导向。二是在军事职业教育培养人才上，着力建设虚拟化、网络化、数字化课程，构建大规模开放式在线课程体系，搭建全员、全时、全域教育平台。三是加强军民协作交流，拓宽部队和航空企业培训机制，部队和企业定期互送骨干进行培训，改变过去航空企业只负责首装部队培训，后续的单位换装培训均由军队培训单位承担的情况。

3. 岗位考核。借鉴外军“实行逐级培训，不训不晋”的逐级培训晋升制度，为各级各类飞机维修人员制定完备的训练考核计划。在其职业生涯中，无论职务、军衔晋升还是技术等级认证，都要经过严格的专

业考核才能实现。对从事特殊专业岗位的机务保障人员建立持证上岗、定期证书等级认证制度。建立健全航空机务人才选拔任用机制，根据空军航空兵部队的实际，积极推进制度创新，建立健全新形势下机务维修人员成长的竞争、评价、监督和交流机制，提高机务人员待遇，为人才的成长提供有力的支持和保障。

三、战训合一，突出实兵演练加钢淬火

克劳塞维茨认为，军事人才就是在战争实践中锻炼出来的，任何其他的实践都不能替代战争的实践。[1] 随着空军战略转型建设发展，机务人员承担的伴随保障、多机型保障、联合作战下的保障等任务也趋于实战化、常态化、动态化，

1. 以"升空就是战斗"的姿态练技术。以执行重大行动、重大任务、重大演训，以及中外联合演习作为练技术的有效契机，配合科学的机制，激励广大官兵积极学习，掌握实战化飞行保障的特点规律，真正吃透武器装备、飞机性能，创新实战背景下的机务保障模式。强化各类作战法规和规定的学习，使官兵懂保障。通过组织开展快速启动、装填（挂）、换件、排故、调试、校正程序和多点保障、应急保障、特情处置、抢修的组织实施方法等学习，使官兵会保障。通过学习各型各类电子对抗和数据链功能运用、火控系统与武器交联匹配、战时最低放飞条件以及全系统使用全功能保障等作战相关理论知识，使官兵能保障。

2. 以"岗位就是战位"的角色练配合。航空装备保障部队的战时配合程度直接决定了战机出动的速率，关乎整个战场态势变化，要求新型机务保障人员应具有适应现代化战争节奏的能力。除了快速检测、排障、抢修能力，机务人员应着重在平时训练中锤炼实战背景下的快速

---

① 克劳塞维茨:《战争论》上卷，中国人民解放军军事科学院译，解放军出版社，1964年，第66页。

现场组织指挥能力，不同专业技术保障部门的协调配合能力。要牢固树立“一个机组就是一个战斗队”的思想，主动搞好协同配合，深刻了解把握任务规律，熟练掌握协同方式方法和新的装备资源配置，使各组员、各专业组织结构由条块联结向系统集成转变。通过优化组合实现各组员高度协调、一体化配置，力求形成精干高效的保障配合体系。

3. *以“解刀就是刺刀”的标准练作风。*机务保障中使用最常见最普通的工具就是解刀，但是上了战场，解刀就是机务人员的“刺刀”，解刀用得好不好、标准高不高直接关乎着战机的战斗力强不强。新型机务保障人员必须要以贴近实战的标准和要求开展日常维护和训练。一方面，要练工作作风。在一钉一铆中倾注十分的专注和百分百的认真，不放过任何蛛丝马迹，不错漏每一程序规范，有效遂行多样化航空保障任务。另一方面，要练战斗作风。在近似实战的环境和条件下摔打部队，磨砺机务人员过硬的心理品质和顽强作风，培育战斗精神，培养机务官兵雷厉风行、令行禁止的优良作风。

四、创新驱动，信息主导着眼未来战场

信息化战场的数字化和网络化必然推动装备保障的信息化建设，新型航空机务保障人员必须适应信息化建设需要，力争在两个方面使人才建设“多一些”。

1. *多一些研究航空机务保障理论的人才。*随着部队编制体制的调整和改革，装备保障体制也随之发生多次变化。但数十年来，航空装备保障体制没有明显变化。要实现航空兵装备保障能力的跨越式发展，就必须大力加强航空装备保障理论的研究。

作为未来战场的参与者，新型航空机务保障人员不应该仅仅满足于基本的航空维修保障，更应该注重信息化条件下的装备保障研究。当前，基层部队中不乏有一些思维开放且保障实践丰富的官兵，他们对现时航空机务保障有着自己独到且创新的看法和研究，需要被收集汇

总整理，进一步研究调研形成深层次的理论与实践。特别是要加强机务保障人员对信息化条件下航空兵装备保障体制、航空装备维修作业体制、航空装备及人员管理体制、基地保障体制等问题进行深入的探讨，并由此来推动空军航空兵装备保障体制的改革与更新。

2. 多一些钻研航空机务保障技术的人才。恩格斯指出，“当技术革命的浪潮正在四周汹涌澎湃的时候，我们需要更新、更勇敢的头脑”①。当今时代，科技引领发展，要重视新型航空机务人员创造力的培养。

一方面，航空武器装备已从第一代机电式、第二代电子式、发展到第三代、第四代数字式集成化，对机务人员的素质要求也从体能性、技能型发展到智能型，建立高素质的新型航空机务人员队伍就显得非常紧迫。所以航空机务人员的核心能力应该逐渐由基于机械平台向基于信息系统转变，通过普及信息知识，增强信息化保障装备的应用，提升信息化航空装备保障指挥协调。根据信息化条件下不同作战样式、不同作战规模、不同作战环境，培养机务人员能够使用多种精细化保障手段，如通过计算机网络的“远程会诊式”保障、利用远程通信和网络技术在异地实时指导、辅助现场进行维修保障等。

另一方面，随着素质教育的普及，机务官兵受教育程度越来越高，硕士、博士等高学历人才在一线部队也屡见不鲜，为新型机务保障队伍提供了足够的智力支撑，完全可以再经过科学的专项训练承担中级甚至是高级的机务维修工作，可以有效缩短我军航空兵现行的维修流程，提高飞机维修保养质量。

① 《马克思恩格斯军事文集》第2卷，战士出版社，1981年，第488—489页。

新时代应用心理专业硕士心智培养模式探究

国防大学政治学院政治机关工作系教授　唐国东
国防大学政治学院政治机关工作系讲师　许翔杰

目前，多数军队应用心理专业硕士培养单位制定人才培养方案，开展了案例式教学，构建了课程体系，组织了教学实践，但部分培养单位存在专业学位教育质量保障体系不健全、机制不完备，培养目标不够清晰，课程设置缺少“战味”、教学方式相对传统，师资结构不完善，研究生实务实操能力弱等问题。本文在对军队应用心理专业硕士教育调研的基础上，尝试构建一个“训—研—战”三位一体化的军队应用心理专业硕士“心智”培养模式，并提出这一培养模式的若干实施策略。

一、“训—研—战”三位一体化心智培养模式的建构

“训—研—战”三位一体化培养模式建构定位于专业学位教育，以“知识逻辑”和“技能逻辑”相结合作为培养模式建构的逻辑起点，是在厘清军事训练、军事研究和军事作战三者关系基础上建构的立体化人才培养模式。

（一）“训—研—战”三位一体化培养模式的内涵

“训—研—战”三位一体化培养模式由军事训练、军事研究和军事作战三个基本单元组成。“训”是指军事训练，是“训—研—战”三位一

体化培养模式的核心单元，采取模拟训练、综合演练、想定作业和部队实践训练等多元化训练方式组织教学，以此提高军队专业学位研究生的知识和技能水平，强化训练备战意识。“研”是指军事研究，具体是指军队专业学位研究生的研究要面向战场、面向部队，围绕实战搞研究，研究的问题来自部队并且服务于部队，关注部队现实问题、难点和热点问题。“战”是指军事作战，具体是指军队专业学位研究生教育要紧紧围绕党在新时代的强军目标，迎接世界新军事革命发展带来的挑战，通过参加军事任务来强化军队应用心理硕士使命感和责任感，提升其军事作战能力。“训—研—战”三位一体化培养模式聚焦于军队应用心理硕士职业能力自我生成。自我生成来源于自我认知，而认知本质上是一种意义生成，世界不是一个由人脑表征的预先独立存在的世界，而是人与环境间的结构耦合史中生成的关系域，认知世界是为了自我能力生成。

（二）“训—研—战”三位一体化培养模式的结构

培养模式的结构是由若干培养要素优化组合形成的一个有序系统。我们认为，培养模式应该包括“培养目标、课程设置、教学方式、师资队伍、质量管理五个要素”，因此“训—研—战”三位一体化培养模式是由培养目标、课程设置、教学方式、师资队伍和质量管理五个要素构建成的一个立体模型（见图 1）。

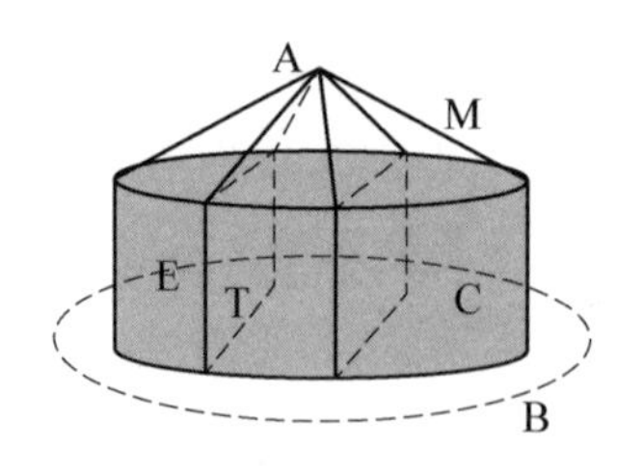

Aim：培养目标
Curriculum：课程设置
Education：教学方式
Teachers：师资队伍
Manage：质量管理
Battle：实战化要求

图 1　“训—研—战”三位一体化培养模式结构图

“训—研—战”三位一体化培养模式结构的底层是 B 层，也称战基层，是“训研战”中“军事作战”的直接体现，是“训—研—战”三位一体化培养模式建构的基石层，它包含的内容是军队应用心理硕士教育实战化要求和标准，培养模式的五个要素依据该层要求而构建，该层也是“训—研—战”三位一体化培养模式的认知起点，是发挥提高基于网络信息体系的联合作战能力、全域作战能力牵引作用的具体举措。结构的中间部分是 E、C、T 层，也称支柱层，是“训—研—战”三位一体化培养模式的核心部分，是“训—研—战”三位一体化培养模式结构的主体，包含的内容是课程设置、教学方式和师资队伍这三个要素，该层是“军事训练”和“军事研究”在三个要素中细化和展现，它突出了三个要素军事类多元化训练元素和实战化研究导向，突出了军队专业学位研究生“应用型”教育特征，突出了专业学位以专业实践为导向、突出知识技能应用的特色。模型的顶部是 A 层，也称目标层，是“训研战”三个基本单元的集中体现，是“训—研—战”三位一体化培养模式建构的目的所在，是“训—研—战”三位一体化培养模式培养目标要素的集中体现。模型的框架是 M 线，也称质保线，是“训研战”三个基本单元一体化的体现，是“训—研—战”三位一体化培养模式建构为立体化结构的基础，包含了质量管理这个要素。培养模式结构各层次和要素之间是系统性相互依存的关系。目标层将质保线凝聚为一点，质保线又串联起结构的战基层、支柱层和目标层，串联起各层中各个要素。支柱层和目标层构建于战基层上，支柱层的三个要素共同支撑起目标层，同时三个要素又受到目标层的指导和影响。因此，三层一线构成了培养模式的基本结构，组成了一个有机的整体。

二、“训—研—战”三位一体化培养模式的要素分析

在军队实战化要求下，“训—研—战”三位一体化培养模式的五个要素：培养目标、课程设置、教学方式、师资队伍、质量管理，具有一般教学模式不同的特色和要求。

（一）培养目标：瞄准实战，聚焦职业能力生成

职业能力培养与生成已经成为军队专业学位研究生教育的目标所向。参照培养目标结构的有关研究，我们尝试构建了“训—研—战”三位一体化培养模式的培养目标结构（见图 2）。

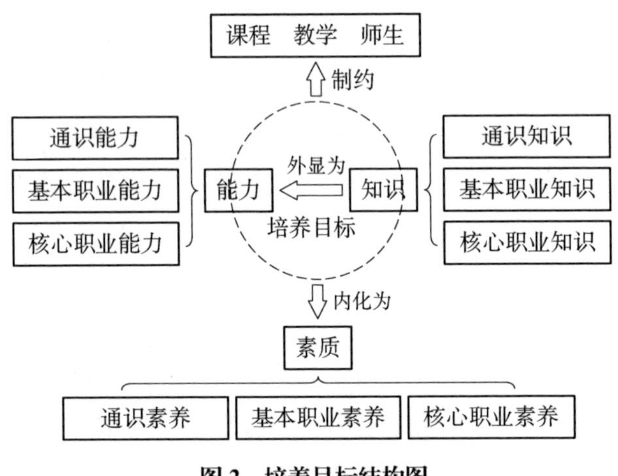

图 2　培养目标结构图

军队应用心理硕士的培养目标由能力、知识和素质三个要素组成，知识是基础性要素，能力是核心要素，素质是关键要素。三要素间相互影响，知识的学习内化为个人素质，知识的获得外显为个人的能力，能力和素质的培养与形成又反馈于知识，促进知识的发展。

（二）课程设置：建构联合式课程体系

课程设置对研究生的培养质量和水平起着决定性的作用，课程设置根据实战化要求构建“模块组装式”+“精选式”的联合式课程体系。模块组包括“作战基础课程模块”“基础职业能力课程模块”和“核心职业能力模块”。三个课程模块又由各自子课程模块构成，子模块中包含相关基本理论、技能训练、实践实习等课程，组成每个模块的核心课程

子体系。该课程体系三个模块突出重点不同，但是聚焦于体现创新能力的培养，创新思维训练凸显并贯穿于整个课程体系。作战基础课程模块、基础职业能力课程模块课程可相对固定，而核心职业能力课程与军队专业学位研究生未来工作岗位的实际情况密切相关，培养单位可依据培养对象现实情况提供进行“精选式”选择。

（三）教学方式：突出心智多元化训练

“训—研—战”三位一体化培养模式教学目的是要实现军队应用心理硕士军事职业能力从课堂向岗位的迁移，因此在教学方式上突出心智多元化训练：主要包括三类训练，一是心智训练，未来战场军人上面临不确定因素增多，战争胜负实质是双方心智的较量，心智训练有素的军人更能赢得先机，因此在教学过程中引入竞争机制，建立对抗性训练，实施心智训练；二是虚拟训练，虚拟技术为军队应用心理硕士教学与训练提供了新的思考范式，训练不再是单纯以体能、技能训练为样式的传统形式，而是融合虚拟技术心智全方位训练；三是想定演练，想定是对军事作战基本态势、作战企图和作战情况的基本设想，依据想定在教学过程中预设军事态势情况，设定综合演练，让军队应用心理硕士在分析、判定和决策中实现个人知识“区域链”的联结，提高处理问题的能力。

（四）师资队伍：树立导师军事匠人精神

匠人精神体现的是对工艺专注的精神。匠人精神与军事特质的融合成为了军事匠人精神，它是基于军人职业特点，对国防和军队建设事业的敬业、精益求精、专注耐心、一丝不苟与坚定不移。军事匠人精神在导师身上主要表现为三个方面：一是强军兴军的责任，二是对战场的专注，三是对技能的精益求精。与学术型研究生不同，专业学位研究生实践性更强，动手操作要求更高，导师军事匠人精神有利于学生要将所学的基本理论知识转化为操作技能，将各种训练、演练和实践活动转化为能力储备，以便在未来军事岗位中能结合应用。

（五）质量管理：建立全程质量保障体系

“训—研—战”三位一体化培养模式中的质量管理，按时间先后顺序将军队专业学位研究生培养过程划分为三个阶段，分别为入口阶段、培养阶段、出口阶段。三个阶段依次递进展开，培养阶段的质量管控是对教学活动和课程安排的质量控制，通过采取制定案例教学规范、实践教学规范、专业学位课程教学基本要求以及各门课程的课程标准、教学大纲、实施计划等措施，进一步细化质量管控标准，帮助研究生在三个阶段学习中能有章可循、有的放矢，实现军事职业能力的迁移。

三、“训—研—战”三位一体化培养模式的实施策略

要保障聚焦于实战化要求下军队应用心理硕士“训—研—战”三位一体化培养模式得到有效推行，还需要采取以下三方面的实施策略。

（一）建立专业学科领域的教育培养共同体

共同体是指建立在情感和意志基础上的一种排他性社会联系或共同生活方式。目前军事硕士专业学科领域教育培养共同体已做了有益的探索，可以为应用心理硕士教育培养共同体的创设提供借鉴。在教育培养共同体的组织框架下，统筹谋划各学科专业领域专业学位研究生教学工作，协商制定和修改完善人才培养方案，讨论优化课程设置，相互借鉴和丰富教学方法与手段，定期进行教学观摩和交流，协调、组织研究生参加部队演习、参观见学和其他实践性教学活动，相互支持和参与专业学科领域教学案例的采集、编写和出版工作，组织统编教材的撰写，共同开展生源的考察、选拔、推荐和审定工作，共同开展部队导师的选聘和培训工作，协调、安排部队导师参加研究生的教学活动，检查专业学位教育质量，提出教学改革的建议和方案。

（二）强化部队研究生工作站反刍式学习作用

反刍式学习是指学生将学习过知识进行再次学习和内化。“训—研—战”三位一体化培养模式突出实践教学对军队应用心理硕士教育的作用，而实践教学则是研究生的一次反刍式学习过程，是将在课堂习得的理论知识运用到部队实践中，再次内化为自我知识技能的过程。要保障“训—研—战”三位一体化培养模式实践教学的顺利实施，就需要建立部队研究生工作站。在完善各专业学科领域部队研究生工作站建设，增加工作站数量，增加规模的同时，要强化部队研究生工作站反刍式学习的地位与作用，注重发挥工作站实践保障作用，为军队应用心理硕士研究生提供实践平台，提供专业技能训练的机会，提供面向一线部队、面向基层、聚焦实战的进行研究的条件，提供参加重大军事任务的机遇。

（三）实施师生交互式提升工程

新型培养模式强调个体与教育环境互动中自我能力的生成。师生交互式提升工程主要包括自我生成提升、平时生成提升和战场生成提升三个环节。自我生成，主要是师生在教学活动中通过师生互动的教学相长，在理论学习和研究探索中实现自我知识、能力的生成；平时生成，则是师生结合部队案例、预案计划、院校与部队间的联教联训、军地高校培训等实现自我生成的进步提升；战场生成，则是在实战化背景下，专注战场变化和作战态势变化，利用参加遂行军事行动任务保障、参加多样化军事任务、参加重大军事演习演练等实战性任务，完成实战化知识、能力生成。师生交互式提升工程不仅仅是传统的“学习-实践-学习-再实践”的单链条式培训模式，而是基于信息系统体系作战能力提升的“平战螺旋交互式”提升模式。

外军军事人员现代化学习借鉴

美军军人国际政治素养培塑探析

国防大学政治学院军政训练系教授　李庄前

国际政治素养是一支军队软实力的重要体现，是其战斗力的组成部分，已成为西方主要国家军队建设的重要内容，美军就是其中的典型代表。

一、源于意识形态传统的美军国际政治视野

美军重视意识形态领域的政治教育工作，传统上主要围绕两个主旋律：一是宣扬美国宪法和《独立宣言》的思想原则；二是宣扬美国三权分立政治制度和民主、自由的价值观念，其核心是强化军人“责任、荣誉、国家”的意识。意识形态领域的政治教育培塑了美军军人的政治意识基因，表现为三个方面。

一是对美国社会政治制度的尊崇。美军条令要求官兵拥护美国社会制度和美国政府，捍卫美国民主和生活方式，认为美国的政治制度具有先进性，生活方式具有优越性，这种先进性和优越性成就了美国人心目中对其政治制度和生活方式的信仰。美军军人必须认同其社会政治制度的基本价值，增强捍卫其自由、民主原则的自觉意识。正如《美国法典》所陈述的那样，军人必须自觉维护美国社会制度和生活方式，为捍卫美国至高无上的自由而勇于奉献自己的所有。

二是对国家政治目标和军事行动目的的认同。最近几十年来，美

军打着“正义”的旗号在世界各地频繁动武，其实质就是要实现美国国家的政治目的。陆军作战构想2020—2040《在复杂的世界局势中赢得胜利》明确指出，美国陆军的目标是形成一流的作战能力，“实现符合美国重要利益的可持续发展的政治成效”①。美军认为，全志愿部队必须了解军事行动的目的和国家的政治目标，必须履行“在全球负有的特殊使命”，在领导世界中提高政治判断能力。

三是在政治上对文职政府无条件的服从。美国的政治体制是文官控制军队。《1776年弗吉尼亚权利宣言》强调：“在任何时候，军队都要严格服从文官，无条件地接受其领导。”无条件服从文职政府，也就是无条件地维护美国政府的利益，维护美国的政治制度和生活方式。《美国陆军军官手册》指出，“职业军人是保卫美国政体不受武力侵犯的最后堡垒”，陆军军官必须严格遵守其职业伦理，“在履行工作职责时，严格遵从军队服从文人政权的宪法原则”。

二、美军国际政治素养培育的主要内容

培育什么样的国际政治素养取决于一支军队的建军宗旨和立军目标。美军存在的根本意义在于捍卫美国的国家利益，推行美国社会的价值理念。

（一）与政府步调一致的国家政策意识

虽然西方学者宣称美军不介入政治，但纵观其200余年的发展史，美军并未远离政治，而是深深地介入了美国政治，成为政府政策的推动者和实践者。所谓军人远离政治，不过是军人必须在行动上与政府的政策保持一致而已。乔治·巴顿曾说，“我受雇于美国政府，如果我投

---

① Win in a Complex World (2014) [EB/OL]. http://www.tradoc.army.mil/tpubs/pams/TP525-3-1.pdf

票反对政府，那就是投票反对总司令”。维护国家利益，忠实地执行政府的政策，首先需要军队研究国家政策，熟悉政府意图，并将其转化为军事职业中的行动自觉。历史上，军政关系中的许多反面例子，如杜鲁门与麦克阿瑟、克林顿与鲍威尔、奥巴马与麦克里斯特尔等，无不是以军方指挥官的黯然下台而收场，其根本原因就是军方在执行政府政策时出现了偏差。因此，亦步亦趋地执行美国政府的政策是美军的首要职责，也是美军国际政治素养培育的首要要素。

（二）与职业相伴共随的国家战略意识

美国战略体系分为三个层次：国家安全战略、国防战略和军事战略。国家安全战略涉及外交、军事和经济等国家力量工具运用的若干层面；国防战略聚焦国家防卫能力建设及总体行动方向；军事战略则是军队能力建设和联合作战方针的集中体现。准确把握美国战略体系的内涵是培育美军军人职业素养的重要内容。特朗普执政时，先后发表《国家安全战略》《国家防务战略》《核态势评估》等报告，认为“美国将会对其所面对世界日益增长的政治、经济和军事竞争做出回应”，指出“国家间战略竞争是美国国家安全的首要关切”，宣称美国繁荣和安全面临的核心挑战是“长期战略竞争再现”，主要对手是俄罗斯与中国。美国国家战略重心转移必将对大国关系和国际局势带来深刻影响，必将成为美军军人国家战略意识培育的重要遵循。

（三）与时局同频共振的地缘政治意识

美军领导力条令 FM 6-22 阐释了美军军人必须具备的地缘政治素养，其中包括：能够了解美国之外的社会动态、新闻消息以及各类事件；能够清晰描述美国如何对他国施加影响力；能够将美军的影响力施加到多国伙伴以及参与任务行动的其他力量；能够弄清引发冲突的各种因素；能够解释地缘政治事件对团队成员的意义及可能的后果。具备了以上地缘政治基本能力之外，还必须在四个方面自我强化：一是养成阅读报纸杂志及网络新闻的习惯并从中甄别出社会和政治热点话题；二是研究相关国家的文化历史、自然资源、民众愿望、国家政策以及政治环境，并确认是否影响美国国家利益；三是思考他国或其文化对当前的地缘政治事态产生了何种影响，其他军事力量对此采取了怎样的行动或反应；四是寻求并接纳各方不同的意见建议。

（四）与能力息息相关的区域文化意识

美军条例 AR 350-1 指出，文化能力包括跨文化能力和区域能力两个方面。跨文化能力要求官兵在涉及诸如人际交流、宗教信仰、信念态度、行为举止等方面具备基本的文化意识；熟悉盟军的习俗和传统，理解其条令、术语在释义上存在的差异；了解对手的文化以及作战所在国的文化，等等。区域能力则是指官兵将跨文化能力运用到某一或若干个作战部署区域的能力。区域文化意识与官兵的国际政治素养存在天然的联系，是美军官兵“将影响力扩展到传统的指挥系统之外”的前提。领导力条令 FM 6-22 通过案例阐述在“伊拉克自由行动”纳杰夫战役中，美军官兵的区域文化意识使伊拉克的民族传统和宗教文化得到尊重，原本可能发生的剧烈对峙和军事冲突得以避免，使得美军兵不血刃地占领了该城，就是区域文化能力对军事行动发挥的作用。

三、美军国际政治素养培育的方法途径

美军国际政治素养培育是其人才培养战略和官兵能力建设的重要组成部分，是美军获取军事作战效果、谋求世界领导权的客观需要。

（一）依托法规条例确立美军军人国际政治素养的原则指引

美军条令对军人国际政治素养相关的政治态度、价值取向、职业能力、处事原则等均有较明确的阐述。譬如，美军陆军工作条令 FM 1 所界定的四种领域技能：人际技能、概念技能、技术技能和战术技能，实

际上就是对美军军人职业素养的总体要求，是其国际政治素养培育的基础和依托。具体而言，人际技能以沟通交流为核心，是表达意图、激发动机的基本手段；概念技能以谋略思维为特征，是传递理念、促进创新的基本方式；技术技能以专门知识为内容，是利用资源、发挥潜能的基本途径；战术技能以军事策略为重点，是履行职责、实现目标的基本依靠。

条令 FM 6-22 进一步阐释和细化了以上四种技能。其中的“人际技能”要求指挥官对他人行为保持敏锐的洞察力，包容不同观点和意见，运用恰当的沟通技巧，赢取公众的支持。而“概念能力”则要求指挥官具备四种思维力：批判性思维力，即从多角度观察事物，在多种可能性中找出问题的原因并加以解决；创造性思考力，即运用想象力处理新问题或者使用新方法解决老问题；道德性思维力，即依据军种价值观做出符合道义的决策；反思性思考力，即愿意从失误中汲取教训。条令条例中的能力素质要求和行为指引规范为美军军人国际政治素养的培育奠定了法规基础。

（二）运用院校教育夯实美军军人国际政治素养的理论基础

院校教育、岗位历练和自我发展是美军军人能力素养获取的三种基本途径，其中院校教育处于基础地位。自 1996 年起，美军参联会不定期发布职业军事教育政策（OPMEP），“为军官职业军事教育和联合职业军事教育颁布政策、程序、目标和职责”。以美国国防大学军事学院为例，课程具有四个特点：一是聚焦国家安全战略，这是该学院的本职和亮点，训练时间 10 个月；二是给学员提供宽广眼界和多维视野，使之“习惯于模糊不清和不确定局面”，提升批判性分析力和创造性思考力；三是培养具有较高政策水平的指挥军官和参谋军官；四是培养武装部队以及政府机构未来的领导者。

除了高级别的院校之外，中级任职教育院校也很重视政治素养的培育。美国陆军指挥与参谋学院是美军著名的军事教育机构，旨在培养学员“对安全环境和国家力量各方面作用的认识能力”，其课程理念是“为确定性训练，为不确定性教育”，前者聚焦于条令条例的原则原理、作战行动中的经验教训以及军事职业技能；后者侧重于学员职业生涯中可能遇到的不确定情况，教会他们如何解决。例如，该院开设的高级军事研究课程（AMSP）确定了七个培训目标，其中包括“能对作战理论、条令进行批判性和创造性思考”“能用口头的、图表的或文字的形式与不同观众清晰交流”等。

（三）利用多岗任职丰富美军军人国际政治素养的实践经验

“多岗任职”已成为美军军官培养的重要制度，军官可以在国内外、军内外、部队与院校、机关与基层、指挥与勤务以及不同军兵种之间进行岗位轮换。一名军官从少尉升迁到上校，部队、机关间的交流至少需要两个来回，还需在军校工作过一次；少校以上军官需在战区司令部或总部机关至少任职一次。美军院校的教官一般实行三年一次的轮换制，以确保院校教育能够及时与部队进行信息交流，保证了军事教育的及时性和有效性。为了提高教官的战略思维能力，美军院校每年还选送少数教官到其他军种院校任教或担任客座研究员等。

岗位历练可以提升政治素养，因为不同的岗位职责必须遵守相应的职业规范，满足不同的政治要求。譬如，在联合部队担任公共事务军官，就必须按照联合出版物 JP3-61 的相关规定开展工作，因为该条令“为联合部队指挥官在与国内受众、国际受众和军内受众沟通交流提供指导”。公共事务军官不但要监控媒体的报道，还要关注这些报道对作战所在国产生的影响。以美军国际救灾行动为例，公共事务军官的职责之一就是引导官兵实名上网，通过社交媒体发布个人点滴“故事”树立美军形象，与有关国家民众进行直接、实时互动，在此过程中推介美军价值观念，宣传美国国家政策。

（四）借助自我发展拓展美军军人国际政治素养的能力边界

自我发展是美军“新型指挥官”能力建设的常态化要求。美军训练与条令司令部副司令迈克尔·文恩曾在《军事评论》使用三个关键词对“新型指挥官”特质进行高度概括:“敏捷的、适应的和创新的”[①]。2012年《联合教育白皮书》和2015年修订的美军领导力条令同样使用这三个词来诠释新时期美军指挥官特质。所谓“敏捷”,指挥官要预见到不断变化的环境,避免问题的产生;所谓“适应”,指挥官能根据形势做出快速调整,能将联军、跨机构部门和多国部队的力量整合起来,识别、孤立并打败敌人等;所谓“创新”,指挥官在必要时能提出原创的、富有价值的观点。

美军领导力条令指出,指挥官在自我发展的过程中必须有意识地培育自己的抗压能力,提高“适变力”:即一旦出现新情况能迅速识别出哪些因素在起作用,同时利用自身的优势来减弱其影响。此外,指挥官必须培育自己恰当的外交影响能力。美军条令将这种能力视作指挥官超越其传统权力范围和指挥系统之外的“第二种能力”,因为在当今充满政治和文化因素的环境中,即使初级指挥官也可能会与多国部队,与媒体、当地平民、政治领导者、警察以及非政府机构打交道。抗压能力和外交影响能力的自我发展扩展了现代战争环境下美军军人国际政治素养的能力边界。

---

① Michael A. Vane.,“New Norms for the 21st Century Soldier”, *Military Review*, July-August 2011.

美军联合军官培养体系研究

国防大学政治学院基层政治工作系教授　付畅一
国防大学政治学院硕士研究生　齐　远

进入21世纪，为适应战争对人才培养的新需求，美军与时俱进，对联合军官培养体系不断加以完善。参联会主席在《联合军官发展构想》中指出，为有效应对复杂多变的全球安全环境的挑战，美军需要大量胜任各类联合岗位的优秀军官，提出应构建军官“联合学习统一体”(Joint Learning Continuum)。该体系由四大支柱构成，分别为：联合职业军事教育、联合训练、联合经历以及自我发展。[①] 这一体系具有多渠道、全方位、全时段的特点，为美军扮演多重角色、执行多样化任务提供了充分的人才支持和智力保障。

一、以联合教育储备联合知识，培育联合能力

联合教育在联合军官培养体系中“居于核心地位”[②]。美军通过联合教育为军官储备必要的联合知识，培育联合价值观念，培养完成跨部门跨政府跨国行动使命任务的能力。

美军根据军官的成长路径与职业生涯规划，依据战术、战役、战略

---

① Joint Chiefs of Staff. *CJCS Vision for Joint Officer Development*, Joint Chiefs of Staff, November, 2005.

② Ibid.

三个战争层级，构建了稳定的院校机构布局。对应军官职业生涯发展的五个阶段，美军建构了设置 5 个层次的联合职业军事教育体系。(1)各军种军官学校、候补军官学校、后备军官训练团和军官训练学校负责生长军官的联合职业军事教育。联合教育的重点是了解美国基本国防体制、各军种的地位和任务、各联合司令部体制、联合作战特点等。(2)军种初级院校负责初级军官(少尉、中尉、上尉)的联合职业军事教育，主要围绕联合基础知识教育、联合作战基础教育进行。(3)军种中级院校及联合与合成作战学校、联合高级作战学校负责中级军官(少校)的联合职业军事教育，目的在于培养联合作战技能，确保军官从军种的角度在战术和战役层级深入理解联合事务，尤其是军队和地方相互配合的重要性。(4)军种高级院校与国防大学二级学院部分培训班次负责高级军官(中校和上校)的联合职业军事教育。教育重点是培养军官战略领导能力、战略咨询能力、批判性思维、创新思维和分析能力。(5)将级军官联合职业军事教育由国防大学承担，主要任务是培养美国军队高级军官(将官)在更高层次履行跨部门跨国跨政府职责的能力。所有军官必须完成生长军官职业军事教育和初级联合职业军事教育；拟晋升中校的军官一般要经过各军种及联合中级院校的联合职业军事教育；申请联合资格的军官，必须完成第二阶段联合职业军事教育；拟晋升将官的所有现役军官都必须参加国防大学“拱顶石”课程培训。换言之，完成相应阶段联合职业军事教育是军官职业生涯发展的“通行证”。将联合职业军事教育和军官职业生涯发展联系起来，既可以保证合格的军官到相应岗位任职，也能确保教育资源得到最大限度利用。

随着美军联合作战从较高层次的战役级向较低层次的战术级延伸，联合职业军事教育的课程内容体系也进一步向联合聚焦。《军官联合职业军事教育政策》整合并建设了一批联合职业军事教育核心课程，如国家军事战略、联合条令条例、各战争层级联合作战行动的筹划计划、联合指挥控制、联合部队及其发展需求、联合规划程序和制度、跨军种跨机构政府间及多国联合能力与一体化等。[①] 其他各类课程也都紧密围绕“联合”展开，如“拱顶石”课程班的教学内容拓展了与作战司令部司令的讨论，增加了到联合特遣部队的现地考察，以及以本土安全为重点的跨机构兵棋推演等。

二、以联合训练提升联合作战技能

训练与教育既有区别又有联系，教育侧重于学习知识，而训练更加侧重于将所学知识付诸行动。联合训练以具体任务为导向，目标是确保部队有能力完成即将面临的任务。军事院校的教学活动和联合指挥机构组织的演训活动，都同时包括了教育和训练两个方面的内容。被选派到联合岗位任职的军官要接受相应的任职前训练，到任之后及任职期间，仍要持续进行不同类型的联合训练，以培养和巩固联合技能，提高联合作战能力。[②]

新任联合军官个体联合训练一般在任职后30—60天内完成。训练课程包括司令部定位、条令科目、初始岗位资格等；训练方式主要有在线培训、分组模拟训练和台上模拟演练等。其中，在线培训在新任职军官个人训练中占据了很大比例，仅联合部队司令部课程就包括了200个模块的内容。受训者在学习课程之前要进行学前测试，正确率达到100％才能开始课程学习。学习完成后还要进行结束测试，测试合格才能进入下一个模块的学习；不合格者可以反复学习和补测，直至掌握全部课程内容。所有网络课程都可以通过“联合知识在线”获取，便于联合军官或有志于到联合岗位任职的军官自学。非新任联合军官主要进行岗位能力复训，目的在于保持现有的知识技能水平，避免能力退化。

---

① CJCSI 1800.01F, *Officer Professional Military Education Policy*, May 29,2015.

② CJCSI Guide 3501, *The Joint Training System: A Guide for Senior Leaders*, May 5,2015: B-1.

除常态化的个体联合训练之外，美军还定期开展集体联合训练，提升团队协同技能。除联合指挥官、联合参谋军官和联合部队以外，集体联合训练的参训联合要素还包括下属其他人员和联合支援部队的各个要素。集体联合训练目的在于提升联合部队、联合参谋部门、联合参谋军官之间协同联合作战的能力，并进一步检验组织和军官个人是否具备联合关键任务列表中所要求的能力。个人联合训练是集体联合训练的前提和基础。开展集体联合训练之前，首先要达成个人联合训练规定的目标。作战司令部及其下属联合部队司令部通过集体联合训练培养和锻造整体协同能力以及作为构成要素参加跨国、跨机构、跨政府部门行动等更大规模联合的能力。

三、以联合经历积累联合实践经验

军官能力素质的提升有赖于丰富的工作实践，它是理论转化为实际能力的关键环节。美军各军种都高度认可任职经历对于军事人才培养的价值。陆军《领导者培养》认为，岗位任职是培养领导者的最有效环境。《空军领导力与部队发展》也明确，具有挑战性的任职机会通常在培养深入的专业技能方面更为有效。对联合军官而言，这种经历，既包括联合岗位委派，即到联合岗位列表上的联合岗位去任职，也包括在军种岗位上所从事的与联合事务密切相关的工作经历。

联合岗位委派是美军联合军官积累联合实践的“主渠道”，可以强化联合职业军事教育和联合训练的效果，使联合知识、联合能力能够第一时间在实际岗位上得到应用。为确保联合职业军事教育与联合经历之间的连续性，美军对联合岗位和关键联合岗位的人事安排做出明确规定，使军官在接受联合职业军事教育之后能够及时到联合岗位任职。《美国法典》要求，联合职业军事教育院校毕业的所有联合军官毕业生，以及50%以上的军种军官毕业生，无特殊情况应当被委派到联合岗位任职。[①] 联合岗位目录上的岗位通常需由少校以上(含少校)军官担任;获得联合资格军官任命的中校(含中校)以上军官才能担任关键联合岗位职务。参联会主席在特殊情况下可以酌情进行豁免。这种训用一致的政策安排,在实现培养目标的同时,也极大提高了军事人力资源的利用效率。

受联合岗位数量的限制,大多数军官尤其是少校以下军官,很难有机会到联合岗位任职。进入21世纪,介入联合事务的美军行为主体日益呈现多样化,很多军官尽管不在联合岗位任职,但其处理的工作事务具有高度的"联合性"或与联合息息相关。美军联合特遣部队中大量的战役、战术级指挥岗位,军种军官岗位上经常性的联合训练、联合演习任务,美军在全球范围内所执行的防止大规模杀伤性武器扩散、反恐作战、维稳和反叛乱等行动,都使大量初、中级军官在联合岗位列表之外的岗位上获得了宝贵的联合经验。《联合军官培养构想》明确指出,"联合经验产生于联合性被应用之处"[②]。联合资格认证制度直接以积分的方式认可了这类联合经验的价值。随着美军联合行动的频繁化和战术化,非联合岗位联合经历在联合军官培养中发挥的作用日益显著。

四、以自我发展巩固联合培养成果

所谓自我发展,是指"能够增进和加深个人知识储备、自我意识和态势感知能力的有计划、有目标的学习"。自我发展对于联合军官的成长具有特殊意义。美军前参联会主席马丁·邓普西甚至认为,它是军官职业生涯能否成功的两个关键性要素之一。自我发展从内动力角度保证了联合军官培养的连续性,在某种意义上可视为美军联合军官培养的"压舱石"。

---

① 《美国法典军事法卷》第10篇第663条第4项。

② Joint Chiefs of Staff, *CJCS Vision for Joint Officer Development*, Joint Chiefs of Staff, November, 2005.

自我发展的能力并非与生俱来,需要在实践中有意识地加以培养。要做到自主学习、终身学习,首先要"会学",即掌握一定的策略,有效运用这些策略。(1)自我认知策略。通过各种方式进行自我分析,了解自身的优点和缺点,明确自我发展的努力方向。(2)目标设定策略。自我发展的目标可以是学习新知识、获得新技能、改变态度和价值观,或以上几种的结合。(3)有效学习策略。明确如何学习。如陆军的《自我发展手册》给出了学习的基本原则。美军认为,军队对成员的自我发展负有重要责任,并从三个方面为成员的自我发展提供了有力组织保障。一是努力建设学习型组织,创造并维持鼓励自我发展的氛围。鼓励军官设立自我发展目标,提供机会帮助军官实践学习成果。二是建立正式和非正式渠道,对军官的自我发展行为给予积极的反馈和奖励。将持续的自我发展作为考核工作绩效的一个重要指标,《联合军官发展构想》旗帜鲜明地指出:"充分利用各种机会努力学习、掌握各类技能的军官,必须也应该得到认可,获得应有的职业回报。"[①]三是在制度和资源方面给予具体的支持。为军官自我发展留出足够时间,提供丰富资源,为军官分享知识、交流经验创造机会和条件。通过采取校外站点教学、混合式教学、远程分布式教学等灵活多样的教学模式,为无法获得院校全日制教育的军官提供系统的课程学习内容,为军官搭建全时、全域、全员的自主学习平台。

---

① Joint Chiefs of Staff, *CJCS Vision for Joint Officer Development*, Joint Chiefs of Staff, November, 2005.

美军军人职业发展的歧视性障碍

国防大学政治学院博士研究生　张　天

美军在军人职业发展政策及路径设计中标榜公开、公平、公正，但各种隐性及显性歧视不但事实存在，而且相当程度上是美军各军种军官及士兵普遍面临的问题，成为美军军事人员现代化进程中难以逾越的障碍。

一、美军中普遍存在职业发展歧视性障碍

美国是一个多元文化、多种族并存的移民国家。不同的历史文化传统、不同的种族在思想观念、文化艺术和社会生活等各领域有着不同表现形式和表达方法，但是由于美国社会保守团体中“男性白人至上”的精英思想作祟，原本存在于思想意识方面的不同和区别被人为打上了层次差异和品质优劣的烙印，演变为一种对女性、对少数族裔的歧视之风。而在“9・11”事件之后，这种对少数族裔的歧视又增添了特定的宗教歧视色彩。普遍的歧视之风不仅深深根植于美国社会各个层面，而且对于美国军队也产生了难以磨灭的影响，成为女性、少数族裔军人在职业发展中不得不面对的严重现实问题。

近年来，美国国内族裔多元化倾向发展迅速，但由于多种因素影响，少数族裔在白人精英文化主导的社会中难以寻求相对公平的发展机遇，一些少数族裔特别是外来移民纷纷将目光投向军队。与此同时，

经济的不景气也让移民家庭难以承担高额的大学学费，而从军之后军队可为其学费买单，这一政策在相当程度上诱发了少数族裔青年从军念头。在这一背景下，少数族裔参加美国军队的人口比例逐年提升。目前，美军现役军人中40%为少数族裔军人，其中非洲裔占17%，拉丁裔占12%，亚裔占4%。亚裔军官相比于2004年增长了28%，在陆军这一数据增长幅度达到了42%[①]。

无论黑人在美军是否受到明显歧视，上述例证其实从侧面表明黑人群体在美军中已经获得了广泛话语权，黑人群体在维护自身权益的过程中，往往可以得到来自社会的广泛关注。与此相反，亚裔群体在美军遭受的不公正待遇，甚至遭受的公然歧视，却往往被舆论选择性忽视。一位曾经在本宁堡空降学校受训的亚裔士兵抱怨，那些军士多次用"眯眯眼"和"鸭子脚"这些歧视性的语言，攻击自己的亚裔生理特征并使自己受到不公正对待，而训练机构的个别军官对此也采取放任态度[②]。

与族裔话题相对应的另一群体是女性军人，目前美军中15%的现役人员为女性，其中女性还占到了现役军官数量的17%[③]。在这些从军女性中不乏高级军官、战斗机飞行员和舰艇长这些传统男性主导的职位，有人也据此认为美军中性别相对公平。但统计数据显示，过去三十年中女性从军比例仅仅增加了4个百分点，而且尽管技术密集的空军拥有19%的女性军人，但陆战队的这一数据仅为8%，即便是美军传统老大军种陆军这一数据也仅为14%，低于美军全军平均水平，明显反映出不同军种文化对性别的认同差异，而这背后也不能排除性别歧视的因素。

---

① http://www.pewresearch.org/facttank/2017/04/13/6-facts-about-the-us-military-and-its-changing-demographics/.

② https://www.quora.com/Is-there-racism-in-the-U-S-Armed-forces.

③ https://www.cfr.org/article/demographics-us-military.

二、美军军人职业发展歧视性障碍与保守主义思潮泛滥密不可分

从目前美军发布的有关军人职业发展研究文本看，造成存在少数族裔军人和女性军人职业发展障碍的原因，美军有关研究人员往往倾向于将之归结为一些表层因素。比如“教育背景弱化说”，认为少数族裔的教育背景使之缺乏职业军人的基本素质。美国陆军战争学院的埃尔文・史密斯上校指出，黑人军官多出身于后备军官训练团，而这些训练团往往开设于教育质量不高的大学。而且在后备军官训练团担任军事学术、军事训练、军事管理的教官，多数是服预备役和已经退役的军官以及国民警卫队军官，即使有少数现役军官，其素质也无法与西点军校的相同专业的教官相比。西点军校的军事教官均为现役优秀军官，他们离开西点后，一般都会被提升为营级指挥官，而美军中的营长岗位是军官职业发展中至关重要的一环。可以说，教官素质不高，使得后备军官训练团出身的少数族裔军官输在了起点。“榜样激励缺乏说”，认为由于军队中优秀的少数族裔军官数量少，使处于职业发展初期的少数族裔少尉、中尉军官缺少模仿和自我激励的样本；“文化差异说”，认为少数族裔和白人具有不同的文化传统，而前者的文化特质与军队文化传统难以融合；“人际交往局限说”，认为少数族裔军官职业发展存在障碍主要由于社交面的局限。

上述观点在一定程度上反映了少数族裔军人职业发展困局，但是由于著说者所处的代言人地位和受局限的视角，均未能从更深入的角度解读少数族裔军人职业发展障碍的原因。很明显，美军军人职业发展存在歧视性障碍的根本原因，是由于美国国内保守主义思潮的强势回归，从而引发美国社会各种混乱的社会思潮相互激荡的综合结果。

保守主义是目前美国国内比较重要的一种意识形态。在保守主义者看来，美国的社会秩序和传统的宗教氛围，正在被新自由主义传播的

个人权利、个性自由和多元文化悄然解构,而道德多元主义正在侵蚀西方文明的内核,败坏和邪恶的意识形态正在潜滋蔓长,西方人的精神家园面临重重危机。一些激进保守主义者指出,新自由主义太过软弱,根本就不是左派的对手,必须诉诸暴力与激进手段才有效果。

而特朗普政府的成立则翻开了美国保守主义新的一页,因而也被冠以特朗普主义的标签。有学者认为,特朗普主义标榜民族主义,无视国际性议程,聚焦于自己的国家、自己的人民,是一种"新的民族主义"[①],本质与保守主义并无二致。宗教、民族主义以及经济增长构成了现代保守主义的三大核心支柱。因此,新美国政府应该把缓和并逐渐消解来自底层和中产阶级的怨恨心理摆在重要位置,而这种双怨恨均源于全球化进程的失落感。经济地位的巨大落差、国家认同的无限疏离、公民心理的强烈失衡,都促使这个群体产生了对民主秩序扩展的受益人的深刻怨恨,而这些受益人又主要是黑人、外来移民、女性。

三、歧视性障碍对美军军事人员现代化建设将会产生持续性负面影响

美军军人在职业发展的道路上普遍遭受的歧视性障碍短期之内难以消除,对美军军事人员现代化建设将持续产生负面影响。

人们对美军宣扬的军队价值观产生动摇。美军所宣扬的价值观,是美国统治阶级对军队实行政治控制和思想引导的重要途径,有着深厚的资本主义社会思想理论和资产阶级文化历史渊源,它以美国主流价值观的民主自由和个人主义为基础,强调军队职责与国家利益和个人荣誉的结合。正是基于此,多数军人参加美军的个人目的还在于实现自我价值。但是,欺骗性宣传并不能从根本上解决信仰和信念问题。

① 庞金友:《当代美国保守主义的谱系与危机》,《当代世界与社会主义》2018年第1期。

黑人军官和其他少数族裔军官在各自职业发展中面临种种障碍，虽然有凤毛麟角者最终获得将级军衔，但更多的人则不得不过早离开军队。

美军内部因族群不同而出现人为裂隙。美军白人军官多抱有“白人至上”的“高人一等”思想，在与少数族裔打交道时，往往具有非常明显的优越感。许多白人军官讥笑黑人军官之所以投身部队，就是因为军队可以为他们提供地方无法比拟的职业培训，这样他们在退役后就可以找到一份薪水可观的工作，而这一入伍动机与多数白人军官所持的责任和国家意识完全不同。一份调查报告指出，少数族裔士兵不愿意选择坦克炮长这样的岗位，因为无法将其技能用于未来的平民生活之中①。正因如此，在白人主导的军官团中，少数族裔军官难有立足之地。

打击了美国社会少数裔族群献身军队的热情。美国社会是一个功利性很强的社会，通过个性发展获得社会认可是许多人的追求，而参加军队无疑是一条建功立业的捷径。特别是“9·11”事件以后，美军宣扬的参加军队投身所谓的反恐战争，一时间更在美国青年中掀起一片狂热，但是那些试图参加美军的少数族裔年轻人却又不得不面临许多尴尬。一方面，美国主流军事院校秉承资产阶级精英思想，对学员入学资格要求非常高，事实上限制了那些中学教育条件较差的少数族裔入校可能，而在精英思想的支配下，如果不能受到正规军事院校的军事教育，就意味着大部分人无法晋升中校以上军衔，获得将官军衔的希望更渺茫。另一方面，普遍的不公正影响了人员选拔。如为回应特朗普政府执行扩军计划，空军部长希瑟·威尔逊宣布美国空军将要增加4万人和74个飞行中队，其中战术战斗机中队将增加7个。但2018年5月统计显示，美空军只在位18000名飞行人员，有近2000名飞行员的缺额，要实现特朗普的扩军计划异常困难。造成空军飞行员放弃职业

---

① https://foreignpolicy.com/2014/09/18/dont-blame-my-army-for-the-lack-of-black-officers-in-combat-commands/.

发展的一个重要原因就是空军中的不公正现象。美国海军中校杰克·麦凯恩认为，美国空军与海军最大不同就在于不能公正选拔飞行指挥军官，造成军官大面积流失[①]。

弱化了美军少数族裔军官进取精神。奋斗进取精神是美军战斗精神培育的重要内容，美军还建立了一系列的物质激励机制保障个人成功意识的实现，以吸引更多的人投身军队。众所周知，虽然美国社会标榜机会平等，但由于个人能力不同，加之种族、性别、家庭背景、成长环境的差异，少数族裔在社会上出人头地的几率很低，在这种情况下，美国军方提供的高工资、高福利，自然吸引了许多少数族裔青年，他们试图通过在军队平等的竞争，实现个人自我价值，体验成功的感觉。但现实情况是，少数族裔军官面对风行的种族歧视，即使付出的努力再多，也无法突破晋升障碍。一位黑人空军上校在给空军将领的信中坦言，相同条件下，黑人军官任职的岗位差、得到的评价坏、提升的几率低，这种情况造成黑人军官队伍士气难以提高。

---

① https://foreignpolicy.com/2018/05/04/whats-driving-the-u-s-air-force-pilot-shortage/.

当代俄罗斯增强军人现代化素养的特色路径

国防大学政治学院军政训练系讲师　华建玲

在现代化战争条件下，军人现代化素养是影响乃至决定一支军队战斗力的核心要素之一。普京执政之后，面临国力衰落以及军队士气、地位和战斗力均大幅下降的巨大挑战，重拾大国梦想，重振军队士气，全方位锻造军人现代化素养，形成了增强军人现代化素养提升的特色路径，这也成为普京时代俄罗斯军队现代化建设的鲜明特征。

一、把军事教育作为增强军人现代化素养的"源头活水"

俄罗斯是现代军校教育的重要发源地。苏联解体后，在苏联时期创造更大辉煌的军队教育受到巨大冲击，不少举世闻名的军校出现人才流失，这从根基上动摇了俄罗斯军校的质量。普京执政后，将重振俄罗斯军校教育作为提高俄军战斗力的重要途径，全方位改善和提升俄罗斯军校办学条件和办学水平。在培养目标定位上，普京明确提出"军事院校的毕业生应随时做好准备，应对当前复杂的任务"①。这意味着，俄罗斯军事院校培养的学生要有应对现代化战争等复杂挑战的能力，为达到这一目标，必然要全面改革教育培训方式，提升教育培育水

① 黄克显：《俄罗斯总统普京重视军事院校办学》，《世界教育信息》2013 年第 24 期。

平。在这一目标导向下，俄罗斯军校教育培训更加注重现代化导向和实战化导向，即一方面注重提升学员应对现代化战争的本领，另一方面强化实战导向，使学员能快速适应军队建设的需要。在教学课程设置上，俄罗斯军校学员不仅要进行军事基础训练，还要参加军事医疗培训、专业技能培训、国家社会基础培训、战术训练、射击训练、放生化辐射训练、情报收集培训以及体能训练等全方位专业化培训。普京多次亲自出席俄罗斯军校毕业典礼，给予毕业学员高规格接待，对毕业学员给予褒奖，相当于树立了一种导向，对于提高军校学员主动性自觉性产生了重要作用。

在俄罗斯军校体系中，少年军校有着极为特殊的地位。俄罗斯少年军校历史悠久，在沙俄时期，是俄罗斯培养青年贵族的重要途径，强化了俄罗斯统治阶层的凝聚力，也形成了强烈的社会导向，塑造了俄罗斯注重青少年军事技能培训的悠久传统。在俄罗斯，少年军校虽然没有沙俄时期对贵族青年的特殊照顾，但始终有着较高的进入门槛，有相当一部分学员来自军人子弟特别是军烈遗孤，经过训练之后成为俄罗斯军校的重要生源。这就从源头上保证了军校的生源数量与质量。由于从小接受军事教育，再经过军校正规教育，不仅可以保证军校毕业生的专业技能，更有助于在价值观上达到其教育目标，让一批批军校毕业生成为俄军建设的可靠力量。

二、把实战训练作为增强军人现代化素养的“最佳场景”

军人天生为打仗。古今中外历史反复证明，实战是考验和磨炼一支军队的决定性方式，在军人培养上发挥着其他方式不可替代的作用。俄罗斯军队在历史上长期参与各类战争，积累了丰富的战争经验。普京上任之初，就面临车臣军事冲突的严峻考验。苏联解体后，虽然俄罗斯继承了苏联庞大的核武库，但军队战斗力却受到了极大损害，在车臣战争中暴露出诸多短板，有陷入战争泥潭的风险。普京直面车臣战争带来的挑战，采取果敢手段，以雷霆之势打击车臣武装分子，在经过多轮较量之后，从根本上赢得车臣战争。这不仅大大提升了普京个人威望，也让俄军从战争中看到了自身存在的弱点，其战斗力也得到了锻炼和提升。特殊的经历让普京高度重视通过实战训练军人技能，既在战火中检验俄罗斯军人现代化素养，也在战火淬炼中提升军人现代化素养。

在日常训练中，俄罗斯军队注重通过高度实战化的军事演习，模拟真实的战争环境和战斗场景，增强俄罗斯军队应对战争考验的实战能力。普京经常进行不打招呼的突击检查和突击演习，最大限度地检验军队应对各种突发风险考验的能力，这对于提高军人适应现代化战争要求的素养具有独特作用。正是有了应对实战考验的能力，让普京敢于在乌克兰危机中果断出手，强势收复克里米亚，实现了俄罗斯的夙愿。在叙利亚战争中，俄罗斯本来有被边缘化和被排除出中东的风险，在巴沙尔政府陷入绝境之际，俄罗斯军队迅速行动，出兵清剿武装分子，迅速逆转形势，打破了美国想独霸中东、摧垮巴沙尔政权的目的，并在相当程度上达到了检验和提升俄罗斯军队能力的目的。在出兵叙利亚过程中，俄罗斯军队非常注重不同军兵种的轮换和配合，以达到让更多武器装备和战斗人员经受战斗检验的目的。

三、把崇尚荣誉作为增强军人现代化素养的“内生动力”

崇尚荣誉历来是军人品质的重要体现。俄罗斯军队非常重视激发军人荣誉感。佩戴勋章、参加阅兵式和各类纪念战争活动，成为“二战”后苏联老兵的标志性活动，受到社会的广泛尊重。普京执政后，采取了一系列举措提振军人荣誉感，有效逆转了军人社会地位下滑、军人荣誉感下降的趋势。每年 5 月 9 日“胜利日”，普京都亲自参加相关活动，表达对战争记忆的珍惜、对军人的致敬。受新冠疫情肆虐影响，俄罗斯并没有取消 2020 年纪念“胜利日”活动，而是将红场阅兵式推迟到 6 月

24 日举行，这也是俄罗斯整个社会的一种共同愿望，从一个侧面显示俄罗斯社会的特殊荣誉感和自豪感。在社会层面，普京执政后开始注重强化对军人荣誉感的法律保护与支持，对军人社会地位和生活保障做了明确规定。俄罗斯军人的社会地位得到了很大改观，达到了苏联解体后的最高水平。

军人荣誉感具有一般性，也具有历史性和特殊性。在现代化战争的大背景下，军人荣誉感更多体现出现代化导向，就是把荣誉感融入当代军人应对现代化战争要求的练兵备战之中，以及自身现代化素养的提升之中。自 2008 年俄罗斯实施“新面貌”改革以来，俄军一方面积极提升武器装备的现代化水平，另一方面注重增强现代化条件下的军人荣誉感。其中一个重要内涵，就是增强军人适应和驾驭现代化战争的能力，本质上是为打赢现代化战争服务。普京提升军人荣誉感既注重从外部条件上改善军人的待遇、提升军人的社会地位，更注重增强军队战斗力，让俄罗斯民众感受到俄军的强大力量，从内心支持和崇尚军人。俄罗斯国防部长绍伊古明确表示：“军队建设发展的一整套措施、战役和战斗训练水平的提高以及在叙利亚反恐行动的成功，大大提高了军人在社会中的威望。”[①]近年来，俄罗斯军队在克里米亚、叙利亚等多次军事行动中的出色表现，既展现了当前俄军的战斗力，为国力处于低谷时期的俄罗斯赢得了声誉，也为俄罗斯军队和军人赢得了民众给予的认可和赞誉。和平是对军人最大的褒奖。而要赢得和平，就得拥有捍卫和平的能力。能战方能止战，这就是战争与和平的辩证法，也是军人战斗力与军人荣誉感的辩证法。对于军队而言，如果没有强大的战斗力，给予再多的保障和褒奖也将失去根基；对于军人而言，如果没有高度的现代化素养，不能适应现代化战争的需要，不能跟上时代的步伐，就可能被军队现代化征程所淘汰，给予的保障和褒奖也将失去意义。

---

① 李新龙、李抒音：《俄罗斯如何提升军人荣誉感》，《解放军报》2017 年 11 月 16 日。

四、把战斗精神作为增强军人现代化素养的“制胜关键”

俄罗斯军队对战斗精神的崇尚有着深厚渊源。苏联解体后，俄罗斯军队曾陷入迷茫状态，战斗精神的培养有所削弱。普京执政后，把战斗精神重新注入俄罗斯军队建设之中，在强化武器装备现代化的同时，持续激发旺盛的战斗精深和战斗作风。

俄罗斯军队对战斗精神的崇尚在实战中得到了检验。2018 年 2 月，俄罗斯空天军东部军区航空强击团副队长罗曼·菲利波夫少校在叙利亚伊德利卜省进行巡逻飞行时，遭到极端组织武装分子的偷袭，跳伞后与武装分子进行对射，在被包围后，拉响手雷，与周围的恐怖分子同归于尽。普京追授其“俄罗斯联邦英雄”称号，以表彰其大无畏的战斗精神。在俄罗斯军队参与的多次战争与战斗中，俄罗斯军人都不乏类似表现，显示出俄罗斯军队战斗精神的培育取得切实成效。

以结果为导向的美军联合作战指挥人才核心能力培养机制

国防大学政治学院硕士研究生　杨　牧

人才核心能力的强弱是能否形成竞争优势的关键。美国作为最早开展新军事革命的国家，率先提出将军队向适于信息化战争的新型力量模式转型，而军队转型的重中之重则是联合作战指挥人才能力建设。以高素质的各级指挥官为主体的联合作战指挥人才，不仅是部队信息化联合能力建设的骨干力量，更是打赢现代战争和未来战争的决定性因素。因此美军注重建立完善的联合职业军事教育体制，构建科学的核心能力素养评估标准，为培养高素质联合作战指挥军官、提高美军战斗力发挥了重要作用。

一、美军联合作战指挥人才培养体制演变历程

美军联合作战指挥人才教育培养隶属于联合职业军事教育。1986年，美国国会通过的《戈德华特-尼科尔斯国防部改组法》[①]，最早提出了发展联合作战理论、建立职业军事教育的概念，对军官的职业教育、岗位任职、资格认定和职务晋升等方面制度进行了规范。

---

① Goldwater-Nichols Department of Defense Reorganization Act of 1986, Public Law 99 - 433 - OCT. 1,1986.

1987 年 3 月，美国众议院武装部队委员会为落实该法案，委任众议员艾克·斯凯尔顿组建“军事教育专家委员会”，对美军职业军事教育系统能力进行了评估。1989 年 4 月，委员会提交了军事教育改革的最终研究报告，建议完善联合军事教育体系，将联合职业军事教育和军种职业教育充分融合，贯穿军官任职前教育到将官教育全过程。

1990 年 5 月，参联会采纳其观点，制定了“联合职责军官教育计划”，后修订为“军官军事教育政策”，于 1993 年 3 月正式颁布。该文件建立“军种中高级院校—武装部队参谋学院”两个阶段的联合职业教育模式，提出从任职前到升至将级军官的联合军事教育发展框架，并评估军官接受军事教育后是否达标的程序。

1998 年，参联会正式颁发了《参联会主席第 1800.01 号指令：军官职业军事教育政策》文件，将联合军官教育扩展为“任职前—初级—中级—高级—将官”五级，并对军官职业军事教育的具体政策、审查与评估程序、资格认证制度、质量监控程序等进行了明确规范。

为适应军事战略调整需求，满足多样化军事行动对军事人才培养需要，美军又分别于 2000 年、2004 年、2005 年、2009 年、2015 年、2019 年相继颁布了 6 份《军官职业军事教育政策》。该系列文件的颁布，为美军建成完善的联合职业军事教育体制，培养高素质联合作战指挥人才提供了系统、科学、规范指导。

二、美军联合作战指挥人才培养目标和能力标准

美军随着军事信息化、一体化的转型发展，对联合作战指挥人才培养目标的定义也逐渐立体、成熟。

美国参联会主席在其 1998 年颁发的《参联会主席第 1800.01 号指令：军官职业军事教育政策》文件中强调，中高级军官应具备很强的认知记忆能力、领悟理解能力、学以致用能力、分析辨别能力、综合创新能

力和评估判断能力。美国国防部在2004年11月一份题为《联合部队及其指挥人员应具备的能力》的文件中要求，联合部队指挥人员必须掌握指挥控制能力、作战空间感知能力、军事力量综合运用能力、后勤保障能力和部队全维防护能力。美国国防部在2006年5月颁布的新版《国防部训练转型战略计划》中指出，教育训练转型的目的是，培育指挥人员的“联合意识”，使其具备“一体化作战所需的各种能力”。而2020年参联会主席在颁布的《参联会主席第1800.01F号指令》[①]中，更明确提出了联合职业军事教育“目的是培养具有批判性战略思维的联合作战人员，能够创造性地运用军事力量，为国家战略提供信息，开展全球一体化行动，并在颠覆性的变化条件下作战”。

为了明确中高级指挥人员应具备的核心能力素养，参联会根据指挥人才培养目标，制订了《美军高层领导与指挥》条令，从人才培养的现实角度和长远角度，提出切实可行的能力培养标准，包括洞察、认识、专业、交往、信息5类素质，并细化为分析洞察、作战洞察、组织洞察、预测、决策、创新、忍耐、协调、判断、人际交往、倾听、教导、信息认知、信息需求、信息利用15种核心能力。

随着全球一体化条件下培养具备批判性战略思维的现代军事指挥人才的教育目标的提出，美军对人才核心素养内涵的描述更为丰富。美参联会委托制定教育政策的“军事教育工作组”在综合分析了《2018年国防战略》《2018年国家军事战略》《联合作战2030拱顶石概念》《领导者所需属性》《2019年重点关注领域》《参联会职业军事教育和人才管理愿景》《美国法典》第十卷等战略类报告资料的基础上，于2019年7月提出了联合作战指挥人才需要具备的九类核心素养，包括：规划和战略、领导能力、安全环境、认知能力、信息传递、未来准备、激励期望、军事专业、冲突与战争等，为创新教育理念提出标准规范。

① CJCSI 1800.01F, officer professional military education policy, 15 May 2020。

三、“结果导向”的军事教育机制

根据信息化条件下联合作战指挥人才培养目标，聚焦科学、规范的核心能力素养标准，美军职业军官教育政策近年来发生了重大主题性变化，在传统职业军事教育的基础上提出了“结果导向”的军事教育模式。

（一）“结果导向”军事教育机制下的评估框架

“结果导向”的军事教育，以学员每个层次不断提升的认知成就作为成绩评估标准。其课程开发、实施和评估，以军官发展结果为基础，贯穿从任职前到将官级别的整个职业生涯。通过评估，可确定在更高职责和权限级别具有成功表现的高潜力毕业生，从而为人才管理决策提供信息。

2020 年 5 月 15 日，美《参联会主席第 1800. 01F 号指令》，正式发布了“结果导向”的军事教育政策，标志着全新的教育理念正式在全美军事教育体系推行。该指令介绍了“结果导向”的军事教育政策，以及开发“项目学习结果”的过程，提出为联合参谋部、军种主官和作战司令部增加教育评估职责，为联合作战指挥岗位的毕业生增加外部评估和绩效反馈等内容。

为践行“结果导向”的教育，培育军官核心能力素养，美军随后出台了参联会主席手册《CJCSM 1810》，提出构建囊括战略思维与沟通，军事专业，竞争、冲突和战争的连续性，安全环境，战略与联合规划，全球一体化作战六个方面的“联合学习领域”（见表 1）。联合作战指挥军官将在联合军官发展进程中，通过联合学习领域连续获得“知识补给”。

表1 "联合学习领域"内容

领域	描　述
战略思维与沟通	运用批判性、创造性和系统性思维展示了先进的认知和沟通技能，以适合预期受众和环境的方式，简明、连贯、全面地综合战略思维的所有要素。
军事专业	作为军种专业人员，拥有战争艺术和科学的专业知识。通过运用正确的道德判断，体现职业道德，遵守法律和规范，对所选职业的价值有共同的理解。
竞争、冲突和战争的连续性	在战争、冲突和军事竞争的理论、原则、概念和历史方面表现出专业知识。可运用其对战争和冲突的性质的知识，以及国家力量的军事工具，来确定对美国国家利益挑战的军事层面，并评估军事在整个战争、冲突和竞争范围内的最佳利用。
安全环境	迭代并有效地评估当前及未来作战环境的安全影响方面。利用跨学科分析框架，评估历史、文化、政治、军事、经济、创新、技术和其他竞争力量，以识别和评估潜在的威胁、机会和风险。
战略与联合规划	运用法律、政策、理论、概念、流程和系统方面的知识，设计、评估、修改全球一体化、跨竞争和冲突领域的全域联合计划。展示对联合、机构间、政府间和多国能力和政策的广泛理解，从而为规划提供信息。
全球一体化作战	创造性地运用美国、盟国和伙伴军事力量进行全球一体化、全方位的行动和战役。通过运用智识敏捷性，发挥主动性，迅速适应竞争、冲突和战争所有领域的破坏性变化，以符合法律和促进美国国家目标的军事专业的共同价值观。

在联合学习领域的框架下，结合职能任务、特定专业领域、所需领导属性，以及《美国法典》第十编对教育和训练的要求，生成联合军官教育的项目学习"结果"，经过联合参谋部 J－7 审批和联合教育认证流程计划评估，帮助指导和调整相关领域课程的开发，继而通过教育系统的内部评估，以及 J－7 等利益攸关方反馈的外部评估，迭代式地促进联合军官教育"结果"进阶提升（见图 1）。

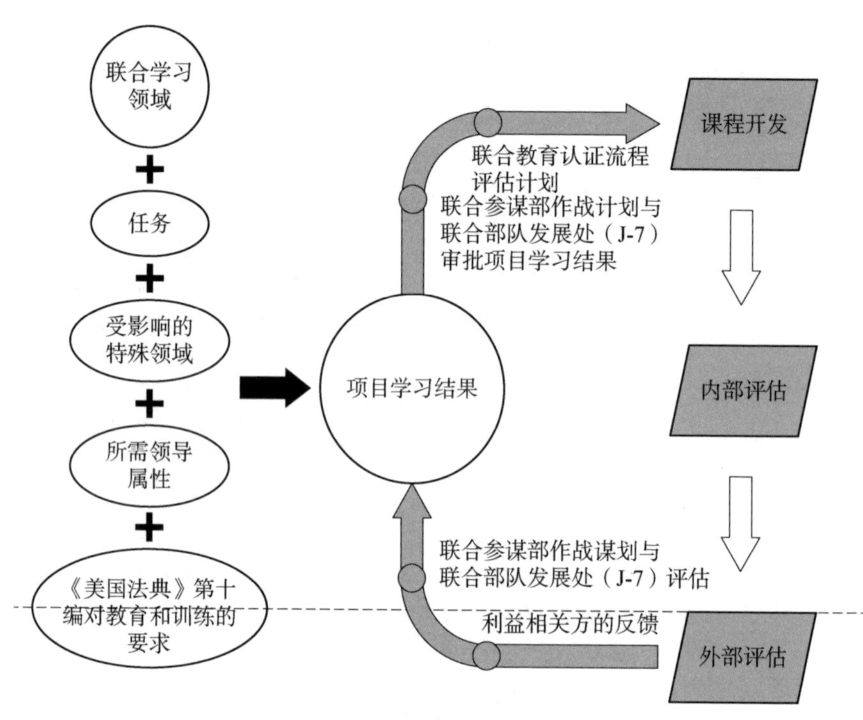

图1 “项目学习结果”的评估框架

（二）“结果导向”军事教育的教学案例

“结果导向”的教学目的使得培训和教学主题更为广泛，结果包括有形的专业技能（如，枪法）和难以客观衡量的无形能力素养（如，创造力和判断力），因此教育评估将以行动为导向客观衡量结果，重点观察在复杂环境下，通过对任务或事件思考、行动的总体结果，而不是在给定条件下按标准执行任务情况。

下面我们将以美西点军校《军事科学300》（MS300）课程为例，介绍“结果导向”的军事教育理念在教学中的使用。[①]

---

① Outcomes Based Training and Education in the Department of Military Instruction, United States Military Academy, Loreto V. Borce Jr.

在《军事科学 300》课程中，讲师将 70％的时间用于基础知识教学，30％时间用于引导学生运用知识解决实战问题，提高综合能力。在 40 小时的课程中，教师将为学生提供战术决策练习，学员根据教师发布的有限任务信息，在规定的时间内提高自身能力，并制定解决方案。学员将在全班面前介绍该解决方案，并回答同学疑问。练习可展示学员在有限信息、有限时间的压力下展示战术、做出决策的能力。

MS300 课程的另一种教学方法是，教师模拟下达作战命令，学生收到命令后，剖析作战进程和所属部队信息，通过地形模型工具制作视觉效果草图、作战效果草图等，辅助制定作战计划。该教学方法要求学生表现出对构成军队基本理论的理解和将战术运用于任务计划的能力，在此过程中，学员还将展示清晰、自信的表达能力和对战术的有效沟通能力。

在科学和数学中，通常只有一个易于量化的解决问题的方案，而对于作战，尤其是在极为复杂的战场环境下，没有固定的方法可以确保联合作战指挥人员得出唯一正确的答案。在战斗中，为完成任务，可以有许多不同的“解决方案”，但并不意味着没有“错误”答案。计划不可行，违反了指挥官的意图，或沟通不佳都是错误。指挥军官面临的挑战是确保“计划发挥作用”。为此，MS300 将专注于学员做出决策时的战术思维：他们提供了什么信息考虑？他们做了什么假设？为什么要提供特定信息使他们以特定方式行动？由于在战斗中没有单一的“正确”答案，因此使学员具备制定计划能力的最佳方法，是教他们如何思考战术问题。

学员通常会出现害怕做出误导的决策、对“不受欢迎”的敏感，及对成绩扣分的恐惧。但教师必须引导他们意识到，他们必须成为领导者，领导者必须做决策，即使某些决策确实“错误”，但在练习中完全可以接受。有勇气、决心果断地采取行动，并从练习失误中学习的学员，将比胆小、专注于分数的学员更加出色。因此对于学员的评估，不仅针对任务、条件和标准，还将调查培训方法是否影响了学员的无形能力素养；

不仅由教师通过测试进行评估反馈，还将由同学进行评估。表 2 展示了 MS300 课程的同学评估内容。

表 2 同学评估表

评估内容	强烈不同意	不同意	中立	同意	强烈同意
1. 坚持军队价值观	0%	18%	18%	32%	32%
2. 秉承荣誉守则的精神生活	5%	9%	18%	41%	27%
3. 做出他/她认为正确的抉择，即使他们在学员中并不受欢迎	5%	9%	27%	41%	18%
4. 是我想要的人	14%	18%	5%	27%	36%
5. 面对压力时，保持镇定，并与他/她的人一起工作把事做好	14%	23%	18%	36%	9%
6. 很好地平衡了他/她的生活	5%	23%	14%	45%	14%
7. 对他/她单位的表现承担责任	14%	9%	18%	36%	23%
8. 与他/她在职业生涯中的个人生活标准相同	5%	18%	36%	14%	27%

美军“结果导向”的教育理念，为未来联合作战指挥人员提供贯穿全职业流程的学习机会，不仅仅通过院校讲师授课，更是通过自己的工作、任务，甚至得到的教训，从而内化地学习。而联合作战指挥人才多核心能力聚集、互补，则直接影响着美军联合作战能力的发挥，使其将国际军事竞争抗衡强度提升到更高水平。

图书在版编目(CIP)数据

军事人员现代化理论研究/张鑫主编. —上海：复旦大学出版社，2023.9
ISBN 978-7-309-16913-3

Ⅰ.①军…　Ⅱ.①张…　Ⅲ.①军队建设-现代化建设-研究-中国　Ⅳ.①E2

中国国家版本馆 CIP 数据核字(2023)第 125183 号

军事人员现代化理论研究
张　鑫　主编
责任编辑/黄　丹

复旦大学出版社有限公司出版发行
上海市国权路 579 号　邮编：200433
网址：fupnet@fudanpress.com　http://www.fudanpress.com
门市零售：86-21-65102580　团体订购：86-21-65104505
出版部电话：86-21-65642845
浙江新华数码印务有限公司

开本 787 毫米×960 毫米　1/16　印张 18　字数 241 千字
2023 年 9 月第 1 版
2023 年 9 月第 1 版第 1 次印刷

ISBN 978-7-309-16913-3/E・11
定价：78.00 元